FOOD CHECK

Clever einkaufen im Lebensmitteldschungel

GESUND DURCH DEN SUPERMARKT:
Dein Guide zum bewussten Einkaufen und die Wahl der besten Lebensmittel für eine gesunde Ernährung ohne versteckte Zusatzstoffe

NATALIE GRAHL

Bibliografische Information der Deutschen Nationalbibliothek.

Die Deutsche Nationalbibliothek verzeichnet diese Publikation in der Deutschen Nationalbibliografie; detaillierte bibliografische Daten sind im Internet über http://dnb.dnb.de abrufbar.

Für Fragen und Anregungen:
info@eulogiaverlag.de

ISBN 978-3-96967-415-4 Softcover
ISBN E-Book 978-3-96967-417-8 E-Book

Originale Erstausgabe 2024

Eulogia Verlags GmbH
Gerhofstraße 1–3
20354 Hamburg

Lektorat: Sandra Pichler und Daniel Goral
Satz und Layout: Tomasz Dębowski
Covergestaltung: Katharina Netolitzky

FOOD CHECK

Clever einkaufen im Lebensmitteldschungel

GESUND DURCH DEN SUPERMARKT:
Dein Guide zum bewussten Einkaufen und die Wahl der besten Lebensmittel für eine gesunde Ernährung ohne versteckte Zusatzstoffe

EULOGIA
VERLAG

Für wen ist dieses Buch?

Dieses Buch ist für alle, die nach einem lebendigen, gesunden Lifestyle streben und mutig genug sind, gegen den Strom zu schwimmen. Wenn du denkst, bewusste Ernährung sei nur etwas für Öko-Freaks, lass mich dir beweisen, dass sie für alle eine Bereicherung ist, die das Beste aus ihrem Leben herausholen wollen. Egal ob du gerade erst anfängst oder bereits auf dem Weg zu einem gesünderen Lebensstil bist – dieses Buch ist für dich. Lass uns gemeinsam gestärkt durchs Leben gehen. Wir geben den chronischen Krankheiten einen gehörigen Tritt!

INHALTSVERZEICHNIS

11 Kopfsalat

12 Fast Food Junkie

14 Los geht's

Teil 1
Der Supermarkt - Dschungel entschlüsselt

18 Durchblick im Supermarkt
Lebensmittelkennzeichnungen enthüllt

19 Etiketten-Schwindel: Wie du die Geheimnisse von Lebensmittelverpackungen entschlüsselst

48 Ausgetrickst: Wie du die Tricks der Lebensmittelwerbung durchschaust

52 Geheime Zutaten
Die bunte Welt der Lebensmittelzusatzstoffe

77 Gift im Einkaufswagen: Schädliche Zusatzstoffe entlarvt

Teil 2
Lebensmittel im Check

92 Das 1×1 des Essens
Die beliebtesten Basics im Check

92 Bunt, frisch, lecker: Obst, Gemüse und Kräuter im Blick
96 Tierische Proteine auf dem Prüfstand: Fleisch, Wurst und Fisch
104 Ei, Ei, Ei! Dein Leitfaden zu Eiern und Milchprodukten
119 Carb-Check: Alles über Toast, Nudeln, Mehl und Co
127 Glutenfreie Produkte: Gesunde Wahl oder Marketingtrick?
128 Ölwechsel: Alles über Öle und Fette
140 Hülsenfrüchte und Nüsse: Die Gesundheits-Booster in deiner Ernährung
142 Von Glukose bis Saccharose: Die Welt des Zuckers
153 Salz, Gemüsebrühe und Gewürzmischungen: Gesunde Geschmacksexplosion?
158 Pesto, Ketchup und Co: Soßen auf dem Prüfstand
162 Fertiggerichte, Konserven und Tiefkühlprodukte: Was steckt wirklich drin?
174 Paradiescreme, Götterspeise und Co: Backmischungen und Dessertpulver unter der Lupe
176 Special: Pflanzliche Ersatzprodukte - Die Zukunft auf dem Teller?

182 Snack-Attack
Alles über Naschen und Knabbern

182 Knusprige Versuchungen: Chips, Erdnussflips und andere Knabbereien
186 Schokolade, Fruchtgummi, Lutscher, Kaugummi und Co auf dem Prüfstand

195 Marmelade, Nuss-Nougat-Creme, Honig und Aufstriche: Süße und salzige Verlockungen im Glas

199 Special: High-Protein-Produkte: Wie gesund sind Pulver und Riegel?

203 Der Getränke-Inspektor
Von Wasser bis Energydrinks

204 Wasserduell: Leitungswasser vs. Flaschenwasser

207 Heiß, heißer, am heißesten: Kaffee, Tee und Kakao im Check

211 Von Orangensaft bis Cola: Die Welt der „Durstlöscher"

219 Aufgeputscht! Energydrinks, Sportgetränke und Vitaminwasser im Blick

221 Cheers – auf Genuss und Verantwortung! Alkoholische Getränke im Visier

224 Special: Vitamine, Mineralstoffe und Co: Einkaufsguide für Supplements

Teil 3
An den Einkaufswagen, fertig, los!

232 Supermarkt-Strategien
Deine Geheimwaffen für smartes Einkaufen

232 Wie du dein Geld klug einsetzt, den Einkauf stressfrei rockst und den Regal-Versuchungen den Stinkefinger zeigst

235 So klappt's mit einer besseren Ernährung

235 Kein One-Hit-Wonder: Die Kunst, gesunde Gewohnheiten beizubehalten

242 PimpMyMeal: Einfache Tricks für Geschmacksexplosionen und extra Nährstoffpower

243 Snacks, die rocken: Gesunde Alternativen für deine Snack Attack
244 Special: Anleitung - Ganz einfach Pestizide von Obst und Gemüse reduzieren!

246 **Meine Produktempfehlungen**

248 **Jetzt ist Schluss**

249 **Anhang**

249 Danke!
250 Meine Arbeit auf Social Media
251 Glossar der Lebensmittelzusatzstoffe

258 **Quellen**

KOPFSALAT

Stell dir vor, du könntest deine Ernährungsgewohnheiten positiv verändern und dadurch nicht nur deine Gesundheit verbessern, sondern auch das Leben deiner Kinder und Enkelkinder nachhaltig beeinflussen. Das ist die Kraft, die in unseren Händen liegt, wenn wir die Kontrolle über unsere Ernährung übernehmen.

Fühlt es sich nicht oft so an, als ob wir von einer Lawine von Ratschlägen, Trends und widersprüchlichen Meinungen überrollt werden? In einer Welt, in der die Lebensmittelindustrie oft mehr Wert auf Profit als auf Gesundheit legt, sind wir von einer Flut von Lebensmittelprodukten und Marketingbotschaften umgeben, die oft mehr Verwirrung als Klarheit schafft.

Vielleicht bist du hier, weil du verwirrt bist und nicht weißt, wo du anfangen sollst. Das ist völlig in Ordnung – denn mir ging es genauso. Der Dschungel der Lebensmittel und Ernährungsempfehlungen scheint undurchdringlich. Doch statt aufzugeben, habe ich mich entschlossen, mich durch diesen Wirrwarr zu kämpfen. In einer Welt, in der die Bedeutung einer gesunden Ernährung immer größer wird, werden wir Schritt für Schritt Ordnung in das Chaos der Informationen bringen.

Dieses Buch wird dir die Werkzeuge an die Hand geben, die du benötigst, um deine Ernährung zu verbessern und deine Gesundheit zu schützen. Ich möchte, dass dir bewusst wird, dass du nicht allein bist und es einfache Wege gibt, um gesündere Entscheidungen in deinem hektischen Alltag zu treffen.

Es ist an der Zeit, dass wir die Kontrolle über unsere Ernährung zurückgewinnen.

FAST FOOD JUNKIE

Mein Leben war nicht immer von Gesundheit und bewusster Ernährung geprägt. Ganz im Gegenteil. Als Kind war ich übergewichtig. In meiner Jugend bestand meine Ernährung hauptsächlich aus Fast Food von McDonald's und einer Flut von Cola-Mixgetränken. Die Konsequenzen dieses ungesunden Lebensstils waren vielfältig – häufige Krankheiten und eine endlose Abfolge von Antibiotikatherapien gehörten zu meinem Alltag.

Erst während meiner ersten Schwangerschaft, als bei mir Schwangerschaftsdiabetes diagnostiziert wurde, begann ich, mich mit dem Thema Ernährung auseinanderzusetzen. Nach und nach tauchte ich immer tiefer in diese Thematik ein. Wie viele Eltern wurde ich nicht aus eigenem Gesundheitsbewusstsein aktiv, sondern aus Sorge um die Gesundheit meines Kindes. Dabei wurde mir bewusst, wie viele ungesunde Lebensmittel und irreführende Produkte auf dem Markt existieren. Die vermeintlich „gesunden" Produkte, die ich früher bedenkenlos gekauft hatte, entpuppten sich als die schlimmsten Täuschungen.

Als stolze Mama von drei wundervollen Kindern verstehe ich vollkommen, dass es oft schwierig ist, sich die Zeit zu nehmen, um die Zutatenlisten und Etiketten auf Lebensmitteln zu studieren. Manchmal kann es auch entmutigend sein, wenn man mit dem Fachjargon auf den Verpackungen konfrontiert wird. Doch genau dabei soll dich mein Buch unterstützen.

Egal ob es um den Einkauf im Supermarkt, die Auswahl von Mahlzeiten für die Familie oder die Interpretation von Etiketten geht – du wirst nach der Lektüre dieses Buches in der Lage sein, bessere Entscheidungen zu treffen. Über die Jahre habe ich mir als zertifizierte Ernährungs- und Darmberaterin ein umfangreiches Wissen angeeignet, das ich nicht für mich behalten möchte. Ich sehe es als meine Mission, dieses Wissen mit der Welt zu teilen. Wenn wir uns umsehen, stellen wir fest, dass viele Menschen schon in jungen Jahren mit Übergewicht, chronischen Krankheiten und gesundheitlichen Problemen zu kämpfen haben. Wir, als heutige Generation, sind in der Verantwortung, diesen Teufelskreislauf zu durchbrechen – nicht nur für unsere eigene Gesundheit, sondern auch für die Gesundheit unserer Kinder und Enkelkinder.

Gemeinsam können wir Veränderungen bewirken, um eine bessere Zukunft für uns alle zu gestalten. Ich lade dich herzlich ein, diese Reise der Selbstermächtigung zur bewussten Ernährung mit mir zu unternehmen. Lass uns gemeinsam lernen und wachsen, um ein gesünderes und erfüllteres Leben zu führen. Danke, dass du hier bist. Ich hoffe, dass du von diesem Buch genauso viel profitieren wirst wie ich von meinem Weg zur selbstbestimmten Ernährung.

LOS GEHT'S

Hey, Ernährungsabenteurer! Willkommen in deinem persönlichen Guide für eine gesunde und bewusste Ernährung. In unserer verrückten Welt, in der wir von einer schier endlosen Auswahl an Lebensmitteln umgeben sind, ist es manchmal eine echte Herausforderung, die richtigen Entscheidungen zu treffen, wenn's ans Essen geht. Aber keine Sorge, ich bin hier, um dir zu zeigen, wie du das Ganze rockst!

Essen ist nicht nur Treibstoff für deinen Körper - es beeinflusst deine Stimmung, Energie und dein Wohlbefinden. Doch in einer Welt voller Werbung, Marketingtricks und einer riesigen Produktauswahl kann es ziemlich verwirrend werden.

In diesem Buch werden wir zusammen das Geheimnis der Lebensmittelzusatzstoffe lüften, die Wahrheit hinter Lebensmittelkennzeichnungen aufdecken und die Marketingtricks durchschauen. Wir werden Grundnahrungsmittel genauer unter die Lupe nehmen und uns ansehen, wie du Snacks und Süßigkeiten bewusst genießen kannst. Wir werden Getränke in all ihren Facetten entdecken und herausfinden, wie du im Supermarkt smarte Entscheidungen triffst.

In meinem Buch *Food Check* findest du nicht nur theoretische Tipps, sondern auch sofort umsetzbare Praxistipps, die deinen Alltag bereichern werden. Weil ich weiß, dass oft Fragen nach Produktempfehlungen auftauchen, habe ich im Teil 3, Kapitel 7, etwas Besonderes für dich vorbereitet.

Unter *Meine Produktempfehlungen* versteckt sich ein QR-Code, den du mit deinem Handy scannen kannst. Dahinter verbirgt sich eine exklusive Liste mit Lebensmitteln und Produkten, die ich persönlich gecheckt und für empfehlenswert befunden habe - nur für Leser dieses Buches. Das Passwort für diese exklusive Liste findest du im gleichen Kapitel.

Damit wird dein Einkauf nicht nur einfacher, sondern auch persönlicher. Jede Kategorie, die wir hier im Buch behandeln, kommt mit handfesten Produktempfehlungen daher. Bist du bereit, deine Ernährung auf das nächste Level zu bringen? Schau vorbei, scanne den Code und lass uns gemeinsam den Weg zu einem bewussten Essen und unkomplizierten Einkaufen erkunden.

Gesunde Ernährung soll weder kompliziert noch frustrierend sein. Es geht darum, bewusst auszuwählen, was du in deinen Körper einlädst - und dabei den Genuss nicht zu vergessen. Bist du bereit? Lass uns gemeinsam in die Geschmacksgalaxie eintauchen und die Werkzeuge und das Wissen erwerben, um deine Ernährung in ein genussvolles Abenteuer zu verwandeln.

Bist du dabei? Los geht's!

TEIL 1

Der Supermarkt-Dschungel entschlüsselt

Willkommen im Supermarkt-Dschungel! Dieser Ort, der buchstäblich alle Lebensmittelträume und -versuchungen enthält, kann manchmal wie ein Labyrinth wirken. Aber hey, keine Sorge! Ich bin hier, um dir zu zeigen, wie du in diesem Dschungel ohne Schatzkarte überlebst.

Denk daran, wir alle haben unterschiedliche Ziele und Vorlieben beim Einkaufen. Ob du nach gesunden Optionen suchst, eine spezielle Ernährung einhalten musst oder einfach nur auf der Suche nach einer schnellen Lösung fürs Abendessen bist – dieser Dschungel hat für jeden etwas zu bieten.

Also, schnapp dir deinen Einkaufswagen und lass uns den Supermarkt gemeinsam erkunden. Mit den richtigen Werkzeugen und Informationen wirst du souverän zwischen den Regalen navigieren und die besten Entscheidungen für dich und deine Ernährung treffen. Bist du bereit für dieses Abenteuer? Lass uns loslegen!

KAPITEL 1

DURCHBLICK IM SUPERMARKT

LEBENSMITTELKENNZEICHNUNGEN ENTHÜLLT

Los geht's mit unserer spannenden Reise in die Welt der Lebensmittelverpackungen! In den heutigen Supermärkten sind die Regale mit bunten Etiketten und verlockenden Versprechen gefüllt. Da kann es ziemlich knifflig sein, die Wahrheit über das zu entdecken, was wirklich in unseren Lebensmitteln steckt. Lass dich nicht von hübschen Verpackungen und schillernden Versprechen blenden. Hinter all dem Glamour verbergen sich manchmal einige Geheimnisse, die wir nur enthüllen, wenn wir die Kunst des Etikettenschwindels durchschauen. Es ist keine Spionagemission, sondern vielmehr ein spannender Akt auf dem Weg zur bewussten Ernährung.

Wir werden die Geheimnisse von Lebensmittelverpackungen lüften, sodass du mit einem besseren Verständnis im Supermarkt einkaufen kannst. Wir werden die Zutatenliste durchleuchten, die Nährwerttabelle entwirren, den Nutri-Score knacken und die Lebensmittelsiegel entschlüsseln. Ich werde dir zeigen, wie du die verlockenden Verkaufstricks und Marketingstrategien der Lebensmittelindustrie durchschaust.

Am Ende wirst du in der Lage sein, in diesem Lebensmittelwunderland die Orientierung zu behalten und dich von Etikettenschwindel nicht mehr austricksen zu lassen. Lass uns gemeinsam eintauchen und die Geheimnisse dieser Etiketten entschlüsseln!

ETIKETTEN-SCHWINDEL: WIE DU DIE GEHEIMNISSE VON LEBENSMITTEL-VERPACKUNGEN ENTSCHLÜSSELST

In unserer komplexen Welt der Lebensmittelregulierung und Etikettierung gibt es viele Vorschriften und Informationen auf Lebensmittelverpackungen. Bevor wir uns in die Details vertiefen, lohnt es sich, einen Schritt zurückzugehen und zu verstehen, was überhaupt auf der Verpackung stehen muss und wo du diese essenziellen Informationen findest. Starten wir mit den gesetzlichen Vorschriften zur Lebensmittelkennzeichnung.

Du fragst dich, wie die Kennzeichnung von Lebensmitteln geregelt ist? Das Ganze ist EU-weit einheitlich festgelegt. Das bedeutet, dass alle Lebensmittel in der EU nach denselben Regeln gekennzeichnet werden, um dir als Verbraucher klare Informationen zu bieten. Die Grundlage hierfür ist die europäische Lebensmittel-Informationsverordnung (LMIV) (EU) Nr. 1169/2011, die seit 2014 in Kraft ist.

Was musst du wissen?

Lesbarkeit der Pflichtangaben: Alle wichtigen Informationen müssen klar und gut lesbar auf der Verpackung stehen. Nichts darf verdeckt oder undeutlich sein.

1 Bezeichnung des Lebensmittels: Auf der Verpackung steht, um welches Lebensmittel es sich handelt. Zum Beispiel „Vollmilchjoghurt" oder „Schokolade".

2 Zutatenliste: Hier erfährst du, welche Zutaten im Lebensmittel stecken. Alle Zutaten müssen aufgelistet sein, angefangen bei der Hauptzutat. Allergene müssen extra hervorgehoben werden.

3 Mindesthaltbarkeitsdatum: Dieses Datum zeigt dir, wie lange das Produkt seine Qualität behält, wenn du es richtig lagerst. Bei leicht verderblichen Lebensmitteln wird das Verbrauchsdatum statt des Mindesthaltbarkeitsdatums angegeben. Das Mindesthaltbarkeitsdatum gibt an, wie lange ein Produkt seine optimale Qualität behält, während das Verbrauchsdatum angibt, bis wann ein Lebensmittel sicher verzehrt werden kann, da danach Gesundheitsrisiken bestehen könnten.

4 Anweisungen zu Aufbewahrung und Verwendung: Manche Lebensmittel müssen unter besonderen Bedingungen aufbewahrt oder auf spezielle Weise verwendet werden. Das steht auf dem Etikett.

1 **Vollmilchjoghurt mit Erdbeeren (3,8% Fettim Milchanteil)**

2 **Zutaten:** Joghurt **(Milch, Milchproteine)**, Zucker 9,2 %, Erdbeere und Erdbeersaft aus Konzentrat 8%, modifizierte Wachsmaisstärke, Randensaft, Aroma

11 Energiereduziert

12 Calcium wird für die Erhaltung normaler Knochen benötigt

9

10 Glutenfrei

3 Mindestens haltbar bis: 15.03.19

8

Nährwerte	
	100 g
Energie	420 kJ (101 kcal)
Fett davon gesättigte Fettsäuren	3,4 g 1,7 g
Kohlenhydrate davon Zucker	14 g 14 g
Ballaststoffe	0,5 g
Eiweiss	3,5 g
Salz	0,10 g

Beispielfirma 5
Milchverarbeitung
CH-3000 Bern

Hergestellt in der 6
Schweiz
Herkunft Milch:
Deutschland 7

180 g

Bei hochstens 5°C
aufbewahren 4

❺ **Firmenanschrift:** Du findest immer den Namen und die Adresse des Herstellers auf der Verpackung.

❻ **Produktionsland:** Du erfährst, aus welchem Land oder welcher Region das Produkt kommt. Das hilft dir, bewusst einzukaufen.

❼ **Herkunft der Zutaten:** Bei Lebensmitteln mit vielen Zutaten kann es sein, dass man auch weiß, woher bestimmte Teile der Zutaten stammen.

❽ **Nährwertkennzeichnung („Big 7“):** Seit 2016 müssen Nährwertangaben auf Lebensmitteln stehen. Dabei sind die Energiemenge, Fett, gesättigte Fettsäuren, Kohlenhydrate, Zucker, Eiweiß und Salz besonders wichtig. Diese Werte beziehen sich immer auf 100 Gramm oder 100 Milliliter des Produkts.

❾ **Identitätskennzeichen:** Manchmal gibt es besondere Zeichen, zum Beispiel bei Joghurt oder Fleisch. Sie zeigen, wo das Lebensmittel zuletzt bearbeitet wurde.

❿ **Freiwillige Angaben:** Hersteller können auch Zusatzinfos wie „vegan“ oder „glutenfrei“ angeben. Diese dürfen die wichtigen Pflichtinfos aber nicht ersetzen.

⓫ **Nährwertbezogene Angaben:** Manchmal steht auf der Verpackung, dass ein Lebensmittel

z. B. „fettreduziert" ist. Oder es wird mit dem beliebten Wort „light" geworben. Der Begriff „light" hat keine genaue rechtliche Definition. Allerdings gibt es Vorschriften für verwandte Bezeichnungen. „Fettreduziert" darf nur verwendet werden, wenn das Produkt mindestens 30 % weniger Fett enthält als vergleichbare Produkte. „Energiearme" Lebensmittel dürfen pro 100 Gramm maximal 170 kJ (40 kcal) enthalten, während flüssige Lebensmittel maximal 80 kJ (20 kcal) aufweisen dürfen. „Energiereduzierte" Lebensmittel müssen mindestens 30 % weniger Energie liefern als vergleichbare Produkte.

12 Gesundheitsbezogene Angaben: Es kann sein, dass auf der Verpackung steht, dass ein Stoff für deine Gesundheit wichtig ist, z. B. „Calcium ist gut für starke Knochen". Aber auch das ist geregelt - in der sogenannten Health-Claim-Verordnung. Die Health-Claim-Verordnung? Das ist ein Regelwerk der EU, das bestimmt, wie Hersteller von Lebensmitteln über gesundheitliche Vorteile ihrer Produkte sprechen dürfen. Hierbei müssen sie wissenschaftliche Beweise vorlegen und diese Infos verständlich auf die Verpackungen bringen. Das Ganze soll sicherstellen, dass wir Konsumenten klare und fundierte Informationen bekommen und nicht mit irreführenden Werbeaussagen getäuscht werden.

13 Füllmenge: Hier erfährst du, wie viel von einem Produkt in der Verpackung steckt. Das kann in Gramm, Kilogramm, Millilitern oder Litern erfolgen. Die Nettofüllmenge ist die Menge des eigentlichen Produkts ohne Verpackung.

Das Abtropfgewicht ist besonders relevant bei konservierten Lebensmitteln wie Dosenfrüchten oder Thunfisch in Dosen. Es gibt an, wie viel des Produkts nach dem Abtropfen der Flüssigkeit noch übrig bleibt. Nehmen wir zum Beispiel Dosenmais. Auf der Verpackung findest du die Bruttofüllmenge, die die Menge des Maises in der Dose einschließlich der Flüssigkeit angibt. Das Abtropfgewicht zeigt, wie viel des tatsächlichen Maisinhalts übrig bleibt, nachdem du die Flüssigkeit abgegossen hast.

Jetzt kannst du auf einen Blick sehen, was im Lebensmittel steckt und wie man es verwenden sollte. So ist dein Einkauf einfacher und sicherer.

Einkaufen wie ein Profi: Wie du Zutatenlisten richtig liest!

Du stehst im Supermarkt vor einem Regal voller Lebensmittel und fragst dich, was wirklich in den Produkten steckt. Die Antwort findest du auf der Verpackung in Form der Zutatenliste. Dieses kleine, oft übersehene Detail ist dein Schlüssel zur Welt der Lebensmittel.

Die Zutatenliste ist wie die geheime Botschaft auf Lebensmittelverpackungen. Sie enthält die entscheidenden Informationen darüber, was in einem Produkt enthalten ist. Doch sie zu entschlüsseln, ist manchmal wie das Lösen eines Rätsels.

Warum haben einige Lebensmittel keine Zutatenliste?

Die Welt der Lebensmittel ist vielfältig, und nicht alle Produkte erfordern eine Zutatenliste. Frische und natürliche Lebensmittel, die aus einer einzigen Zutat bestehen, wie frisches Obst oder Gemüse, benötigen keine aufwendige Aufschlüsselung ihrer Inhaltsstoffe.

Doch wenn du im Supermarkt auf verpackte Waren stößt, die aus einer Vielzahl von Komponenten bestehen, ist die Zutatenliste gesetzlich vorgeschrieben. Sie ist wie der Ausweis eines Lebensmittels, auf dem seine „Identität" aufgedeckt wird.

Es gibt jedoch Ausnahmen von dieser Regel. So müssen z. B. Verpackungen von aus nur einer Zutat bestehenden Produkten, wie reine Milch oder Zucker, keine Zutatenliste enthalten. Ebenso sind Hersteller alkoholischer Getränke mit einem Alkoholgehalt von über 1,2 Volumenprozent normalerweise nicht verpflichtet, eine Zutatenliste bereitzustellen.

Eine interessante Ausnahme von dieser Ausnahme ist Bier. Selbst wenn es sich um ein alkoholisches Getränk handelt, muss Bier immer eine Zutatenliste aufweisen. So wird gewährleistet, dass Verbraucher zumindest beim Bierkonsum Klarheit darüber haben, was sie trinken.

Anleitung: So entschlüsselst du die Zutatenliste:

1. Das Geheimnis der Reihenfolge: Die Zutat an erster Stelle ist die Hauptzutat

Um die Geheimnisse der Zutatenliste zu entschlüsseln, ist es ent-

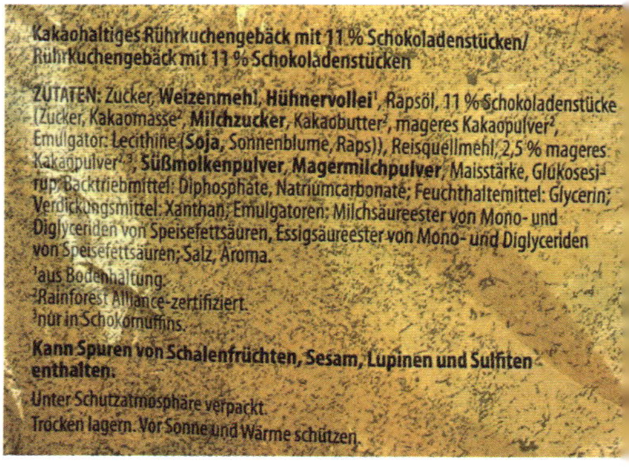

scheidend zu wissen, dass die aufgeführten Bestandteile nach ihrem Gewichtsanteil geordnet sind. Dies bedeutet, dass die Hauptzutat an erster Stelle steht und die Zutaten mit dem geringeren Anteil am Ende der Liste.

Zusatzstoffe, Aromen und Gewürze sind oft weiter unten in der Liste zu finden, da sie nur in geringen Mengen verwendet werden. Zutaten, die weniger als 2 % des Produkts ausmachen, können in beliebiger Reihenfolge aufgeführt werden. Wenn jedoch mehr als fünf Zutaten aufgeführt sind, sollte das deine Aufmerksamkeit wecken, denn es deutet auf ein hochverarbeitetes Produkt hin, das vielleicht Zusatzstoffe und Aromen enthält und weit von einem natürlichen Lebensmittel entfernt ist.

2. Prozentangaben und Werbung

Wenn eine Zutat auf der Verpackung abgebildet ist oder im Produkt beworben wird, muss ihr prozentualer Anteil in der Zutatenliste angegeben sein. Sind auf der Joghurtverpackung z. B. Erdbeeren zu sehen, muss in der Zutatenliste stehen, wie hoch der Anteil von Erdbeeren im Produkt ist.

3. Allergiker aufgepasst

Allergene müssen in Zutatenlisten klar und deutlich aufgeführt sein, damit Verbraucher sie leicht erkennen können. Dies erfolgt normalerweise in Form einer **fett** gedruckten, unterstrichenen oder anders hervorgehobenen Schriftart, um die Allergene von den anderen Zutaten zu unterscheiden. Die EU-Lebensmittelkennzeichnungsvorschriften verlangen die klare Hervorhebung von 14 Hauptallergenen, darunter:

Butterkeks mit Vollmilch-Schokolade (63 %)

ZUTATEN: Zucker, **Weizenmehl**, Kakaobutter, Kakaomasse, **Magermilchpulver**, **Butter** 4 %, **Milchzucker**, Glukosesirup, **Butterreinfett**, Backtriebmittel (Natriumhydrogencarbonat, Ammoniumhydrogencarbonat), Emulgator **Sojalecithine**, **Vollmilchpulver**, **Süßmolkenpulver**, Salz, Säuerungsmittel Zitronensäure.

1. Glutenhaltiges Getreide (z. B. Weizen, Roggen, Gerste)
2. Krebstiere
3. Eier
4. Fisch
5. Erdnüsse
6. Soja
7. Milch und Milchprodukte (einschließlich Laktose)
8. Schalenfrüchte (z. B. Mandeln, Haselnüsse, Walnüsse)
9. Sellerie
10. Senf
11. Sesamsamen
12. Schwefeldioxid und Sulfite (in Konzentrationen von mehr als 10 mg/kg oder 10 mg/l)

13. Lupinen
14. Weichtiere (z. B. Tintenfisch, Schnecken)

Achte auf diese Angaben, da sie Unverträglichkeiten oder Allergien auslösen können, wenn du betroffen bist.

4. Der versteckte Zucker
Versteckter Zucker in der Zutatenliste kann sich hinter verschiedenen Namen und Begriffen verbergen.

Hier sind einige gängige Bezeichnungen, auf die du achten solltest:

Hier siehst du ein Beispiel einer Zutatenliste von Keksen. Die Fettmarkierten Wörter weisen auf Allergene hin. Zudem habe ich alle verstecken Zuckerarten markiert. Hättest du gedacht, dass sich 6 Zuckerarten in den Keksen verstecken?

ZUTATEN: 54 % Vollkorn-**Haferflocken**, Palmöl, Zucker, Oligofruktose, 7,8 % gćetrocknete **Weizenkeime**, Reismehl, Glukosesirup, **Weizenvollkornmehl**, 2,4 % gefriergetrocknete Himbeerstücke, 1,5 % Honig, **Weizenmehl**, Salz, getrockneter **Gerstenmalzextrakt**, **Magermilchpulver**, Aroma.

Zucker in der Zutatenliste

Industrieller Zucker

Brauner Zucker	Invertzucker(sirup)	Rohrzucker
Dextrose	Isoglucose	Rohrohrzucker
Fruktose	Maltose	Rübenzucker
Fructose-Glucose- Sirup	Maltodextrin	Saccharose
Glukose	Maissirup	Traubenzucker
Glucose-Fructose-Sirup	Melasse	Vollrohrzucker
Haushaltszucker	Milchzucker	Zucker
HFCS	Laktose	

Süßstoffe

Acesulfam-K (E950)	Cyclamat (E952)	Saccharin (E954)
Advantam (E969)	Neotam (E961)	Sucralose (E955)
Aspartam (E951)	Thaumatin (E957)	Steviolglykoside (E960)
Aspartam-Acesulfam-Salz (E962)		

Zuckeraustauschstoffe

Erythrit (E968)	Maltit (E965)	Sorbit (E420)
Isomalt (E953)	Mannit (E421)	Xylit (E967)
Lactit (E966)		

Natürliche Zuckeralternativen

Agavendicksaft/-sirup	Apfelsaftkonzentrat	Reissirup
Ahornsirup	Honig	Traubensüße
Apfeldicksaft	Kokosblütenzucker	

Diese Liste nennt die wichtigsten Bezeichnungen, sie ist jedoch nicht vollständig, da es viele andere Zuckerarten und Süßstoffe gibt. Wenn du versteckten Zucker in der Zutatenliste erkennen möchtest, ist es wichtig, auf diese Bezeichnungen zu achten. Prüfe, wie weit oben sie in der Liste erscheinen. Je weiter oben Zucker in der Liste steht, desto mehr ist davon im Produkt enthalten. Oft sind auch mehrere Zuckerarten im Produkt versteckt. Welcher Zucker gesund oder schädlich ist, findest du im Kapitel *Von Glukose bis Saccharose: Die Welt des Zuckers.*

5. Ein Blick auf die Zusatzstoffe[1]
Zusatzstoffe in einer Zutatenliste können manchmal durch ihre E-Nummern oder ihren vollen Namen gekennzeichnet sein. Hier sind einige Tipps, wie du Zusatzstoffe in einer Zutatenliste erkennen kannst:

1 **Suche nach E-Nummern:** Einige Zusatzstoffe werden durch E-Nummern gekennzeichnet, die von der Europäischen Union vergeben werden. Zum Beispiel steht E 100 für Kurkumin (ein gelber Farbstoff) und E 330 für Zitronensäure. Diese E-Nummern sind standardisiert und gelten in der gesamten EU.

2 **Voller Name des Zusatzstoffs:** In einigen Fällen wird der vollständige Name des Zusatzstoffs in der Zutatenliste angegeben. Zum Beispiel „Ascorbinsäure“ anstelle von

Quelle: Shutterstock

E 300 oder „Natriumbenzoat" anstelle von E 211.

3 Wörter mit spezifischer Bedeutung: Einige Wörter in Zutatenlisten können auf das Vorhandensein von Zusatzstoffen hinweisen. Beispielsweise könnten „Konservierungsmittel" oder „Antioxidationsmittel" anzeigen, dass entsprechende Zusatzstoffe enthalten sind.

4 Farbstoffe: Wenn ein Lebensmittel künstliche Farbstoffe enthält, werden diese normalerweise in der Zutatenliste aufgeführt, oft mit ihrer spezifischen Farbbezeichnung. Zum Beispiel „Tartrazin" für einen gelben Farbstoff.

5 Gewürze und Aromen: Einige Zusatzstoffe, die zur Verbesserung des Geschmacks verwendet werden, können in der Zutatenliste als „Gewürze" oder „Aromen" aufgeführt sein. In einigen Fällen wird der genaue Zusatzstoff jedoch angegeben.

6 Überwache Allergenhinweise: In einigen Fällen können Zusatzstoffe Allergien oder Unverträglichkeiten auslösen. Daher werden sie manchmal in Allergenwarnungen erwähnt.

Es ist wichtig, sich mit den gebräuchlichen Zusatzstoffen und ihren Kennzeichnungen vertraut zu machen, um besser zu verstehen, was in den Lebensmitteln enthalten ist, die du kaufst. Welche Zusatzstoffe bedenklich sind und welche du unbedingt vermeiden solltest, lernen wir noch später im Kapitel *Zusatzstoffe*.

1. Verstehe die Gesamtqualität

Je mehr du von den Zutaten verstehst, desto besser kannst du

Produkt: Tomatensauce

ZUTATEN: Tomatenfruchtfleisch 74%, Tomatenmarkkonzentrat 12%, passierte Datteltomaten 4%, pflanzliche Öle (Olive, Sonnenblume), Zwiebeln 2,8%, Zucker, Salz, natürliche Aromen, Knoblauch, schwarzer Pfeffer.

Diese Tomatensoße enthält raffinierte Öle, Zucker und Aromen

ZUTATEN: Tomaten* 93 %, Zwiebeln*, Karotten*, Basilikum* 1,5 %, natives Olivenöl extra*, Meersalz.

*aus biologischer Landwirtschaft

Zu welcher würdest du greifen? Ich empfehle zu dieser

Diese Tomatensoße enthält reine Tomaten als Basis.

einschätzen, wie gesund oder verarbeitet ein Produkt ist. Bei einer langen Liste von komplizierten Begriffen handelt es sich oft um ein stark verarbeitetes Produkt.

2. Lass dich nicht von Marketingtricks in die Irre führen!
Auf Lebensmittelverpackungen findest du oft prominente Wörter oder Siegel wie „vegan", „glutenfrei", „ohne Konservierungsmittel" und ähnliche. Sie sollen dich glauben machen, dass ein Produkt gesünder oder besser ist, als es wirklich ist. Doch lass dich nicht täuschen!

Du bist ein kluger und informierter Verbraucher und du solltest nicht nur diesen Schlagworten vertrauen. Wirf einen kritischen Blick auf die Zutatenliste und informiere dich über die tatsächlichen Inhaltsstoffe und Nährwerte. Nur so kannst du sicherstellen, dass du bewusste Entscheidungen beim Einkaufen triffst und nicht den Marketingtricks auf den Leim gehst. Bleib wachsam und lass dich nicht von leeren Versprechungen verführen!

3. Die Sache mit den Lebensmittelzutaten kann manchmal ganz schön knifflig sein!
Hier sind einige Beispiele:

1 Manchmal steht nicht auf der Verpackung, ob Gelatine verwendet wurde, um Fruchtsaft oder Wein zu klären. Das ist blöd, besonders für Veganer und Vegetarier, die das gern wissen würden.

2 Dann gibt's noch geheimnisvolle Zutatenklassen wie „Kräuter" und „Gewürze". Manchmal weiß keiner so richtig, was da drin ist; und das sorgt für Verwirrung.

3 Dann haben wir noch die Zusatzstoffe (E-Nummern). Oftmals stehen diese nicht extra auf der Verpackung. Es sei denn, sie haben eine besondere Wirkung. Das Gleiche gilt für Verarbeitungshilfsstoffe, Lösungsmittel und Trägerstoffe.

3 Ach ja, und da ist noch die Sache mit den giftigen Pflanzenschutzmitteln und Tierarzneimitteln. Die müssten meiner Meinung nach unbedingt gekennzeichnet werden. Aber das ist in der Realität leider nicht der Fall.

Da kann man sich schon mal wünschen, dass alles ein bisschen transparenter wäre, oder?

Also, lass dich beim Lesen von Zutatenlisten nicht stressen. Es ist wie eine Art Detektivarbeit, bei der du herausfindest, was in deinem Essen steckt. Mit der Zeit wirst du ein Meister darin und kannst bewusstere Entscheidungen beim Einkaufen treffen, ohne den Spaß zu verlieren!

Die Nährwerttabelle - Die Zahlen, die zählen

Willkommen zu einer aufschlussreichen Reise durch die Welt der Nährwerttabellen! Du hältst gerade ein Buch in den Händen, das sich dem Mysterium der Zahlen, Prozentangaben und Kalorien widmet. Es ist auf den meisten Lebensmittelverpackungen zu finden. Aber lass dich nicht abschrecken - unsere Reise wird alles andere als trocken sein. Hier geht es nicht nur um Zahlen, sondern um das Wissen, wie du deine Ernährung verstehen und bewusste Entscheidungen treffen kannst, ohne auf Genuss zu verzichten. Also, schnall dich an - wir brechen auf zu einer unterhaltsamen und erkenntnisreichen Reise in die Welt der Nährwerttabellen!

Wenn du im Supermarkt unterwegs bist und die besten Entscheidungen für deine Ernährung treffen möchtest, gibt es ein paar Dinge, die du wissen solltest. Zum Beispiel, wie man die Nährwerttabelle auf der Rückseite der Verpackungen liest. Klingt kompliziert? Keine Sorge, wir machen es einfach!

Durchschnittliche Nährwerte		
	pro 100 g	**pro Riegel**
Energie	1807 kJ/430 kcal	449 kJ/107 kcal
Fett	15,3 g	3,8 g
davon ges. Fettsäuren	7,6 g	1,9 g
Kohlenhydrate	63,8 g	15,9 g
davon Zucker	26,6 g	6,7 g
Eiweiß	5,6 g	1,7 g
Salz	0,63 g	0,15g

Stell dir vor, du greifst nach einem Müsliriegel. Auf der Verpackung findest du eine Nährwerttabelle. Sie sagt dir, was in diesem Riegel steckt. Normalerweise sind die Informationen in dieser Tabelle auf 100 Gramm oder 100 Milliliter des Produkts bezogen. Das hilft dir, die Menge an Nährstoffen in Relation zu setzen.

In dieser Tabelle siehst du, dass der Riegel 430 Kalorien pro 100 Gramm enthält.

Manchmal siehst du auch Angaben pro Portion - zum Beispiel, wenn der Riegel in der Verpackung 50 Gramm wiegt, weißt du nun, dass du beim Verzehr des kompletten Riegels 215 Kalorien zu dir nimmst.

Kurz gesagt: Die Nährwerttabelle zeigt dir, was im Essen drinsteckt, und hilft dir, bewusstere Entscheidungen zu treffen.

Schau dir die Tabelle an und achte besonders auf Folgendes:

1. Energie, der Kaloriengehalt:

Der Kaloriengehalt in Nährwerttabellen wird in der Regel in Kilokalorien (kcal) oder Kilojoule (kJ) angegeben. Das sind Maßeinheiten für Energie.

Wenn du auf eine Nährwerttabelle schaust und siehst, dass ein Lebensmittel beispielsweise 200 kcal enthält, bedeutet das, dass es 200 Kilokalorien Energie pro Portion oder 100 g liefert. Kilokalorien sind eine Maßeinheit, um anzuzeigen, wie viel Energie dein Körper aus diesem Lebensmittel gewinnen kann.

In einfachen Worten: Kalorien geben an, wie viel Energie du aus dem Essen ziehst. Mehr Kalorien bedeuten mehr Energie. Die Anzahl der Kalorien in einem Lebensmittel hängt von vielen Faktoren ab, einschließlich der Menge an Fett, Eiweiß und Kohlenhydraten.

Wenn du deine tägliche Energiezufuhr kontrollieren möchtest, achte auf die Kalorienwerte in den Nährwerttabellen und stelle sicher, dass sie zu deinem Bedarf passen. Dein individueller Kalorienbedarf hängt von deinem Alter, Geschlecht, Gewicht, Aktivitätsniveau und anderen Faktoren ab.

Du kannst deinen Energiebedarf auf verschiedene Weisen ermitteln, am bequemsten über einen Energiebedarfsrechner. Suche einfach in deiner Lieblingssuchmaschine danach oder verwende die folgende, etwas kompliziertere Anleitung:

Berechne deinen Grundumsatz (Ruheumsatz): Dies ist die Energiemenge, die dein Körper benötigt, um in Ruhe zu funktionieren, d. h., um grundlegende Körperfunktionen wie Atmung und Stoffwechsel aufrechtzuerhalten.

Die Harris-Benedict-Methode ist eine Möglichkeit, deinen täglichen Kalorienbedarf zu schätzen, also wie viele Kalorien du am Tag benötigst. Hier ist ein einfaches Beispiel, wie sie funktioniert:

1. **Grundumsatz (BMR - Basal Metabolic Rate):** Dies ist die Menge an Kalorien, die dein Körper benötigt, um in Ruhe zu funktionieren, wie wenn du den ganzen Tag im Bett liegen würdest. Um deinen BMR zu berechnen, verwende diese Formel:

> **Für Männer: BMR = 88,362**
> **+ (13,397 × Gewicht in kg)**
> **+ (4,799 × Größe in cm)**
> **- (5,677 × Alter in Jahren)**
>
> **Für Frauen: BMR = 447,593**
> **+ (9,247 × Gewicht in kg)**
> **+ (3,098 × Größe in cm)**
> **- (4,330 × Alter in Jahren)**

2. **Aktivitätsfaktor (PAL - Physical Activity Level):** Dein Grundumsatz (BMR) ist nur die Grundlage. Multipliziere ihn mit deinem Aktivitätsfaktor (PAL), um zu berücksichtigen, wie aktiv du im Alltag bist. Zum Beispiel:

- Wenn du hauptsächlich sitzend arbeitest, multipliziere deinen BMR mit 1,2.

- Wenn du leicht aktiv bist (z. B. Büroarbeit mit gelegentlicher Bewegung), multipliziere mit 1,375.
- Wenn du moderat aktiv bist (z. B. aktive Arbeit oder regelmäßiges Training), multipliziere mit 1,55.
- Wenn du sehr aktiv bist (z. B. körperlich anstrengende Arbeit oder intensives Training), multipliziere mit 1,725.

In besonderen Lebenssituationen oder wenn du sehr aktiv bist, kann dein Energiebedarf variieren. Hier sind einige zusätzliche Überlegungen:

Schwangerschaft und Stillzeit: Wenn du schwanger bist (ab dem vierten Monat) oder stillst, benötigst du mehr Energie, um dich und dein Baby ausreichend zu versorgen. Dies bedeutet:

- Schwangere: zusätzliche 255 kcal pro Tag.
- Stillende Mütter in den ersten vier Monaten: 635 kcal extra pro Tag.
- Stillende Mütter nach den ersten vier Monaten: 525 kcal mehr.
- Einige stillende Mütter nach den ersten vier Monaten: 285 kcal zusätzlich.

Sportliche Aktivität: Wenn du regelmäßig Sport treibst (etwa 30 - 60 Minuten Bewegung pro Tag), musst du deinen Energiebedarf weiter erhöhen. Hierfür kannst du etwa 0,3 PAL-Einheiten zu deinem Aktivitätslevel hinzufügen. PAL ist eine Möglichkeit, deine körperliche Aktivität zu berücksichtigen, und wird verwendet, um deinen Gesamtenergiebedarf anzupassen.

3 Gesamtenergiebedarf: Multipliziere deinen BMR mit dem Aktivitätsfaktor, den du ausgewählt hast, um deinen geschätzten täglichen Kalorienbedarf zu erhalten.

Hier ist ein einfaches Beispiel: Angenommen, du bist eine 30-jährige Frau, wiegst 70 kg, bist 160 cm groß und übst moderate körperliche Aktivitäten aus. Dein BMR beträgt:

BMR = 447,593 + (9,247 × 70) + (3,098 × 160) - (4,330 × 30) = 1.357,99 kcal (etwa 1.360 kcal)

Jetzt multiplizierst du das mit deinem Aktivitätsfaktor (1,55):

Gesamtenergiebedarf = 1.360 kcal × 1,55 = 2.108 kcal

Das bedeutet, dass du etwa 2.108 Kalorien pro Tag benötigst, um dein Gewicht zu halten, wenn du moderat aktiv bist.

Good to know: Diese Zahlen sind generelle Schätzungen und es gibt wie überall individuelle Unterschiede. Wenn du konkrete Ziele wie Gewichtsverlust oder Muskelaufbau verfolgst, solltest du mit einem Profi auf diesem Gebiet zusammenarbeiten, um deinen genauen Energiebedarf zu ermitteln.

2. Fett:

Fett in unserer Nahrung ist ein echter Energie-Booster. Es liefert satte 9,3 Kilokalorien pro Gramm – das ist ordentlich Power. Lange Zeit wurde uns eingebläut, dass wir möglichst fettarm essen sollten. Aber heute wissen wir, dass es nicht nur um die Menge geht, sondern vor allem darum, welche Art von Fett wir zu uns nehmen. Gesunde Fette können richtig gut für unsere Gesundheit sein.

In der Nährwerttabelle findest du Informationen über die Gesamtmenge an Fett in einem Produkt, einschließlich des Anteils an gesättigten Fettsäuren und – falls vorhanden – ungesättigten Fettsäuren. Diese Werte sind oft auf 100 Gramm des Lebensmittels bezogen, um dir eine Vergleichsbasis zu bieten. Manchmal sind sie auch für eine Portionsgröße aufgeführt, damit du besser einschätzen kannst, wie viel Fett du mit einer Portion isst.

Gesättigte Fettsäuren werden in der Nährwerttabelle gesondert aufgeführt, weil sie aus gesundheitlichen Gründen besonders relevant sind. Früher wurde ein übermäßiger Konsum von gesättigten Fettsäuren mit einem erhöhten

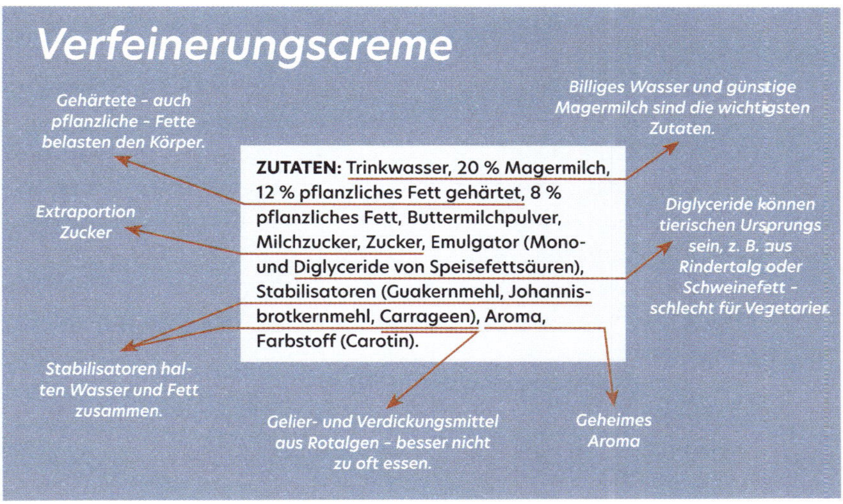

Quelle: Verbraucherzentrale Hamburg.

Risiko für Herzkrankheiten und mit hohen Cholesterinwerten in Verbindung gebracht. Darüber sprechen wir aber noch ausführlicher im Kapitel *Fette und Öle*.

Gesättigte Fettsäuren sind oft in tierischen Produkten wie Fleisch, Butter und Vollmilchprodukten zu finden, aber auch in einigen pflanzlichen Ölen wie Kokosöl und Palmöl.

Ungesättigte Fettsäuren sind eine gute Art von Fett. Sie sind gesund für deinen Körper und helfen deinem Herzen. Sie müssen aber nicht extra aufgeführt sein. Und dann gibt es auch noch Transfettsäuren - das sind böse Fettsäuren. Sie sind wirklich schlecht für deine Gesundheit, aber es ist nicht vorgeschrieben, sie in der Tabelle anzugeben. Transfette erkennst du aber in der Zutatenliste. Dort können sie unter verschiedenen Namen auftauchen. Um sie zu erkennen, solltest du nach folgenden Begriffen Ausschau halten:

„Gehärtete" oder „teilweise gehärtete" Fette: Wenn du Öle oder Fette siehst, die mit diesen Begriffen beginnen, könnten sie Transfette enthalten. Zum Beispiel „gehärtetes Palmfett".[2]

3. Kohlenhydrate:

Wenn du einen Blick auf die Nährwerttabellen auf Lebensmittelverpackungen wirfst, ist es wichtig, auf die Angaben zu Kohlenhydraten und Zucker zu achten.

Kohlenhydrate: In der Nährwerttabelle findest du die Gesamtmenge an Kohlenhydraten pro 100 Gramm des Produkts. Kohlenhydrate sind deine Energielieferanten, aber du solltest darauf achten, wie viel du davon zu dir nimmst. Wenn du Kohlenhydrate reduzieren möchtest, lohnt es sich, bei diesem Wert aufmerksam hinzusehen.

„Davon Zucker": Innerhalb des Kohlenhydratabschnitts findest du auch den Zuckeranteil. Hier wird klar, wie viel süßer Zauber in dem Produkt steckt. Das ist besonders wichtig, wenn du versuchst, deinen Zuckerkonsum zu kontrollieren. Ein hoher Zuckergehalt könnte bedeuten, dass du mehr Kalorien und Zucker isst, als du beabsichtigst.

Zucker hat viele Tarnnamen. Wenn er nicht an erster Stelle der Zutatenliste steht, bedeutet das nicht, dass nicht noch mehr davon versteckt ist. Also, bleib aufmerksam! Zucker spielt nicht nur die Rolle des Süßmachers, er kommt auch als günstiger Feuchtigkeitsregulator, Stabilisator und Füllstoff daher.

Schalte deine Alarmglocken ein, wenn du diese Bezeichnungen siehst: Dextrose, Fruktose, Glukose, Karamellsirup, Saccharose, Maltose, Weizendextrin, Süßmolkenpulver oder Gerstenmalz.

Denke daran, dass die Zuckermenge sowohl natürlichen Zucker

als auch zugesetzten Zucker beinhaltet. Zu viel zugesetzter Zucker ist normalerweise keine gute Sache, also lohnt es sich, genauer hinzusehen und vielleicht sogar die Zutatenliste zu überprüfen, um herauszufinden, ob zusätzlicher Zucker oder süßer Sirup versteckt sind.

Wie viel Zucker ist okay?
Ein süßes Thema!
Für Erwachsene sagt die DGE (Deutsche Gesellschaft für Ernährung), dass nicht mehr als 50 Gramm Zucker pro Tag in Ordnung sind. Das entspricht ungefähr 12 Teelöffeln Zucker.

Und für die Kids? Hier wird's noch süßer! Die DGE meint, dass Kinder noch weniger Zucker zu sich nehmen sollten. Zum Beispiel sollten es für 4- bis 6-Jährige nur etwa 19 Gramm (5 Teelöffel) pro Tag sein.[3]

Hier siehst du wieviel Haselnüsse wirklich in deiner Lieblingsschokocreme stecken

Quelle: Verbraucherzentrale Hamburg.

Problematisch ist: Die meisten von uns konsumieren viel mehr Zucker, als sie sollten. Daher ist es schlau, ein Auge auf die Zuckermenge in deiner Ernährung zu haben. Damit du weniger von diesem süßen Stoff abbekommst und mehr von dem, was wirk ich gesund ist.

Achte also auf den Zuckergehalt, da verarbeitete Lebensmittel oft viel zugesetzten Zucker enthalten. Letztendlich sind die Kohlenhydrate und der Zuckergehalt in der Nährwerttabelle großartige Anhaltspunkte, um bewusstere Entscheidungen bei deiner Ernährung zu treffen.[4]

4. Eiweiße:

In der Nährwerttabelle findest du den Wert für „Eiweiß". Das ist, einfach gesagt, der Proteingehalt in einem Lebensmittel. Proteine sind wie die Bausteine deines Körpers. Sie helfen bei der Reparatur und beim Aufbau von Muskeln, Haut, Haaren und vielen anderen Dingen.

Proteine sind aus winzigen Teilen namens Aminosäuren zusammengesetzt. Denk an Aminosäuren wie an Legosteine, die zusammengesetzt werden, um verschiedene Dinge zu bauen. Es gibt 20 verschiedene Arten von Aminosäuren, aber hier ist der Witz: Der Körper kann nicht alle selbst herstellen. Es gibt besondere Aminosäuren, die essenzielle Aminosäuren genannt werden. Diese musst du aus deiner Nahrung aufnehmen.

Proteine sind in vielen Lebensmitteln enthalten. In Fleisch, Fisch, Eiern und Milchprodukten findest du reichlich tierische Proteine. Aber auch in pflanzlichen Lebensmitteln wie Bohnen, Erbsen, Nüssen, Samen und Tofu gibt es Proteine. Das ist toll, denn so kannst du Protein aus verschiedenen Quellen bekommen und sicherstellen, dass du alle wichtigen Aminosäuren bekommst, die dein Körper braucht. Also, sei kreativ bei deiner Ernährung, und du wirst genug Proteine bekommen, um stark und gesund zu bleiben!

Wie viel Eiweiß du jeden Tag benötigst, hängt von verschiedenen Faktoren ab, z. B. deinem Alter, deinem Gewicht und deiner Aktivität. Als Faustregel empfiehlt die Deutsche Gesellschaft für Ernährung etwa 0,8 Gramm Protein pro Kilogramm Körpergewicht für Erwachsene. Wenn du zum Beispiel 70 Kilogramm wiegst, wären das ungefähr 56 Gramm Protein pro Tag.

Aber das ist nur eine grobe Schätzung. Dein genauer Bedarf gestaltet sich individuell.

5. Salz:

Salz – diese kleine Würze hat großen Einfluss auf unseren Geschmack und unsere Gesundheit.

Das Problem dabei: Zu viel Salz ist nicht gut für unsere Gesundheit. Es kann den Blutdruck erhöhen und zu Herzproblemen führen. Erwachsene sollten nicht mehr als etwa 5 Gramm Salz pro Tag essen. Das entspricht etwa einem Teelöffel. Kinder sollten sogar noch weniger essen, je nach ihrem Alter.

Achte auf Lebensmittel, die viel Salz enthalten, wie Chips, Fertiggerichte und Fast Food. Und denk daran, dass nicht nur das Salz, das du selbst auf dein Essen streust, zählt, sondern auch das, das bereits in verarbeiteten Lebensmitteln steckt.

Um gesünder zu essen, versuch weniger Salz zu verwenden und mehr frische Lebensmittel zu essen. So kannst du leichter im richtigen Rahmen bleiben und für deine Gesundheit sorgen.

Wir haben gerade die wichtigen Pflichtangaben in Nährwerttabellen besprochen, wie Kalorien, Fett, Kohlenhydrate, Eiweiß und Salz. Aber es gibt noch mehr Infos, die Hersteller freiwillig hinzufügen können. Zum Beispiel Angaben über zugesetzte Vitamine und Mineralstoffe. Das klingt toll, oder? Aber hier ist der Haken: Diese Vitamine und Mineralstoffe sind oft künstlich hergestellt. Das bedeutet, sie wurden nicht aus echten Lebensmitteln hergestellt, sondern im Labor. Das macht es schwer zu wissen, wie viel du wirklich davon brauchst und wie ihre Qualität ist.

In der Nährwerttabelle kann außerdem der Ballaststoffgehalt aufgeführt sein. Ballaststoffe sind großartig für die Verdauung und halten dich satt. Für die meisten Erwachsenen sind etwa 30 Gramm Ballaststoffe pro Tag ideal, aber es hängt auch von deiner Körpergröße und deinem Alter ab.

Ein guter Trick ist, Nährwertangaben zwischen ähnlichen Produkten zu vergleichen. Zum Beispiel, wenn du zwischen zwei Müslisorten stehst, schau auf die Nährwerttabelle und die Zutatenliste. Das wird dir helfen, die beste Wahl zu treffen.

Und hier ist das Geheimnis: Je weniger verarbeitet ein Lebensmittel ist, desto besser. Frische Zutaten und selbstgemachte Mahlzeiten sind normalerweise gesünder als stark verarbeitete Lebensmittel. Also, wenn du vor einem frischen Apfel und einem Apfelmus aus der Dose stehst, nimm den frischen Apfel – er ist die gesündere Wahl.

Der Nutri-Score & Gütesiegel: Deine Ampel zu gesünderen Lebensmitteln?

Du kennst sicherlich diese farbigen Nutri-Score-Ampeln auf Lebensmittelverpackungen – von grün bis rot. Aber was steckt dahinter? Ganz einfach: Diese Ampel soll dir im Supermarkt blitzschnell zeigen, wie gesund oder weniger gesund ein Produkt ist. Grün ist der Gesundheits-Star, Rot bedeutet „Vorsicht".

Aber wie funktioniert der Nutri-Score eigentlich? Stell dir vor, es gäbe eine geheime Matheformel, die Nährstoffe in Lebensmitteln bewertet.[5]

Gesunde Lebensmittel umfassen im Allgemeinen Obst, Gemüse, Nüsse, Ballaststoffe und Proteine und bringen Minuspunkte. Dagegen gelten Zucker, Salz (Natrium), ein hoher Kaloriengehalt und gesättigte Fettsäuren als weniger gesund und sammeln Pluspunkte.

Stell dir vor, du bist im Supermarkt und suchst nach gesunden Lebensmitteln. Jetzt stößt du auf den Nutri-Score, der wie eine Bewertung für jedes Produkt aussieht. Denk an ihn wie an die Sternebewertung für Filme oder Spiele.

Nun, jedes Lebensmittel im Supermarkt erhält Minus- oder Pluspunkte basierend auf seinen Inhaltsstoffen. Denk an die Minuspunkte wie an Goldsterne – je mehr davon, desto besser. Das sind die guten Punkte. Wenn ein

Wie berechnet sich der Nutri-Score?

Die Skala kennzeichnet ein Nährwertprofil von Lebensmitteln, das auf der Grundlage einer Auswahl an Inhaltsstoffen berechnet wird.

Minuspunkte für günstige Bestandteile

- Anteil an Obst, Gemüse, Nüssen, Hülsenfrüchten, Raps-, Walnuss- und Olivenöl
- Ballaststoffe
- Eiweiß

Pluspunkte für ungünstige Bestandteile

- Energie/Kaloriengehalt
- gesättigte Fettsäuren
- Zucker
- Salz

sehr günstig
wenige Punkte

sehr ungünstig
viele Punkte

Feste Lebensmittel *

A	B	C	D	E
min. bis −1	0 bis 2	3 bis 10	11 bis 18	19 bis max.

Getränke

A	B	C	D	E
Wasser	min. bis 1	2 bis 5	6 bis 9	10 bis max.

* Zur Kategorie Feste Lebensmittel werden auch Milch und Milchgetränke gezählt.

Quelle: dpa, Lebensmittelverband Deutschland

Produkt beispielsweise viele Ballaststoffe, Proteine und Vitamine hat, sammelt es viele Minuspunkte. Das bedeutet, es soll gesund und gut für dich sein.[6]

Aber Achtung! Hier kommen die schlechten Nachrichten: Pluspunkte sind wie rote Warnflaggen. Wenn ein Lebensmittel viele Pluspunkte erhält, bedeutet das, dass es zu viel Zucker, gesättigte Fette oder Salz enthält – und das ist nicht so toll für deine Gesundheit.

Am Ende werden alle diese Plus- und Minuspunkte zusammengezählt. Produkte mit einer negativen

Errenchnete Gesamtpunktzahl Lebensmittel	**Errenchnete Gesamtpunktzahl** Getränke		**Einordnung in** Nutri-Score
Min. bis -1	Wasser	→	NUTRI-SCORE A
0 bis +2	Min. bis +1	→	NUTRI-SCORE B
+3 bis +10	+2 bis +5	→	NUTRI-SCORE C
+11 bis +18	+6 bis +9	→	NUTRI-SCORE D
+19 und mehr	+10 und mehr	→	NUTRI-SCORE E

Quelle: Bundesministerium für Ernährung und Landwirtschaft.

Endpunktzahl bekommen einen besonders guten Nutri-Score.

Das Ergebnis landet dann in Form eines Buchstabens (A bis E) und einer Farbe auf der Packung. Ein grünes A oder B suggeriert, dass es gesund ist, während ein orangefarbenes oder rotes D oder E darauf hinweisen, dass du dich vielleicht besser noch mal umschauen solltest. Das Ziel? Dir die Wahl gesünderer Lebensmittel leicht zu machen. Der Nutri-Score ist übrigens für Hersteller nicht verpflichtend, sondern freiwillig.

Aber Halt, hier kommt die Kritik! Der Nutri-Score vergleicht nur Produkte innerhalb derselben Kategorie miteinander.[7] Das bedeutet, dass du nicht unbedingt einen Joghurt und ein Stück Kuchen direkt miteinander vergleichen kannst. Du kannst jedoch verschiedene Joghurts oder verschiedene Kuchen miteinander vergleichen, um herauszufinden, welches Produkt innerhalb seiner eigenen Kategorie gesünder ist.

Nehmen wir zum Beispiel Max, der seinem Lieblingssupermarkt vor einer Auswahl von Tiefkühlpizzen steht. Max sieht eine Pizza mit einem grünen A auf der Verpackung und eine andere mit einem orangefarbenen D. Was bedeutet das?

Nun, der Nutri-Score sagt uns, dass die Pizza mit dem grünen A gesünder ist als die mit dem orangen D. Aber bedeutet das automatisch, dass die grüne A-Pizza eine gesunde Wahl ist?

Hier kommen wir an die Grenzen des Nutri-Scores.

Wenn sich Max für die Pizza mit dem grünen A entscheidet, wählt er innerhalb der Kategorie der Tiefkühlpizzen eine gesündere Option. Dennoch ist eine Fertigpizza – auch mit einem A – immer noch eine gelegentliche Leckerei und nicht gleichzusetzen mit frischem Gemüse oder einer ausgewogenen Mahlzeit. Daher ist der Nutri-Score ein nützliches Werkzeug, um innerhalb einer bestimmten Lebensmittelkategorie eine bessere Wahl zu treffen, aber er ersetzt nicht das Verständnis für eine ausgewogene Ernährung. Und er führt uns nicht zum Genuss von frischen und natürlichen Lebensmitteln.

Der Nutri-Score kann verwirrend sein.[8]

Eine Spinat-Steinofen-Pizza eines bekannten Herstellers beispielsweise erhält einen stolzen Nutri-Score von A. Das klingt gesund, oder? Doch wenn du einen Blick auf die Zutatenliste wirfst, wird es

Hier ist die Zutatenliste der Spinat-Steinofen-Pizza die den Nutri-Score A hat

ZUTATEN: Weizenmehl, zerkleinerte Schältomaten (21 %), Blattspinat (18 %), schnittfester **Mozzarella** (15 %), Wasser, Rapsöl, **Vollmilch**, Zwiebeln (1 %), **Frischkäse Doppelrahmstufe** (1 %), Hefe, Zucker, Salz, **Weizensauerteig** getrocknet, Kräuter und Gewürze, Stärke, Knoblauch, Dextrose, Gewürzextrakte.

knifflig. An erster Stelle steht Weizenmehl, das wenig nährstoffreich und stark verarbeitet ist. Dazu gesellt sich Zucker in Form von klassischem Zucker und Dextrose. Die Frage drängt sich auf: Was genau macht dieses Produkt so gesund?

Ein weiteres Beispiel, das einen nur den Kopf schütteln lässt, sind die Cerealien[9], die ebenfalls einen Nutri-Score A aufweisen. Klingt nach einer guten Wahl, oder?

ZUTATEN: 53,1% Vollkornweizenmehl, Zucker, 17,2 % Maisgrieß, Glukosesirup, 5,6 % fettarmer Kakao, Calciumcarbonat, enthält Sonnenblumenöl und/oder Palmöl, Salz, natürliche Aromen, Eisen, Niacin, Pantothensäure, Vit. D, Vit. B6, Thiamin (Vit. B1), Riboflavin (Vit. B2), Folsäure.

Aber wenn wir uns die Zutatenliste genauer ansehen, wird die Sache interessant. An zweiter Stelle steht Zucker, gefolgt von einer weiteren Zuckerart: Glucosesirup. Hinzu kommen entzündungsförderndes Sonnenblumen- oder Palmöl sowie „natürliche Aromen", die den Geschmacksinn der Kinder negativ beeinflussen können. Das wirft die Frage auf, wie solche Cerealien mit einem A auf dem Nutri-Score als gesund eingestuft werden können.[10]

Andererseits haben wir Olivenöl, das je nach Marke einen Nutri-Score von C bis E erhält. Die eigent-

Ist es nicht verrückt, dass manches Olivenöl den Nutri-Score E hat und eine hochverarbeitete Pizza den Nutri-Score A?

Quelle: https://schnelleinfachgesund.de/nutri-score-kritik/

lich gesunden Cashewkerne werden mit einem C versehen. Dies verdeutlicht, wie knifflig die Bewertung sein kann.

Es zeigt, dass die Nutri-Score-Bewertung zwar eine nützliche Richtlinie sein kann, aber auch ihre Grenzen hat. Die Schwierigkeit bei der Nutri-Score-Bewertung liegt darin, dass sie auf einer mathematischen Formel basiert, die verschiedene Nährstoffe in Betracht zieht. Die genaue Zusammenstellung der Zutaten und die Wirkung auf die Gesundheit sind oft komplexer, als es eine einzige Note oder Farbe ausdrücken kann. Daher ist es immer ratsam, nicht nur auf den Nutri-Score zu schauen, sondern auch die Zutatenliste und das Gesamtbild der Ernährung in Betracht zu ziehen.

In manchen Fällen kann ein Produkt, das auf den ersten Blick gesund erscheint, bei näherer Betrachtung weniger vorteilhaft sein, und umgekehrt. Die Bewertung von Lebensmitteln sollte daher stets als hilfreiche Orientierung betrachtet werden, aber nicht als alleiniges Kriterium für gesunde Ernährung. So vermeidet man Überraschungen, die sich hinter vermeintlich gesunden Nutri-Scores verbergen können.

Zu guter Letzt: Der Nutri-Score allein löst nicht unser grundlegendes Problem.

Du fragst dich vielleicht, warum wir heutzutage Lebensmittel mit solchen Dingen wie dem Nutri-Score bewerten müssen. Hier sind einige Gründe:

1 Veränderung der Lebensmittelherstellung: In den letzten Jahren hat sich die Art und Weise, wie Lebensmittel hergestellt werden, stark verändert. Es gibt immer mehr verarbeitete Lebensmittel, die oft voller Zucker, Salz und ungesunder Fette stecken. Diese Art von Essen kann süchtig machen und es uns dadurch erschweren, auf unsere natürlichen Instinkte zu hören. Ungesunde Lebensmittel sind oft billig. Deshalb greifen viele Verbraucher zu Fertiggerichten, Süßigkeiten, Fleisch und Käse.

2 Marketing und Einflussnahme: Lebensmittelunternehmen setzen clevere Marketingstrategien ein, um ungesunde Lebensmittel attraktiver erscheinen zu lassen. Oftmals werden Lebensmittel, die tatsächlich gut für uns sind (wie Vollkornprodukte, Obst und Gemüse), weniger beworben.

3 Schnelle und bequeme Lebensmittel: Unser hektischer Lebensstil erfordert oft schnelle und bequeme Mahlzeiten, was dazu führt, dass viele von uns auf Fast Food und Fertiggerichte zurückgreifen, die oft weniger gesund sind.

4 Sofortige vs. langfristige Auswirkungen: Wenn man versehentlich eine giftige Pflanze gegessen hat - vielleicht hat man Maiglöckchen mit Bärlauch verwechselt -, bekommt man die Konsequenzen recht schnell zu spüren. Die Auswirkungen einer ungesunden Ernährung hingegen sind oft schleichend. Wir merken nicht sofort, wie sie uns schaden, sondern erst nach Jahren, wenn wir bereits chronische Krankheiten wie Übergewicht, Herzkrankheiten und Diabetes entwickelt haben.

5 Mangel an Ernährungswissen: Viele von uns haben nicht genug Wissen darüber, was eine gesunde Ernährung ausmacht und welche Nährstoffe wir benötigen. Eine bessere Ernährungsbildung kann helfen, klügere Entscheidungen zu treffen.

Der Nutri-Score und ähnliche Bewertungssysteme sollen uns dabei unterstützen, bessere Entscheidungen beim Lebensmittelkauf zu treffen. Sie sind jedoch nur ein Teil der Lösung. Wir müssen unsere Ernährungsgewohnheiten überdenken, uns besser informieren und die Lebensmittelproduktion und -werbung beeinflussen, um unsere Ernährungsgewohnheiten zu verbessern. Es ist wichtig, uns bewusst zu machen, wie unsere Ernährung unsere Gesundheit beeinflusst und wie wir wieder lernen können, auf unsere Instinkte zu hören, um ausgewogen zu essen.

Shopping mit Qualität? Die Top-Gütesiegel, die du kennen solltest

Du kennst sicher diese bunten Logos auf Lebensmittelverpackungen, oder? Sie sollen uns helfen, die besten Entscheidungen beim Einkaufen zu treffen, aber manchmal sind sie auch ganz schön verwirrend. Aber wie können wir sicherstellen, dass die Lebensmittel, die wir kaufen, unseren ethischen und gesundheitlichen Standards entsprechen? Dies ist der Moment, in dem Lebensmittelsiegel ins Spiel kommen. Diese Siegel dienen dazu, uns zu versichern, dass die Produkte bestimmte Qualitäts- und Nachhaltigkeitsstandards erfüllen. Aber Vorsicht: Die Existenz eines Siegels allein garantiert nicht automatisch, dass ein Produkt perfekt ist. Es ist wichtig, die Bedeutung und die Kriterien jedes Siegels zu verstehen und kritisch zu hinterfragen, ob sie unseren eigenen Werten und Erwartungen entsprechen.

Hier sind einige der häufigsten Lebensmittelsiegel und ihre Bedeutung:

Staatliches Bio-Siegel
Im Supermarkt findest du oft zwei gängige Bio-Siegel: das EU-Bio-Logo, das wie ein Blatt aus weißen Sternen auf hellgrünem Hintergrund aussieht, und das deutsche Bio-Siegel in Sechseck-Form. Du siehst manchmal beide Siegel auf einem Produkt, weil das Sechseck-Siegel in Deutschland sehr bekannt ist. Aber hier ist der Clou: Inhaltlich sind sie eigentlich gleich. Wenn Erzeuger und Erzeugerinnen diese Siegel verwenden, bedeutet das, dass sie sich an die Regeln der EG-Öko-Verordnung halten und mindestens einmal pro Jahr überprüft werden.

Was bedeuten diese Bio-Siegel konkret? Sie garantieren, dass die Lebensmittel nicht gentechnisch verändert wurden und keine synthetischen Pestizide oder leicht löslichen mineralischen Düngemittel verwendet wurden. Bei tierischen Produkten dürfen diese Siegel nur auf der Packung erscheinen, wenn die Tiere nach gesetzlich festgelegten ökologischen Standards gehalten wurden, sie mehr Platz und Auslauf hatten als Tiere in konventioneller Haltung und ihr Futter ökologisch produziert wurde. Außerdem dürfen in zertifizierten Bio-Betrieben Antibiotika nur zu medizinischen Zwecken und nicht präventiv eingesetzt werden. Wenn ein Produkt zu 95 % den Anforderungen der EU-Öko-Verordnung entspricht, darf es als „biologisch" oder „ökologisch" bezeichnet werden und das Bio-Siegel tragen.[11]

Die Siegel der Bio-Verbände
Außer den offiziellen Bio-Siegeln gibt es auch Siegel von Bio-Verbänden, beispielsweise Bioland, Demeter und Naturland. Diese Verbände sind Gruppen von Bauernhöfen, die ökologisch arbeiten und mehr als 1.000 Mitglieder haben.[12] Sie setzen sich persönlich dafür ein, dass ihre Höfe die festgelegten Standards erfüllen.

Bioland: Das Bioland-Siegel steht für ökologisch angebaute Produkte. Es garantiert strenge ökologische Standards. Darunter fallen der Verzicht auf Pestizide und nachhaltige Landwirtschaft. Tiere werden artgerecht gehalten, und ihnen steht mehr Platz zur Verfügung. Dieses Siegel steht für umweltschonende Produktion und gesunde Lebensmittel.

Bioland-Mitglieder verpflichten sich zu 100 % zu einer ökologischen Produktion ohne Kunstdünger und Pestizide. Alle ihre Produkte müssen diesen Standards entsprechen. Zusätzlich wird Bio-Saatgut verwendet und kranke Tiere werden mit Naturheilmitteln behandelt. Dieses Zertifikat wird nur an Betriebe in Deutschland und Südtirol vergeben.[13]

Demeter: Demeter ist eines der ältesten Bio-Siegel. Der Demeter e. V. setzt auf biologisch-dynamische Landwirtschaft, die über herkömmliche Bio-Standards hinausgeht und einen großen Fokus auf Bodenfruchtbarkeit und Artenvielfalt legt. Der Verband verbietet zum Beispiel das Enthornen von Rindern und begrenzt den Transportweg zum Schlachthof auf 200 Kilometer. Die Tiere müssen ausschließlich Biofutter bekommen, und dieses muss größtenteils Demeter-Qualität haben. In Produkten sind nur sehr wenige Zusatzstoffe erlaubt. Seit 2020 dürfen frisches Obst und Gemüse nicht mehr in Plastikverpackungen verkauft werden.[14]

Naturland: Das Naturland-Siegel steht für nachhaltige Landwirtschaft und Ökolandbau. Produkte mit diesem Siegel sind ökologisch produziert und frei von synthetischen Pestiziden und Gentechnik. Naturland legt auch Wert auf faire Arbeitsbedingungen. Dieses Siegel hat internationale Anerkennung und setzt sich für ganzheitliche Nachhaltigkeit in der Landwirtschaft ein. Die Richtlinien beinhalten einen umfassenden Ansatz, nachhaltiges Wirtschaften, Natur- und Klimaschutz, den Schutz von Boden, Luft und Wasser sowie den Verbraucherschutz. Soziale Standards sind ebenso wichtig; alle Erzeuger erhalten faire Preise. Naturland sorgt für Transparenz und hat Richtlinien für verschiedene Bereiche wie Aquakultur und Waldnutzung.[15]

Siegel für sozialverträglichen Handel
Außerdem gibt es viele Siegel, deren Bedeutung sich besonders auf Arbeitsbedingungen bezieht. Durch einige von ihnen werden zusätzliche Anforderungen an die Produktionsprozesse festgelegt.

Fairtrade-Siegel: Das Fairtrade-Siegel auf Produkten wie Kaffee, Schokolade, Zucker und Bananen bedeutet, dass die Menschen, die sie in Entwicklungsländern produzieren, faire Löhne erhalten und unter guten Arbeitsbedingungen arbeiten. Außerdem verbietet es illegale Kinderarbeit und Zwangsarbeit. Produkte mit diesem Siegel müssen bestimmte soziale, ökologische und wirtschaftliche Standards erfüllen. Dazu gehören das Verbot gefährlicher Pestizide, die Verhinderung der Abholzung von Wäldern, ein umweltschonender Anbau und die Förderung von Klimaschutz. Zudem werden Mindestabnahmepreise und finanzielle Unterstützung für Landwirte und Kooperativen sichergestellt.[16]

GEPA: Die GEPA ist keine Art von Siegel, sondern ein Unternehmen, das ausschließlich fair gehandelte Produkte verkauft. Ihr Hauptziel ist es, Produzenten aus benachteiligten Regionen im globalen Süden gerecht zu entlohnen. Die von ihnen vertriebenen Lebensmittel sind frei von Gentechnik, und etwa 80 % dieser Produkte stammen aus biologischem Anbau, wie die GEPA selbst angibt.[17]

Siegel für Fische und Meeresfrüchte
Leider gibt es kein staatlich überprüftes Siegel für nachhaltig gefangenen Fisch mit klaren Regeln und unabhängigen Kontrollen.

MSC- und ASC-Siegel: Wenn du gern Meeresfrüchte und Fisch isst, kannst du dich am Marine-Stewardship-Council-Siegel (MSC) orientieren. Es zeigt an, dass der Fisch nachhaltig gefangen wurde, um die Ozeane zu schützen. Es gibt jedoch einige kritische Meinungen dazu.[18] Das MSC-Siegel steht für nachhaltigen Wildfischfang auf der ganzen Welt. Die Betriebe, die dieses Siegel tragen, verpflichten sich, nur so viel Fisch zu fangen, dass sich der Bestand selbst erneuern kann. Die Fangmethoden dürfen keine Schäden im Lebensraum des Meeres verursachen. Außerdem soll garantiert werden, dass die verkauften Fische und Meeresfrüchte bis zu ihrem Ursprung zurückverfolgt werden können.[19]

Das ASC-Siegel zertifiziert Fischzuchtbetriebe, die sich an Richtlinien halten, um die natürliche Umgebung zu schützen, Wasserressourcen zu erhalten und die Artenvielfalt zu sichern. Sie verzichten auch auf unnötige Antibiotika und Chemikalien.

Beide Siegel, das MSC und das ASC, erfüllen jedoch nicht die strengen Standards der Bio-Siegel, wie Bio und Naturland.

Siegel für vegane und vegetarische Produkte
Das V-Label ist ein Zeichen, das vegetarische oder vegane Produkte kennzeichnet. Vor allem bei verarbeiteten Lebensmitteln ist dieses Siegel eine praktische Hilfe für

Menschen, die sich ganz oder teilweise pflanzlich ernähren. Mit dem V-Label musst du nicht mehr die ganze Liste der Zutaten studieren.

Aber Achtung, das V-Label sagt nichts darüber aus, wie umweltfreundlich oder gesund ein Produkt ist. Eine vegetarische Wurstalternative kann immer noch Eier aus Massentierhaltung enthalten, und eine vegane Pizza kann aus Weizen hergestellt werden, das Pestizide enthält. Wenn du vegane Lebensmittel aus ökologischem Anbau bevorzugst, achte auf das Label „Eco Veg" oder das Bio-Label.

Tierwohl-Labels - Mehr Schein als Sein?

Warum nicht weniger, aber dafür hochwertigeres Fleisch? Die folgenden Bioverbände setzen bereits jetzt die strengsten Tierwohlkriterien[20] um. Sie sorgen dafür, dass die Tiere ausreichend Platz und Auslauf haben und nur ökologisches, gentechnikfreies Futter erhalten. Außerdem begrenzen sie die Dauer und Entfernung der Tiertransporte. Das ist gut für die Tiere und für unsere Umwelt.

Neuland-Siegel: In den Richtlinien[21], die für Neuland-Höfe gelten, stehen klare Regeln zur Haltung, Fütterung und zum Transport der Tiere. Das gilt für Schweine, Rinder, Schafe, Legehennen und Mastgeflügel. Besonders wichtig ist, dass die Tiere artgerecht behandelt werden. Im Gegensatz zu Bio-Höfen ist bei Neuland der Einsatz von ökologischem Futter nicht zwingend vorgeschrieben. Stattdessen wird darauf geachtet, dass nur einheimische Futtermittel verwendet werden, um den Import von Futtermitteln (vor allem Sojaschrot) zu verhindern. Außerdem sind tierische Futtermittel wie Fischmehl oder Tiermehl verboten. Gleiches gilt für den Einsatz von Antibiotika und anderen Substanzen, die das Wachstum fördern. Und ganz wichtig: Gentechnik darf weder bei der Zucht noch bei der Fütterung eingesetzt werden; zum Beispiel ist genetisch veränderter Mais tabu.

Das „Haltungsform"-Siegel ist auf einigen Fleischprodukten zu finden und hat vier verschiedene Stufen. Die höchste Stufe, „Premium", entspricht den Bio-Standards. Wenn du mehr darüber wissen möchtest, kannst du auf der Website haltungsform.de nachsehen. Dort wird auch gezeigt, wie die anderen Siegel in diese vier Haltungsstufen passen.

QS-Prüfzeichen: Das QS-Prüfzeichen bezieht sich auf die Qualitätssicherung frischer Lebensmittel, insbesondere in Bezug auf die Hygiene. Das Prüfsystem stellt Anforderungen an die Tierhaltung und die Futtermittel[22], und es verlangt eine nachvollziehbare Lieferkette vom Bauernhof bis zum Produkt. Dieses Siegel wird für Fleisch, Obst, Gemüse und Kartoffeln vergeben. Allerdings legt das QS-Prüfsystem bisher keine Kriterien für Nachhaltigkeit fest.

Ohne Gentechnik: Das „Ohne Gentechnik"-Zeichen auf Lebensmitteln zeigt, dass sie ohne Verwendung von Gentechnik hergestellt wurden. Jeder, der solche Produkte herstellt, kann die Bezeichnung „ohne Gentechnik" verwenden. Das offizielle „Ohne-Gentechnik-Logo" wird jedoch nur auf Antrag vom „Verband Lebensmittel ohne Gentechnik" vergeben.

Initiative Tierwohl: Die „Initiative Tierwohl" ist so etwas wie ein Abkommen zwischen Bauern, Fleischherstellern und Supermärkten. Das Siegel auf der Fleischverpackung sagt dir leider nicht, wie die Tiere wirklich behandelt wurden. Die Höfe, die bei dieser Initiative mitmachen, bekommen Geld aus einem speziellen Fonds. Mit diesem Geld können sie die Lebensbedingungen für die Tiere verbessern.[23]

Initiative Ökologische Tierzucht: Bioland und Demeter haben zusammen die „Initiative Ökologische Tierzucht" ins Leben gerufen. Dieses Siegel gilt zunächst für Legehennen, aber sie planen, es auch für andere Tiere einzuführen.[24] Das Besondere an diesem

Siegel ist, dass es die Aufzucht von sogenannten „Bruderhähnen“ und „Zweinutzungshühnern“ unterstützt. Diese Hühner können sowohl Eier legen als auch für Fleisch verwendet werden. In konventionellen Hühnerhaltungssystemen werden männliche Küken, die keine Eier legen können, oft aussortiert und getötet, da sie für die Ei-Produktion nicht benötigt werden und nicht die gleiche Fleischqualität wie speziell für die Fleischproduktion gezüchtete Hähnchen haben.

Die Bruderhahn-Initiativen bieten eine ethischere Alternative zur herkömmlichen Praxis, indem sie die männlichen Küken am Leben erhalten und ihnen die Möglichkeit geben, aufzuwachsen. Jedoch bleibt die Schlachtung der Bruderhähne weiterhin Realität, wenn auch zu einem späteren Zeitpunkt im Vergleich zur konventionellen Praxis.

DLG-prämiert: Das „DLG-prämiert“-Siegel ist eine Auszeichnung von der Deutschen Landwirtschafts-Gesellschaft (DLG). Lebensmittel erhalten diese Auszeichnung in den Stufen Bronze, Silber oder Gold. Bei der Bewertung konzentriert man sich auf den Geschmack, das Aussehen, den Geruch und die Konsistenz der Produkte.[25] Dieses Siegel berücksichtigt jedoch keine ökologischen Aspekte.

Regionale Lebensmittel sind Produkte, die aus deiner Nähe stammen, wie etwa aus deinem Landkreis oder deinem Bundesland. Der Begriff „regional“ ist jedoch nicht eindeutig definiert und kann in der Werbung irreführend sein. Zum Beispiel könnten Erdbeeren als „regional“ verkauft werden, obwohl sie tatsächlich von einem Ort 300 Kilometer entfernt stammen. Um sicherzustellen, dass Lebensmittel wirklich aus deiner Region kommen, lohnt es sich, die Etiketten zu prüfen, bei Herstellern nachzufragen und auf Wochenmärkten einzukaufen. Damit unterstützt du lokale Produzenten und vermeidest lange Transportwege.

Lass dich nicht von Werbeaussagen wie „aus anerkanntem Anbau“, „Naturprodukt“ oder Ähnlichem täuschen. Die Wörter „ökologisch“ und „bio“ sind keine leeren Versprechungen - sie sind tatsächlich staatlich geschützt. Allein die Farbe der Verpackung, sei sie braun oder grün, sagt nichts über die Qualität des Produkts aus. Wenn du Lebensmittel einkaufst, lohnt es sich, nach den echten Gütesiegeln und Bio-Siegeln Ausschau zu halten. In Bio- und Naturkostläden findest du vor allem Produkte, die von strengen Anbauverbänden ausgezeichnet wurden. Falls du Fragen hast oder Beratung benötigst, zögere nicht, das Personal um Hilfe zu bitten.

Produkte mit dem offiziellen Bio-Siegel oder den Siegeln bekannter Supermarktketten sind ebenfalls eine gute Wahl.

Erinnere dich daran, dass diese Siegel von Herstellern freiwillig verwendet werden. Sie sind ein guter Anfang, aber du solltest trotzdem die Bedingungen und Standards jedes Siegels überprüfen und sicherstellen, dass sie zu deinen eigenen Werten und Bedürfnissen passen. Ein Siegel ist zwar ein hilfreicher Anhaltspunkt, sollte aber nicht das einzige Kriterium bei deinen Einkäufen sein.

AUSGETRICKST: WIE DU DIE TRICKS DER LEBENSMITTELWERBUNG DURCHSCHAUST

Die Welt der Lebensmittelwerbung ist voll von verlockenden Bildern, Gesundheitsversprechen und glänzenden Etiketten. Doch in dieser scheinbar perfekten Welt lauern zahlreiche Tricks und Täuschungen, mit denen die Lebensmittelindustrie versucht, uns zum Kauf ihrer Produkte zu verführen. Ob es um den gesundheitlichen Nutzen eines Snacks, die Verlockung durch sorgfältig gestaltete Verpackungen oder die psychologischen Effekte von Farben und Musik geht - es passiert so schnell, in die Falle der Werbung zu tappen. Im Folgenden erfährst du einige praktische Tipps, wie du die Werbetricks der Lebensmittelindustrie durchschauen und fundierte Entscheidungen für deine Ernährung treffen kannst. Bereit, mehr darüber zu erfahren? Los geht's!

In unserer heutigen Konsumgesellschaft sind wir ständig von Werbung und Verpackungen umgeben. Es lohnt sich, genauer hinzusehen, wie die Lebensmittelindustrie versucht, unsere Wahrnehmung und Kaufentscheidungen zu beeinflussen.

Verpackungen sind der erste Berührungspunkt zwischen dem Produkt und dem Verbraucher.

Die Lebensmittelindustrie hat Verpackungen zu einer Kunstform gemacht. Jedes Detail ist sorgfältig durchdacht. Hier sind einige wichtige Aspekte, die berücksichtigt werden:

1. **Farbpsychologie:** Farben spielen eine entscheidende Rolle bei der Verpackungsgestaltung. Es ist wissenschaftlich belegt, dass bestimmte Farben Emotionen und Reaktionen auslösen können. Rot und Gelb sind Farben, die unseren Appetit anregen und Lust auf Snacks machen.[26] Denk nur an Fast-Food-Restaurants und ihre roten und gelben Logos. Diese Farben sind keine zufällige Wahl; sie sind bewusst gewählt, um unseren Hunger zu wecken.

2. **Bilder und Illustrationen:** Bilder auf Verpackungen sind wie Versprechen an den Verbraucher. Bilder von frischen Beeren und knusprigen Haferflocken auf einer Müsli-Packung suggerieren Gesundheit und Geschmack. Doch oft handelt es sich bei diesen „Beeren" um getrocknete Fruchtstücke, die mit Zucker und künstlichen Aromen überzogen sind. Der tatsächliche Inhalt kann also weit von dem entfernt sein, was die Verpackung verspricht.

3. **Größe und Form:** Die Größe und Form von Verpackungen sind so gestaltet, dass sie unsere Wahrnehmung von Wert und Zweck beeinflussen. Ein gutes Beispiel sind Schokoriegel, die so geformt sind, dass sie sich leicht in der Hand halten lassen und überall gegessen werden können. Diese Gestaltung verleitet uns oft dazu, mehr Kalorien und Zucker zu konsumieren, als wir beabsichtigen.

4. **Verpackungstäuschung:** Ein weit verbreitetes Phänomen ist die „Verpackungstäuschung". Dabei ist meist weniger Inhalt enthalten, als die großen Verpackungen vermuten lassen. Ein klassisches Beispiel sind Chipstüten, die oft unnötig viel Platz für Luft enthalten. Dies vermittelt den Eindruck, dass der Beutel bis zum Rand mit knusprigen Chips gefüllt ist, obwohl ein erheblicher Teil des Inhalts aus Luft besteht.

5. **Inhaltsverringerung in unveränderter Hülle:** Eine raffiniertere Praxis ist die „Inhaltsverringerung in unveränderter Hülle". Dabei reduzieren Unternehmen die Menge des eigentlichen Produkts, während die äußere Verpackung nahezu unverändert bleibt. Verbraucher denken oft, sie erhalten das gleiche Produkt wie zuvor, nur um dann festzustellen, dass sie für ihr Geld weniger Produkt erhalten. Das ist eine Art der Preiserhöhung, die oft unbemerkt bleibt.[27]

Emotionale Verbindungen durch Verpackung:

Verpackungen können auch eine emotionale Bindung herstellen. Oft werden nostalgische Bilder, traditionelle Designs oder bekannte Markenlogos verwendet, um Verbraucher an vergangene Zeiten zu erinnern oder Produkte mit bestimmten Werten in Verbindung zu bringen. Dies kann eine stärkere Identifikation mit einem Produkt oder einer Marke fördern.

Die Magie der Marketing-Schlagwörter:

Die Lebensmittelindustrie bedient sich auch geschickter Marketingstrategien, um uns anzulocken und uns ein Gefühl von Gesundheit und Wohlbefinden zu vermitteln. Dabei werden häufig Schlagwörter und Begriffe verwendet, die den Eindruck von Gesundheit erwecken, obwohl die tatsächlichen Inhaltsstoffe der Produkte möglicherweise weniger gesund sind. Hier sind einige Beispiele:

1. **„Natürlich" oder „naturbelassen":** Viele Produkte tragen das Etikett „natürlich" oder „naturbelassen", was den Eindruck erweckt, dass sie frei von künstlichen Zusätzen oder Chemikalien sind. In Wirklichkeit sind diese Begriffe nicht klar definiert, und es gibt keine Garantie, dass ein Produkt tatsächlich gesünder ist als Produkte mit künstlichen Zusätzen.

2. **„Fettfrei" oder „zuckerfrei":** Produkte, die als „fettfrei" oder „zuckerfrei" beworben werden, können den Eindruck erwecken, gesund zu sein. Aber oft werden diese Eigenschaften durch den Einsatz von Zusatzstoffen wie Süßungsmitteln oder Geschmacksverstärkern erreicht, die gesundheitliche Gefahren mit sich bringen können.

3. **„Organisch" oder „bio":** Obwohl Bio-Lebensmittel in der Regel eine gesündere Wahl darstellen, wird der Begriff „organisch" manchmal überstrapaziert. Nicht alle als „organisch" gekennzeichneten Produkte sind gleich, und es ist wichtig, auf Zertifikate und Herkunft zu Achten.

Die Lebensmittelindustrie nutzt diese Tricks, um die Verbraucher zu überzeugen, ihre Produkte zu kaufen. Es ist jedoch wichtig, sich dieser Strategien bewusst zu sein und kritisch zu hinterfragen, was auf den Verpackungen steht. Ein Blick auf die Nährwertangaben und die Zutatenliste ist oft aufschlussreich und hilft dabei, fundierte Kaufentscheidungen zu treffen. Durch kritisches Denken und bewusstes Einkaufen kannst du die Tricks der Lebensmittelindustrie besser durchschauen und eine gesündere Ernährung fördern.

Deine Checkliste, um dich nicht manipulieren zu lassen:

1. **Check das Produkt:** Bevor du etwas zu essen kaufst, wirf einen genauen Blick darauf. Manche Produkte haben so schicke Bilder

auf der Verpackung, dass sie fast wie Kunstwerke aussehen. Aber lass dich nicht von der Hülle täuschen, der Inhalt zählt!

2 Durchschaue die Gesundheitsversprechen: Oft stehen Wörter wie „natürlich", „gesund" oder „nahrhaft" auf den Verpackungen von Lebensmitteln. Das soll dich überzeugen, dass sie supergesund sind. Doch das ist nicht immer der Fall. Schau dir lieber die Nährwertangaben und die Liste der Zutaten an, um zu wissen, was wirklich drinsteckt.

3 Behalte Portionen im Blick: Schau dir die empfohlene Portionsgröße auf der Verpackung an. Manchmal sieht ein Produkt gesund aus, aber die empfohlene Portion ist winzig. Also, überleg, wie viel du wirklich isst.

4 Check die Zutatenliste: Die Liste der Zutaten auf der Verpackung ist entscheidend. Je mehr künstliche Zusatzstoffe oder Zucker in einem Produkt drin sind, desto weniger gesund ist es normalerweise. Schau, wie nah die Zutaten an natürlichen Lebensmitteln sind.

5 Du weißt, Verkaufspsychologie: Die Werbung nutzt Tricks, um dich emotional anzusprechen. Farben, Musik und Gefühle sollen dir ein gutes Gefühl über das Produkt geben. Versuche trotzdem, deine Entscheidung auf Fakten und nicht auf Emotionen basieren zu lassen.

6 Vertrau auf unabhängige Quellen: Vertrau nicht nur auf die Werbung. Such dir Infos von unabhängigen Quellen wie Ernährungsexperten oder Produktbewertungen. Die liefern oft fundierte Einsichten, die die Werbung nicht preisgibt.

7 Bleib skeptisch und kritisch: Hinterfrage die Versprechen der Werbung. Wenn etwas zu fantastisch klingt, um wahr zu sein, ist es meistens so. Sei kritisch und informiere dich.

Mit diesen Tipps und einer Portion gesundem Menschenverstand kannst du die Werbetricks der Lebensmittelindustrie besser durchschauen und kluge Entscheidungen für deine Ernährung treffen.

KAPITEL 2

GEHEIME ZUTATEN
DIE BUNTE WELT DER LEBENSMITTELZUSATZSTOFFE

Was zur Hölle sind eigentlich diese Zusatzstoffe, und warum stecken sie überall in unserem Essen? Nun, mach dich bereit, denn wir werden die geheimnisvolle Welt der Zusatzstoffe mal so richtig aufmischen!

Hereinspaziert in die Welt der Zusatzstoffe!

Lebensmittelzusatzstoffe sind wie die Superhelden der Lebensmittelindustrie - sie verleihen Produkten zusätzliche Eigenschaften, um länger frisch zu bleiben oder besser auszusehen. Da gibt es Konservierungsstoffe, die wie Bodyguards gegen Bakterien wirken, damit dein Joghurt nicht zur Party für unerwünschte Gäste wird. Farbstoffe sind die Picassos der Lebensmittelwelt, die dem Essen seine ansprechende Optik verleihen. Geschmacksverstärker sind die Meisterköche, die den Geschmack von Fertiggerichten aufpeppen, als ob sie frisch aus Omas Küche kämen. Süßstoffe sind wie Zucker, aber ohne die Kalorien - eine verlockende Verführung, aber manchmal auch ein Stolperstein für die Gesundheit. Dann haben wir Emulgatoren, die wie Schiedsrichter im Lebensmittelteam agieren, damit Öl und Wasser sich nicht ständig in die Haare kriegen. Sie halten die Dinge zusammen, aber zu viel kann zu einem unangenehmen Spiel führen.

Aber Vorsicht! Nicht alle E-Nummern sind Helden - manche sind wie böse Stiefgeschwister. Lass mich dir zuerst das „E" erklären. Das „E" in den E-Nummern steht für „Europa". Die E-Nummern sind Codes für Lebensmittelzusatzstoffe, die von der Europäischen Union zugelassen sind. Diese Codes ermöglichen eine standardisierte Kennzeichnung von Zusatzstoffen auf Lebensmittelverpackungen.

Wusstest du, dass es in Deutschland eine Armee von Zusatzstoffen gibt? In Deutschland und der gesamten EU sind 338 verschiedene E-Nummern zugelassen. Warum? Nun, Hersteller verwenden sie, um ihre Produkte aufzumotzen. Sie wollen, dass die Farbe knalliger, der Geschmack intensiver und die Haltbarkeit länger wird. Für sie sind Zusatzstoffe wie der Superhelden-Trick, um das Essen attraktiver zu machen und den Geldbeutel klingeln zu lassen. Auch in Bio-Lebensmitteln sind gemäß der EU-Öko-Verordnung 53 Zusatzstoffe erlaubt. Die Verordnung listet genau auf, welche Zusatzstoffe zulässig sind und unter welchen Bedingungen sie verwendet werden dürfen. Grundsätzlich sollte es unser Ziel sein, die Anzahl und den Umfang der Zusatzstoffe zu minimieren und natürliche Alternativen zu bevorzugen.

Bei der Zulassung für Lebensmittelzusätze geht es ernsthaft zur Sache. Bevor eine E-Nummer grünes Licht erhält und in die Riege der Zutatenliste aufgenommen wird, durchläuft sie ein strenges Prüfverfahren. Eine der Hauptrollen in diesem Ablauf spielt der ADI-Wert, kurz für Acceptable Daily Intake - die akzeptable tägliche Menge. Das ist einfach die Menge eines Zusatzstoffes, die du bedenkenlos Tag für Tag konsumieren kannst, ohne dabei deine Gesundheit aufs Spiel zu setzen.[28]

Die Berechnung dieses ADI-Werts ist ein kniffliges Unterfangen, das auf umfangreichen Untersuchungen und Tests basiert, meistens an Tieren durchgeführt. Die dabei ermittelte Menge, angegeben in Milligramm pro Kilogramm Körpergewicht, stammt aus ebenjenen tierischen Versuchen. Um diesen Wert auf den Menschen zu übertragen, wird er in der Regel durch 100 geteilt - das bedeutet, dass für den menschlichen Konsum nur etwa ein Prozent der Menge zugelassen wird, die für das Tier unbedenklich war.[29]

Obwohl das Ganze solide klingt, kann es dennoch nicht alle potenziellen Gesundheitsrisiken ausschließen. Einige E-Nummern könnten unerwartet mit Medikamenten interagieren, Allergiker reagieren womöglich empfindlicher, und bei einseitiger Ernährung könnte der

ADI-Wert die Warnleuchte anschalten. Einige E-Nummern sind einfach etwas risikoreicher - vielleicht ist es am besten, du behältst sie im Auge.

Einige Zusatzstoffe haben keinen spezifisch festgelegten Höchstgehalt, da ihre Verwendung von verschiedenen Faktoren abhängt, einschließlich der Art des Lebensmittels und des beabsichtigten Verwendungszwecks. Hier sind Beispiele mit Erklärungen:

- Zitronensäure (E 330): Zitronensäure wird oft als Säuerungsmittel und Geschmacksverstärker verwendet.
- Stickstoff (E 949): Stickstoff wird als Verpackungsgas eingesetzt, um den Sauerstoffgehalt zu verringern und so die Haltbarkeit von Lebensmitteln zu verlängern.
- Gelierende Pektine (E 440): Pektine dienen als Geliermittel und Verdickungsmittel, besonders in Marmeladen und Gelees.
- Calciumcarbonat (E 170): Calciumcarbonat wird als Säureregulator und Trennmittel verwendet.

Die Abwesenheit eines festen Höchstgehalts bedeutet jedoch nicht, dass diese Zusatzstoffe unkontrolliert eingesetzt werden dürfen. Ihre Verwendung wird von den Lebensmittelbehörden und den Herstellungsrichtlinien reguliert, um die Sicherheit und Qualität der Produkte zu gewährleisten.

Die Verwendung von Zusatzstoffen hat sich im Laufe der Zeit weiterentwickelt. Früher stand die Haltbarmachung von Lebensmitteln im Vordergrund, während heute auch ästhetische und geschmackliche Aspekte berücksichtigt werden. Aber - und das ist wichtig zu betonen - nicht alle Zusatzstoffe sind gleich. Einige dienen dazu, unsere Lebensmittel zu verbessern, während andere skeptische Blicke auf sich ziehen. Ein bisschen Verständnis darüber, wer die Superhelden und wer die Schurken sind, hilft dabei, die Kontrolle über den eigenen Speiseplan zu behalten.

In der Welt der Zusatzstoffe operieren chemische Helfer, die uns vorgeben, unsere Lebensmittel zu verbessern. Hier sind einige Hauptkategorien:

E 100 - E 180 Farbstoffe:
Sie verleihen Lebensmitteln eine ansprechende Farbe. Manchmal auch, um den natürlichen Farbverlust während der Lagerung zu kompensieren (z. B. E129 - Allurarot AC). Die Vielfalt der Farben zeigt sich in unterschiedlichen Formen. Es gibt natürliche sowie künstlich hergestellte Farbstoffe. Die natürlichen stammen aus pflanzlichen oder tierischen Quellen, wohingegen die künstlichen Varianten zahlreich sind und sich entweder aus natürlichen Vorbildern ableiten oder vollständig im Labor entstehen.

E 200 - E 297 Konservierungsstoffe: Konservierungsstoffe machen Lebensmittel länger haltbar. Sie helfen, das Wachstum von Mikroorganismen wie Bakterien, Hefen und Schimmelpilzen zu hemmen. Dadurch können Lebensmittel länger im Regal stehen, ohne zu verderben, und sie bleiben frischer für den Verzehr (z. B. E202 - Kaliumsorbat).

E 300 - E 385 und E 500 - 586 Antioxidations- und Säuerungsmittel und Emulgatoren: Antioxidantionsmittel schützen Lebensmittel vor Oxidation und Verderben durch Sauerstoff. Sie erhalten die Frische von Fetten und Ölen (z. B. E 300 - Ascorbinsäure). Säuerungsmittel werden verwendet, um den pH-Wert von Lebensmitteln anzupassen. Sie verbessern den Geschmack und wirken als Konservierungsmittel (z. B. E 330 - Zitronensäure). Emulgatoren helfen bei der Vermischung von Wasser und Fetten oder Ölen in Lebensmitteln, um eine stabile Konsistenz zu gewährleisten. Dies ist zum Beispiel wichtig für Produkte wie Mayonnaise (z. B. E 322 - Lecithine).

E 400 - E 495 Verdickungs- und Feuchthaltemittel: Verdickungsmittel dienen dazu, die Viskosität von flüssigen Stoffen zu erhöhen, sie also zähflüssiger zu machen. Durch ihre Eigenschaft, Wasser zu binden, festigen sie die Struktur und allgemeine Beschaffenheit von Lebensmitteln. Gelatine, Stärke und andere Substanzen kommen in vielen Produkten, wie Soßen, Suppen und Desserts, vor - und die meisten sind unbedenklich. Verdickungsmittel (z. B. E 415 - Xanthan, E 440 - Geliermittel Pektin) verleihen Lebensmitteln eine festere Konsistenz. Zum Beispiel werden sie in Soßen oder Desserts verwendet.

E 620 - E 650 Geschmacksverstärker: Geschmacksverstärker sind keine hippen Gewürze, sondern chemisch gezüchtete Substanzen, die - wie der Name schon sagt - den Geschmack aufpimpen. Zu ihnen zählen beispielsweise Glutamat (z. B. E 621 - Mononatriumglutamat) oder Hefeextrakt. Der Konsum kann mit unangenehmen Nebenwirkungen einhergehen, darunter Migräne, Magenschmerzen, Druck im Schläfenbereich und Bluthochdruck.[30]

E 950 - E 1521 Süßungsmittel: Künstliche und natürliche Süßstoffe (z. B. E 951 - Aspartam oder E 420 - Sorbit) werden häufig in Lebensmitteln eingesetzt, um den Zuckergehalt zu reduzieren oder um kalorienarme oder zuckerfreie Alternativen zu schaffen. Das ist besonders wichtig in Diät- oder Light-

Produkten. Sie können natürlichen Ursprungs (z. B. aus Pflanzen) oder synthetisch hergestellt sein.

Aromen:
Aromen werden eingesetzt, um den Geschmack von Produkten zu verbessern, unerwünschte Aromen zu maskieren und eine breitere Geschmackspalette zu bieten.

So weit zu den wichtigsten Kategorien. Aber, Moment mal, steckt da nicht mehr dahinter? Lass uns herausfinden, was die mysteriösen E-Nummern wirklich bedeuten und warum sie überall auftauchen. Wir werden genauer hinsehen und herausfinden, welche Rolle diese Zusatzstoffe in unserer täglichen Nahrung wirklich spielen.

Aus dem Labor auf den Teller:
Die Entstehung und Anwendung von Zusatzstoffen

Zauberei in Laboren: Wie Zusatzstoffe hergestellt werden

Willkommen in der kulinarischen Zaubershow der Lebensmittelindustrie! Hier sind die Zusatzstoffe die Stars – produziert in Laboren, die mehr an Hexenküchen erinnern als an traditionelle Kochstuben.

Diese „Zauberei" beginnt oft mit natürlichen Rohstoffen, die in Laboren in mysteriöse Chemikalien verwandelt werden. Du denkst, das rote Gummibärchen schmeckt so intensiv? Da steckt mehr dahinter als nur Himbeeren. Die Zusatzstoffe, die da zugeschustert werden, verleihen nicht nur eine knallige Farbe, sondern auch den Geschmackskick. Zusatzstoffe können sowohl synthetisch hergestellt als auch aus natürlichen Quellen gewonnen werden. Natürliche Zusatzstoffe stammen oft aus Pflanzen, Tieren oder Mineralien. Zum Beispiel dienen Fruchtsäuren aus Obst als natürliche Säurungsmittel, während bestimmte Verdickungsmittel aus Pflanzensaft gewonnen werden können.

Aber halt! Nicht alles, was glänzt, ist Gold. Viele dieser „Zaubertricks" haben auch Effekte, die nicht auf den Etiketten stehen. Einige Substanzen, die hier gezaubert werden, sind umstritten, denn manche könnten unerwünschte Nebenwirkungen haben, über die nicht immer ganz offen gesprochen wird.

Kritiker dieser Zauberpraktiken warnen, dass der Einsatz von Zusatzstoffen möglicherweise gesundheitliche Risiken birgt. Viele dieser chemischen Wunder können zu einer Debatte über potenzielle Auswirkungen auf die Gesundheit führen[31] - und wer will schon unangenehme „Nebeneffekte" nach einem vermeintlichen Zauberspruch erleben?

Diese chemische Zauberei - obwohl oft als „normal" betrachtet - wirft die Frage auf, ob wir wirklich alles schlucken sollten, was uns als „Zutat" oder „Verbesserung" verkauft wird.

Fabrik-Food: Die Rolle von Zusatzstoffen in hochverarbeiteten Lebensmitteln

„Fabrik-Foods" bieten ein schillerndes Universum, in dem die Natur eine erstaunliche Verwandlung durchläuft, um in den Supermarktregalen als hochverarbeitete Gaumenfreude zu landen. Hier tüfteln Wissenschaft und Produktion daran, wie sie aus den Rohstoffen der Natur ein wahres Schlaraffenland an Lebensmitteln zaubern können. Diese Kapitelreihe begibt sich auf eine Entdeckungsreise, um die Geheimnisse hinter den verarbeiteten Schätzen zu ergründen - und zu enthüllen, wie die Natur in den Fabriken der Lebensmittelindustrie neu erschaffen wird.

Hochverarbeitete Lebensmittel, sogenannte UPS (ultra-processed foods), sind stark veränderte Lebensmittel, die wir oft im Supermarkt finden. Dazu zählen Fertiggerichte, Wurstwaren, industriell hergestelltes Brot oder Müslieriegel. Diese Lebensmittel enthalten häufig Zusatzstoffe und gelten als weniger gesund. Etwa die Hälfte der Lebensmittel im Supermarkt zählt mittlerweile zu dieser hochverarbeiteten Kategorie. Es gibt Untersuchungen, die darauf hinweisen, dass zahlreiche dieser Lebensmittel nicht nur zu Gewichtszunahme führen können, sondern auch gesundheitliche Probleme verursachen könnten. Es besteht die Gefahr, dass sie entzündliche Reaktionen fördern, die Struktur unserer Darmflora und unseres Mikrobioms beeinflussen sowie zu einer Übersäuerung des Stoffwechsels führen können. Lass uns die Lebensmittel nach Verarbeitungsstufen in Gruppen einteilen um besser zu verstehen, welche wir vermehrt zu uns nehmen und welche wir besser meiden sollten.

Stufen 1 und 2: Nicht oder nur leicht verarbeitete Produkte:

- frisches Gemüse und Obst, auch tiefgekühlt
- Samen und Nüsse
- Hülsenfrüchte

- tierische Produkte wie Eier, Fleisch, Fisch
- Milchprodukte wie Naturjoghurt, Frischmilch und Quark
- Getreide und Pseudogetreide wie Naturreis, Quinoa, Haferflocken, Mehle
- Wasser und ungesüßter Tee
- Öle wie natives Olivenöl oder Leinöl
- Steinsalz oder Meersalz ohne Rieselhilfen
- Ahornsirup, Yaconsirup, Dattelsüße

Stufe 3: Grundnahrungsmittel, die durch Kochen, Backen, Fermentieren oder Konservieren verändert werden. Beispiele hierfür sind Käse, der durch Fermentieren aus Milch hergestellt wird, und auch Getreide, das zu Mehl gemahlen und dann zu Brot oder Nudeln verarbeitet wird. Oder Lachs, der durch Räuchern länger haltbar gemacht werden kann. Solche Lebensmittel - und noch viele weitere, die der Gruppe 3 zugeordnet werden können - kennzeichnet, dass sie durch verschiedene Prozesse eine stärkere Verarbeitung erfahren haben.

Stufe 4: Hochverarbeitete Lebensmittel[32], die viele Verarbeitungsschritte durchlaufen haben und viele Zutaten und Zusatzstoffe enthalten. Beispiele sind Tiefkühlpizza, Wurst, Backwaren, Tütensuppen, Fertiggerichte, Softdrinks und Süßigkeiten.[33]

Stufe	betrifft	Verarbeitung	Beispiele	Verzehr
1	frische Lebensmittel	frisch, getrocknet, erhitzt, gepresst, fermentiert, gefroren	Gemüse, Pilze, Kräuter/Gewürze, Obst, Nüsse, Samen, Getreide/-mehl, Kartoffeln, Fleisch/Innereien, Fisch, Eier, Milch, Joghurt, Quark, Käse, Tee, Kaffee	Basis der Ernährung, sollte Hauptanteil der Speisen stellen
2	Zutaten, leicht verarbeitet	gepresst, raffiniert, gemahlen, getrocknet, zerkleinert	*werden nicht „einzeln" verzehrt, sondern für Geschmack der Speisen zugegeben:* Salz, Zucker, Honig, Pflanzenöle, Essig, Getreidestärke, Backpulver	in kleinen Mengen zur Zubereitung frischer Speisen
3	verarbeitete Lebensmittel	geräuchert, gepökelt, gebacken, konserviert, gegärt	Brot und Brötchen, Teigwaren, Konfitüren und Aufstriche, eingelegte Gemüse, Konserven aller Art, Eingemachtes aller Art, Bier, Wein	in eher geringen Mengen als Beigabe zu frischen Speisen
4	stark verarbeitete Lebensmittel	industriell meist mit Zusätzen hergestellt	*Produkte mit Zusätzen aller Art:* Fertigprodukte, Cerealien, Riegel, Milchprodukte mit Fruchtzusätzen, Back- und Süßwaren, Wurst und Fischprodukte mit Zusätzen	möglichst meiden bzw. in geringen Mengen verzehren

Wenn man auf eine gesunde Ernährung achten möchte, ist es ratsam, Produkte der vierten Verarbeitungsstufe zu meiden.

Fertiggerichte:

Nun betreten wir die Welt der Bequemlichkeit - aber auch die der oft undurchsichtigen Zutatenlisten. Geschmacksverstärker, wie Glutamat, sind oft die heimlichen Stars, die den Geschmack eines Gerichts intensivieren, während Konservierungsstoffe dafür sorgen, dass die Mahlzeiten im Regal überleben. Fertiggerichte, scheinbare Helden der Eile, tragen eine unsichtbare Last - ihre Vielzahl von Zusatzstoffen.

Welche Kompromisse machen wir, wenn wir uns für den schnellen Weg zum Essen entscheiden? Diese Zusatzstoffe können in dieser Kategorie auftreten und diese negativen Auswirkungen können sie mit sich bringen:

Geschmacksverstärker (z. B. Glutamat - E 621):
POSITIV: Verleihen den Mahlzeiten einen intensiveren Geschmack.
NEGATIV: Bei empfindlichen Personen mögliche unerwünschte Reaktionen wie Kopfschmerzen oder Übelkeit.

Konservierungsstoffe (z. B. Natriumbenzoat - E 211):
POSITIV: Verlängern die Haltbarkeit von Fertiggerichten.
NEGATIV: Übermäßiger Konsum kann zu gesundheitlichen Bedenken führen; einige Menschen reagieren möglicherweise allergisch.

Farbstoffe (z. B. Tartrazin - E 102):
POSITIV: Verleihen den Speisen eine ansprechende Farbe.
NEGATIV: Einige Farbstoffe stehen im Verdacht, Hyperaktivität auszulösen[34], und ihre Verwendung wirft Fragen zur Natürlichkeit auf.

Geschmacksverstärker (z. B. Hefeextrakt):
POSITIV: Gelten als natürlichere Alternative zu Glutamat.
NEGATIV: Einige Menschen können empfindlich darauf reagieren. Der tatsächliche Beitrag zur Geschmacksverbesserung ist umstritten.[35]

Emulgatoren (z. B. Lecithin - E 322):
POSITIV: Sorgen für Stabilisierung von Lebensmitteln und eine gleichmäßige Konsistenz.
Negativ: Übermäßiger Verzehr von Lebensmitteln mit Emulgatoren kann die Darmflora beeinflussen und zu Verdauungsproblemen führen.[36]

Getränke:

Von erfrischenden Limonaden bis hin zu scheinbar gesunden Smoothies - Süßstoffe sind oft die unsichtbaren Süßmacher. Sie versprechen die Freiheit von Kalorien, aber bringen sie auch die Freiheit von Gesundheitsbedenken? In diesem Mix aus Süßstoffen, Farbstoffen und Konservierungsstoffen ist es schwierig, den wahren Geschmack zu finden. Viele Getränke versprechen Erfrischung und Genuss, verbergen jedoch oft unsichtbare Zusatzstoffe. Hier folgt ein Blick auf ihre am häufigsten verwendeten Zusatzstoffe und ihre möglichen negativen Auswirkungen:

Süßstoffe
(z. B. Aspartam - E 951):
POSITIV: Verleihen Getränken eine süße Note ohne Kalorien.
NEGATIV: Mögliche Auswirkungen auf die Gesundheit und insbesondere Verdacht auf Verursachung von Stoffwechselstörungen.[37]

Farbstoffe
(z. B. Zuckerkulör - E 150 d):
POSITIV: Verleihen Getränken eine ansprechende Farbe.
NEGATIV: Einige Farbstoffe, insbesondere in kohlensäurehaltigen Getränken, stehen im Verdacht, mit Hyperaktivität bei Kindern in Verbindung zu stehen.[38]

Konservierungsstoffe
(z. B. Benzoesäure - E 210):
POSITIV: Verlängern die Haltbarkeit von Getränken.
NEGATIV: Übermäßiger Konsum kann zu allergischen Reaktionen und weiteren gesundheitlichen Schäden führen.[39]

Säureregulatoren und Antioxidationsmittel
(z. B. Zitronensäure - E 330):
POSITIV: Verleihen Getränken eine erfrischende Säure, verhindern Oxidation.
NEGATIV: Bei empfindlichen Personen kann der Konsum zu Zahnerosion und Verdauungsproblemen führen.[40]

Koffein:
POSITIV: Sorgt für anregende Wirkung und verbessert die Aufmerksamkeit.
NEGATIV: Übermäßiger Konsum kann zu Schlafproblemen, Herzrasen und nervösen Beschwerden führen.

Backwaren und Snacks:

In der verführerischen Welt der Backwaren und Snacks verbergen sich hinter knusprigen Oberflächen und unwiderstehlichen Aromen oft unsichtbare Zusatzstoffe. Sie versprechen nicht nur Geschmacksexplosionen und unwiderstehliche Texturen, sondern auch eine erstaunliche Haltbarkeit. Aber wie viel Chemie steckt wirklich in unserem Snackuniversum? Diese Zusatzstoffe können in dieser Kategorie auftreten:

Emulgatoren
(z. B. Mono- und Diglyceride von Speisefettsäuren - E 471):
POSITIV: Verbessern die Struktur und Konsistenz von Backwaren.

NEGATIV: Übermäßiger Verzehr kann die Darmflora beeinflussen und zu Verdauungsproblemen führen.[41]

Konservierungsstoffe (z. B. Propionsäure - E 280):
POSITIV: Verlängern die Haltbarkeit von Backwaren und Snacks.
NEGATIV: Übermäßiger Konsum kann zu gesundheitlichen Schäden führen, insbesondere zu Migräne und Hyperaktivität bei Kindern.[42]

Geschmacksverstärker (z. B. Dinatriuminosinat - E 631):
POSITIV: Intensivieren den Geschmack von Backwaren und Snacks.
NEGATIV: Einige Menschen können empfindlich darauf reagieren. Unter anderem mit Übelkeit, Kopfschmerzen, Konzentrationsschwäche, Taubheitsgefühl im Nacken, gerötete Hautpartien und Hautausschlag, Mundtrockenheit, Jucken im Hals.[43]

Süßungsmittel (z. B. Maissirup mit hohem Fruchtzuckergehalt):
POSITIV: Verleihen Süße ohne den Einsatz von Zucker.
NEGATIV: Können bei übermäßigem Verzehr abführend wirken. Stehen im Verdacht, das Risiko zu erhöhen, an Krebs zu erkranken oder daran zu sterben. Übermäßiger Konsum von Fruchtzucker kann zu gesundheitlichen Problemen wie Fettleibigkeit oder Insulinresistenz führen.[44]

Aromen (z. B. Vanillin):
POSITIV: Verleihen den Backwaren und Snacks ein verlockendes Aroma.
NEGATIV: Künstliche Aromen können unsere Geschmacksnerven abstumpfen und Geschmackssinn von Kindern irritieren.[45]

Doch nicht nur in hochverarbeiteten Produkten sind Zusatzstoffe zu finden, sondern auch in unverarbeiteten Lebensmitteln.

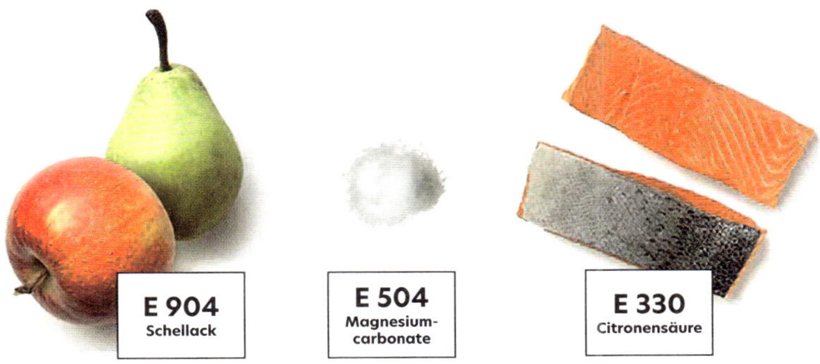

Quelle: Facebookpost vom 20. September 2018 von Stiftung Warentest

Hier sind einige Beispiele, wie bestimmte Zusatzstoffe in unterschiedlichen Lebensmitteln Verwendung finden:

- Trockenobst: E 220 Schwefeldioxid wird gern verwendet, um Trockenobst vor Verderb, insbesondere durch Hefen, zu schützen.
- Frischfleisch: E 941 Stickstoff und andere Packgase kommen zum Einsatz, um die Haltbarkeit von Frischfleisch zu verlängern und die natürliche Farbe zu erhalten.
- Oliven: Bei grünen Oliven wird beispielsweise E 579 Eisengluconat oder Eisenlactat E 585 verwendet, um die Farbe zu verändern.
- Frischfisch: In einigen Fällen wird Zitronensäure als E 330 eingesetzt, um geruchsbildende Stoffe zu binden und die Frische des Fischs zu bewahren.
- Früchte: E 904 Schellack wird genutzt, um Früchten einen glänzenden Überzug zu verleihen und sie vor dem Austrocknen zu schützen.[46]

Die Lebensmittelindustrie ruht nie und sucht ständig nach neuen Wegen, Zusatzstoffe einzusetzen.

Macht und Geld: Warum die Lebensmittelindustrie auf Zusatzstoffe schwört

Hier tauchen wir tiefer in die Gründe ein, warum Zusatzstoffe für die Lebensmittelindustrie von enormer Bedeutung sind.

Finanzielle Vorteile

Die Verwendung von Zusatzstoffen bietet den Herstellern wirtschaftliche Vorteile. Diese kleinen Zutaten sind nicht nur preiswert, sondern verlängern auch die Haltbarkeit der Lebensmittel, was zu weniger Verlusten in der Produktion führt. Die Kosten sinken und die Profite steigen - ein klarer Gewinn für die Hersteller.

Produktdesign und Attraktivität

Zusatzstoffe spielen eine Schlüsselrolle im Produktdesign. Sie machen Lebensmittel attraktiver für die Verbraucher, sei es durch intensive Farben, ansprechendere Aromen oder eine längere Haltbarkeit. Sie erhöhen die Attraktivität und damit den Absatz der Produkte.

Effizienz und Flexibilität in der Produktion

Zusatzstoffe ermöglichen es, Produkte effizienter und flexibler herzustellen. Sie gewähren Kontrolle über Geschmack, Farbe und Konsistenz, was es Unternehmen erleichtert, konsistente und vielfältige Produkte anzubieten.

Zusammenfassend sind Zusatzstoffe für die Lebensmittelindustrie von enormer Bedeutung, da sie nicht nur wirtschaftliche Vorteile bieten, sondern auch für die Attraktivität, Effizienz und Flexibilität in der Produktion von Lebensmitteln sorgen.

Wie uns die Lebensmittelindustrie austrickst

Oh, dieser Zusatzstoff-Zirkus! Im Supermarkt wollen wir doch alle die Produkte ohne dieses E-Nummern-Chaos, oder? Aber hey, lass dich nicht von diesem „frei von xy" veräppeln - manchmal verstecken sich die fiesen Zusatzstoffe nur hinter *fancy* Bezeichnungen.

Auf Lebensmittelverpackungen sind heute kaum noch E-Nummern zu finden, und das ist nicht nur Zufall. Kunden sind kritischer geworden, und die Hersteller reagieren darauf. Statt E-Nummern verwenden sie häufig freundlichere und harmloser klingende Beschreibungen, um unser Vertrauen zu gewinnen.

So klingt „E 330" nicht besonders verlockend, aber „Zitronensäure" viel natürlicher. Doch Vorsicht: Nur weil keine E-Nummern in der Zutatenliste auftauchen, bedeutet das nicht, dass das Produkt keine Zusatzstoffe enthält. Manchmal werden alternative, gewohnter klingende Bezeichnungen verwendet, um den Anschein zu erwecken, dass weniger Zusatzstoffe oder Geschmacksverstärker verarbeitet wurden.

Die Lebensmittelindustrie spielt eine Art Versteckspiel namens „Clean Labeling". Das Ziel: Ihre Produkte sollen auf dem Papier „sauber" aussehen - frei von allem Möglichen: Farbstoffen, Konservierungsstoffen, Aromen, Geschmacksverstärkern, E-Nummern, Zucker und Fett. Klingt wie das Paradies, oder?

Aber halt! Hier wird getrickst! Die Hersteller schmeißen die unbeliebten Zusatzstoffe raus, setzen aber einfach ähnliche Alternativen ein, die nicht so offensichtlich auf der Zutatenliste stehen. Glaub nicht alles, was auf den Etiketten steht - ich zeige dir, wie du durchblickst!

‚Frei von Geschmacksverstärkern'

Die Vermeidung von Geschmacksverstärkern wird oft durch die Lebensmittelindustrie betont, indem sie auf Alternativen wie

Würze, Tomatenpulver oder Sojaprotein setzt. Glutamat, ein bekannter Geschmacksverstärker, wurde durch Substanzen wie „Hefeextrakt" ersetzt, die, obwohl sie geschmacksverstärkend wirken, rechtlich nicht als Zusatzstoffe gelten. Die Verbraucherzentrale Sachsen hat versucht, solche Praktiken anzufechten, bisher jedoch ohne Erfolg.

In der Praxis werden häufig andere Zutaten mit geschmacksverstärkenden Eigenschaften verwendet, die nicht explizit als Geschmacksverstärker deklariert werden müssen. Beispielsweise wird „Würze" oft verwendet, obwohl es sich dabei um ein Produkt handelt, das durch die chemische oder enzymatische Spaltung von Proteinen aus pflanzlichen Rohstoffen hergestellt wird - und beträchtliche Mengen an proteingebundener Glutaminsäure enthält[47]. Und diese wirkt wiederum auf Lebensmittel geschmacksverstärkend.

‚Frei von künstlichen Farbstoffen'

Weg mit den künstlichen Farbstoffen - hier kommen Rote Bete, Johannisbeeren und Algenpulver ins Spiel! Immer mehr Lebensmittelhersteller lassen die fragwürdigen künstlichen Farbstoffe, wie zum Beispiel E 110 (Gelborange S), links liegen. Aber mal ehrlich, bunte Bonbons, Gummibärchen und Drinks sind oft nur so knallig, weil sie Farbstoffe enthalten, die Kinder so magisch anziehen.

Doch Vorsicht! Wenn auf der Verpackung „frei von künstlichen Farbstoffen" steht, heißt das nicht, dass da gar keine Farben im Spiel sind. Die Industrie tauscht einfach die synthetischen Stoffe gegen farbige, aus Obst oder Gemüse hergestellte Konzentrate oder Pulver aus. Das kann uns Konsumenten aber leicht in die Irre führen. Laut einer Studie von lebensmittelklarheit.de denken 60 % der Erdbeerjoghurt-Fans, dass die Farbe nur von Erdbeeren kommt.[48] Spoiler: Oft steckt da noch mehr drin.

Rote-Bete-Saft im Kirschjoghurt oder Algenpulver bei Wasabi-Erdnüssen gelten nicht als Farbstoffe und müssen deshalb nicht extra auf der Packung stehen. Natürliche Farbstoffe mögen besser klingen als künstlichen E-Nummern, aber lass dich trotzdem nicht täuschen.

Wenn dein Kirschjoghurt dank „färbendem Rote-Bete-Saftkonzentrat" so schön rot ist, heißt das nicht zwangsläufig, dass er voll mit Kirschen ist. So läuft das Spiel in der bunten Welt der Lebensmittel.

‚Frei von künstlichen Aromen'

„Keine künstlichen Aromen" - klingt top, oder? Aber stopp! Das Ganze hat mehr Tiefgang, als es auf den ersten Blick scheint. Denn Aroma ist nicht gleich Aroma - und ein genauer Blick in die Zutatenliste lohnt sich!

Aromen - Künstlicher Geschmack aus dem Labor

Egal ob es um Kakaopulver, Tiefkühlgemüse, Früchtetee oder Fertigpizza geht: Viele unserer Lebensmittel sind heutzutage auf Aromen angewiesen. Diese geben den industriell hergestellten Produkten den nötigen Geschmack. Aromen sind Duft- oder Geschmacksstoffe, die hinzugefügt werden, um den Geschmack von Lebensmitteln zu verbessern. Früher haben die Menschen ihre Nahrungsmittel einfach so gegessen, wie sie gewachsen sind.

Aber was sind Aromen eigentlich? Und wie beeinflussen sie, was wir schmecken?

Die Lebensmittelindustrie setzt Aromen aus verschiedenen Gründen ein:

1 Geschmacksverbesserung: Aromen werden verwendet, um den Geschmack von Lebensmitteln zu verbessern oder zu verstärken. Selbst der unscheinbarste Cracker kann mit einem Griff in den Chemiebaukasten zum absoluten Verkaufsknüller werden. Dank dieser Tricks aus dem Chemielabor werden nicht nur minderwertige Ausgangsprodukte aufgehübscht, sondern sie erscheinen sogar nach langer Lager- und Transportzeit noch immer frisch und lecker. Das ist sozusagen der Superheld unter den Geschmacksillusionen. Also, wenn du das nächste Mal einen unspektakulären Cracker siehst, denk daran - da steckt vielleicht mehr Chemie-Magie drin, als du erwartest!

2 Beschaffenheit und Qualität: Aromen ermöglichen es, dass Produkte immer gleich schmecken, unabhängig von den natürlichen Schwankungen der Rohstoffqualität. Aromen werden auch genutzt, um Geschmacksverluste auszugleichen, die durch industrielle Verarbeitung, Erhitzen, Tiefkühlen und Lagerung entstehen können.

Aromen spielen eine entscheidende Rolle dabei, Kunden an ein Unternehmen zu binden. Marken profitieren davon, dass ihre Produkte einen einzigartigen und wiedererkennbaren Geschmack haben. Diese sorgfältig komponierte Zusammensetzung eines Produkts sorgt dafür, dass der Kunde bei jedem Kauf genau weiß, was ihn erwartet. Es ist der geheime Handschlag zwischen Kunde und Marke - ein Geschmacksversprechen, das Vertrauen schafft.

Darüber hinaus trägt die Verwendung von Aromen dazu bei, dass der Kunde ein Produkt nicht einfach zu Hause nachkochen kann. Diese Einzigartigkeit macht das Produkt auch gegenüber der Konkurrenz unverwechselbar und hebt es hervor. In der Welt der Aromen ist also nicht nur der Geschmack entscheidend, sondern auch die Fähigkeit, eine unverkennbare Identität zu schaffen und Kunden möglichst langfristig an sich zu binden. Sogar Baby- und Kindernahrung enthält oft Aromen.

3 **Kostengünstig:** Aromen sind oft billiger als andere Zutaten. Die Verwendung von Aromen kann kosteneffizienter sein als die Verwendung größerer Mengen natürlicher Zutaten, insbesondere wenn diese saisonalen Schwankungen unterliegen. Zum Beispiel würde die Verwendung von echter Vanille anstelle von Vanillin im Puddingpulver viel teurer sein.

4 **Bedarfsdeckung:** Aromen ermöglichen es, neue Geschmacksrichtungen und Produkte zu entwickeln, um den sich ständig ändernden Verbraucherpräferenzen gerecht zu werden. Natürliche Rohstoffe wie beispielsweise Vanille sind nicht nur sehr begehrt, sondern oft auch knapp. Die natürlichen Vanillefrüchte sind in ihrer Verfügbarkeit begrenzt, und die Ernteerträge würden bei Weitem nicht ausreichen, um den umfangreichen Bedarf an Lebensmitteln mit Vanillearoma zu decken. Daher greift man auf synthetisch hergestelltes Vanillin zurück, um die Nachfrage zu befriedigen. Diese Herangehensweise mag zwar nicht den romantischen Charme der natürlichen Quelle haben, aber sie ist eine praktische Lösung angesichts der begrenzten Verfügbarkeit und steigenden Anforderungen an dieses begehrte Gewürz.

5 **Haltbarkeit:** Aromen können dazu beitragen, die Haltbarkeit von Produkten zu verlängern, indem sie den Geschmack über einen längeren Zeitraum konservieren. So können Lebensmittel länger im Regal stehen.

Welche Lebensmittel sind von Aroma-Manipulation betroffen?

Der Aromamarkt boomt trotz des steigenden Interesses an natürlicher Ernährung. Fast alle verarbeiteten Lebensmittel und Getränke enthalten heutzutage Aromen. Von Tiefkühlprodukten über Fertiggerichte, Milchprodukte, Süßwaren, Backwaren bis hin zu Getränken und Genussmitteln - Aromen sind allgegenwärtig.[49]

Die Kennzeichnung von Aromen auf Lebensmitteletiketten kann verwirrend sein. Wenn du die Infos auf Lebensmitteletiketten verstehen willst, schau dir die Aromabezeichnungen an. Zum Beispiel bei einem Erdbeerjoghurt: (Das Prinzip gilt natürlich auch für andere Würzmittel, Gemüsesorten oder Früchte.)

Aroma oder Erdbeergeschmack wird meistens im Labor hergestellt und ist chemisch.

Natürliches Aroma kommt aus natürlichen Dingen, muss aber nicht unbedingt aus Lebensmitteln oder Erdbeeren stammen. Es kann aus Pflanzen, Tieren oder sogar Mikroorganismen wie Schimmelpilzen oder Sägespänen hergestellt werden, manchmal sogar mithilfe von Gentechnik.

Natürliches Aroma (Typ) Erdbeere: Keine echten Erdbeeren.

Natürliches Erdbeeraroma muss mindestens zu 95 % aus echten Erdbeeren stammen. Die restlichen 5 % der Zutaten des Aromastoffes sind nicht deklarationspflichtig, müssen also nicht auf dem Produktetikett angegeben werden.

„Natürlich“ auf Etiketten kann also irreführend sein!

Selbst im Bereich der Tiernahrung wird nicht mit Aromen gespart. Nehmen wir zum Beispiel Rinder, die mit aromatisierten Futtermitteln gefüttert werden, um den verlockenden Geschmack einer „Kräuterwiese“ zu imitieren. Klingt idyllisch, oder? In Wirklichkeit stecken jedoch genetisch verändertes Soja, genetisch veränderter Mais und synthetische Vitamine in diesen vermeintlich appetitanregenden Futtermitteln.[50]

Und es wird noch wilder! Selbst das natürliche Aroma von Himbeergeschmack basiert auf einem Zedernholzölextrakt. Und wenn du denkst, natürliche Aromen können nicht überraschender sein, dann halt dich fest: Aromen aus Schimmelpilzkulturen verwandeln sich plötzlich in Kokosnuss- oder Pfirsichgeschmack. Jetzt kommt die Krönung: Das angeblich nach Vanille schmeckende Aroma hat so gut wie nie etwas mit echten Vanilleschoten zu tun. Stattdessen könnte es beispielsweise aus den Überresten der Reisverarbeitung stammen - ja, richtig gelesen, aus der Reiskleie. Man nimmt die darin enthaltene Ferulasäure und verwandelt sie im Labor mithilfe von kleinen Mikroorganismen kurzerhand in Vanillin. Und wie steht es um das natürliche Aroma von Apfelgeschmack? Das wird aus einer exotischen Mischung von Tagetesöl, Weinfuselöl und Hefeölextrakt hergestellt, die dann mit biotechnologisch gewonnenem Ethylacetat verfeinert wird. Willkommen in der Welt der verblüffenden Aromen![51]

Dies sind lediglich einige Fälle, die verdeutlichen, dass der Konsument in puncto „natürliche Aromen" oft in die Irre geführt wird. Was sich wirklich hinter den Aromen versteckt, bleibt meist ein Geheimnis. Lebensmittelproduzenten verweisen bei Nachfragen nicht selten auf das Betriebsgeheimnis. Und das stellt Wissenschaftler, die Aromen bezüglich ihrer potenziellen Gefahren analysieren wollen, vor große Herausforderungen, da nur die Kenntnis vollständiger Zutatenlisten und der Zusammensetzung spezifischer Aromastoffe eine fundierte wissenschaftliche Arbeit ermöglichen.

Geschmacklos – Aromen in Babynahrung

Die Auswahl der richtigen Nahrung für Babys und Kinder ist von entscheidender Bedeutung für deren gesunde Entwicklung. Wer hätte gedacht, dass sogar Babynahrung und Kinderkost nicht vor dem Aroma-Wahnsinn verschont bleiben? In den letzten Jahren tauchen immer mehr Aromen in Fertigprodukten für Babys und Kinder in den Regalen auf. Doch bevor wir uns von den verlockenden Verpackungen blenden lassen, sollten wir einen Blick auf die möglichen Risiken werfen, die mit dem übermäßigen Konsum von Aromen für die Kleinen einhergehen.

1 Täuschung des Geschmackssinns: Aromen sind so etwas wie die Magier der Geschmackswelt – sie können alles Mögliche vorgaukeln. Aromen sind dafür bekannt, den Geschmack von Lebensmitteln zu verstärken oder zu verändern. Bei Babys und Kindern, die gerade erst lernen, verschiedene Geschmacksrichtungen zu erkennen, besteht die Gefahr, dass ihre Geschmackssinne durch künstliche Aromen getäuscht werden. Das kann zur Folge haben, dass sie den echten Geschmack von Essen nicht richtig erkennen und im späteren Leben eine Vorliebe für stark aromatisierte, oft ungesunde Nahrungsmittel entwickeln.

2 Prägung von Essgewohnheiten: Frühkindliche Ernährung spielt eine entscheidende Rolle bei der Entwicklung langfristiger Essgewohnheiten. Eine Ernährung mit künstlich aromatisierter Babynahrung kann dazu führen, dass Kinder in ihrem späteren Leben stark verarbeitete und zuckerhaltige Lebensmittel bevorzugen. Langfristig kann dies zu einer unausgewogenen Ernährung und einem erhöhten Risiko für Gesundheitsprobleme wie Adipositas und Diabetes führen.[52]

3 Unbekannte Langzeit-Risiken: Was passiert, wenn Kinder regelmäßig Aromen zu sich nehmen? Nun ja, das weiß niemand so genau. Die langfristigen Auswirkungen des regelmäßigen Konsums von Aromen, insbesondere bei sich entwickelnden Organismen wie Babys und kleinen Kindern, sind weitgehend unbekannt. Viele der chemischen Verbindungen, die für Aromen verwendet werden, wurden nicht ausreichend auf ihre Langzeitwirkungen auf die Gesundheit getestet. Eltern spielen also Aromen-Roulette, ohne die langfristigen Risiken wirklich abschätzen zu können.

4 Versteckte Zusatzstoffe: Aromen kommen selten allein, sie bringen gern ihre Kumpels, vor allem Farbstoffe und Konservierungsmittel, aber auch andere Zusatzstoffe mit, die alle nicht auf den ersten Blick erkennbar sind. Dieses „Versteckspiel" mit Inhaltsstoffen macht es für Eltern schwierig, genau zu wissen, was ihre Kinder tatsächlich zu sich nehmen.

2 Fehlende Nährstoffe: Stark aromatisierte Nahrungsmittel sind oft wie leere Versprechen - viel Lärm um nichts. Eltern sollten bei der Auswahl von Babynahrung und Kinderkost besonders darauf achten, dass sie künstlich aromatisierte meiden. Aromen werden oft in Lebensmitteln verwendet, die arm an essenziellen Nährstoffen sind. Babys und Kinder könnten sich also an nährstoffarme Kost gewöhnen, nur weil sie so verdammt gut riecht und schmeckt. Das ist nicht gerade der beste Start für kleine Essensentdecker.

Also, Eltern, bleibt wachsam! Die Förderung einer ausgewogenen und natürlichen Ernährung von Anfang an legt den Grundstein für eine langfristige gesunde Lebensweise. Beim Kauf von Babynahrung und Kinderkost sollte man auf künstliche Aromen verzichten. Setzt auf frische, natürliche Lebensmittel und lasst den Aromen-Zauber links liegen.

Schaden Aromen unserer Gesundheit?

Hinter den verführerischen Düften lauern potenzielle Gefahren für unsere Gesundheit. Hier sind einige Gründe, warum Aromen nicht gerade die besten Freunde unserer Gesundheit sind:

Illusion des Geschmackssinns: Es gibt einen guten Grund dafür, dass uns unangenehme Gerüche instinktiv auf Distanz halten. Aromen können unseren Geschmackssinn täuschen, indem sie den Eindruck von Frische und Qualität vorgaukeln. Dies kann dazu führen, dass wir minderwertige oder verdorbene Lebensmittel konsumieren, da der natürliche Schutzmechanismus des Geruchssinns ausgeschaltet wird. Neben diesen Aspekten besteht auch die Möglichkeit, dass Aromen negative Auswirkungen auf die Sinnesorgane haben. Selbst wenn sie an sich harmlos sind, können sie den Geruchs- und Geschmackssinn langfristig beeinflussen und stören.

Auswirkungen auf das Essverhalten und Gesundheitsbewusstsein:
Aromen können das natürliche Hunger- und Sättigungsgefühl beeinflussen. Es gibt eine faszinierende Verbindung zwischen angenehmen Düften und unserer Verdauung. Angenehme Düfte können nicht nur unsere Stimmung heben, sondern auch die Produktion von Magensaft und Speichel anregen, was wiederum ein Hungergefühl hervorruft. Jeder von uns hat es sicher schon erlebt – ein Spaziergang an einem Imbiss vorbei, und plötzlich meldet sich der Heißhunger, nur weil die verlockenden Aromen unsere Sinne umschmeicheln. Es ist diese hinterlistige Duftfalle, die uns förmlich dazu zwingt, uns doch noch einen saftigen Burger zu schnappen. Dies kann zu übermäßigem Essen führen und somit das Risiko von Gewichtszunahme und damit verbundenen Gesundheitsproblemen erhöhen. In diesem sinnesverwirrenden Spiel können wir durchaus behaupten, dass Aromen ein regelrechtes Suchtverhalten auslösen können. Die großen Gewinner? Natürlich die Lebensmittelkonzerne und die Schnellimbiss-Ketten.

Aber da hört der Spaß nicht auf! Es gesellt sich auch noch der Gewöhnungseffekt dazu. Wer ständig zu stark aromatisierten Produkten greift, läuft Gefahr, dass die intensiven Düfte natürlicher Lebensmittel nicht mehr ausreichen, um den gleichen Appetit zu wecken. Diese verführerischen Gerüche lassen einen dann nach nichts anderem mehr verlangen. Es ist, als würde man sich an eine immer höhere Geruchsdosis gewöhnen und somit die subtileren Nuancen der natürlichen Aromen weniger schätzen.

Darüber hinaus kann unser Gesundheitsbewusstsein trügerisch beeinflusst werden. Aromen können das Gefühl vermitteln, dass man sich gesund ernährt, indem man beispielsweise denkt, Früchte zu naschen und dabei Vitamine zu tanken. Doch in Wirklichkeit steckt nur Chemie ohne Nährwert dahinter. Das ist so, als würde man sich von Luft und Liebe ernähren, nur ohne die Liebe.

Verborgene Zusatzstoffe:
Hinter dem Begriff Aromen versteckt sich oft eine Vielzahl von

Zusatzstoffen, die nicht auf den Etiketten ersichtlich ist. Aufgrund ihrer hohen Konzentration müssen Aromen oft mit zusätzlichen Verdünnungsmitteln kombiniert werden. Diese sogenannten Trägerstoffe, zu denen beispielsweise Stärkemehl, Milchzucker, Alkohol, Natriumacetat oder Kalziumsulfate gehören, werden mit Aromen vermischt. Ihr Zweck besteht darin, die Aromen bedarfsgemäß zu dosieren und gleichmäßig im Lebensmittel zu verteilen. Diese Trägersubstanzen müssen nicht deklariert werden. Auch chemische Lösungs- und Extraktionsmittel, die bei der Aromenherstellung verwendet werden, können im Endprodukt nachweisbar sein.[53]

Gentechnisch veränderte Organismen (GVO):
Einige Aromen können aus gentechnisch veränderten Organismen wie Hefen, Pilzen oder Bakterien hergestellt werden. Von den 39 zugelassenen Trägerstoffen können 20 unter Verwendung gentechnisch veränderter Organismen produziert werden.[54] Die fehlende Kennzeichnungspflicht für Gentechnik bei der Verarbeitung von Aromen gibt Anlass zur Besorgnis. So kann beispielsweise in aromatisierten Lebensmitteln Stärke aus gentechnisch verändertem Mais als Trägerstoff enthalten sein, ohne dass dies auf dem Etikett ersichtlich ist. Der Konsum von genetisch modifizierten Lebensmitteln ist umstritten und birgt potenzielle Risiken für die Gesundheit, die nicht ausreichend erforscht sind.

Allergische Reaktionen:
Manche Menschen reagieren allergisch auf bestimmte Aromen oder die damit verbundenen Zusatzstoffe. Solche Allergien können sich als Hautausschlag zeigen, aber auch als schwerwiegendere Reaktionen, bis zum allergischen Schock.

Langfristige Auswirkungen:
Die Langzeitwirkungen des regelmäßigen Konsums von Aromen sind oft unklar und nicht ausreichend erforscht.

Insgesamt bleibt die Frage, ob Aromen gesundheitsschädlich sind, umstritten. Einige Experten argumentieren, dass die in Lebensmitteln verwendeten Aromen in den zugelassenen Mengen sicher sind, während andere vor möglichen Langzeitwirkungen warnen[55]. Die Wahl von frischen, unverarbeiteten Lebensmitteln kann dazu beitragen, den Einfluss von Aromen auf den Organismus zu minimieren und dadurch langfristig gesünder zu sein.

Angesichts der weit verbreiteten Verwendung von Aromen in unserer modernen Ernährung ist es jedoch schwierig, sie vollständig zu vermeiden.

Mein Tipp ist – besonders zu Hause, wo du die Kontrolle über deine Ernährung hast –, darauf zu achten, künstliche Aromen zu meiden. Diese verstecken sich nicht nur in Lebensmitteln, sondern auch in Nahrungsergänzungsmitteln. Es lohnt sich, die Zutatenliste genau zu durchforsten.

Für den Fall, dass der Griff zu Fertigprodukten unvermeidlich ist, empfiehlt es sich, in erster Linie auf Bio-Lebensmittel zurückzugreifen. In der Bio-Welt ist zumindest der Einsatz von naturidentischen und künstlichen Aromen untersagt, und jegliche Zusätze dürfen nicht mittels Gentechnik hergestellt werden.

Wenn es um natürliche Aromen geht, ist eine gewisse Einschränkung ratsam. Jedoch halte ich zum Beispiel natürliches Erdbeeraroma, natürliches Himbeeraroma oder natürliches Vanillearoma, das zu 95 % aus dem genannten Produkt stammt, für unbedenklich und somit auch für den Verzehr geeignet.

Das Wichtigste ist, dass man beim Einkaufen auf die Etiketten schaut, um zu sehen, was tatsächlich in den Lebensmitteln verarbeitet wurde. Es ist auch eine gute Idee, so viel unverarbeitete Lebensmittel wie möglich zu essen, denn die sind meistens gesünder. Also, wenn du deine Ernährung verbessern willst, iss am besten frisches, selbstgemachtes Essen, das keine Aromen oder Zusatzstoffe enthält.

‚Frei von Konservierungsstoffen'

Auch in einem Produkt, für das auf dem Etikett mit der Angabe „ohne Konservierungsstoffe" geworben wird, sind oft Zutaten mit konservierenden Eigenschaften versteckt. Es gibt alternative Inhaltsstoffe, die die Frische bewahren. Antioxidationsmittel, Säuerungsmittel wie Essigsäure, Senfsaaten, Zucker, Salz, Essig, Gewürz- und Fruchtextrakte können eine konservierende Wirkung haben.

Ein Beispiel aus dem Supermarkt-Abenteuer ist Karottensalat. Klingt nach einem traditionellen Leckerbissen. Aber schauen wir genauer hin: Trotz des Versprechens „ohne Zusatz von Konservierungsstoffen" stecken im Karottensalat verschiedene Zutaten mit konservierenden Eigenschaften: Branntweinessig, Glukose-Fruktose-Sirup, Zucker und Salz. Dazu gesellen sich Antioxidationsmittel wie Zitronensäure und Ascorbinsäure – rechtlich keine Konservierungsstoffe, aber höchstwahrscheinlich der Frische wegen beigefügt.

Diese Säuren schützen vor Verderb durch Reaktionen mit Sauerstoff, beispielsweise dem Oxidationsprozess, der zu Verfärbungen von aufgeschnittenem Gemüse und Obst führen kann. Interessanterweise enthält der Karottensalat natürliches Karottenaroma. So spielt man in der Welt der Konservierungstricks!

‚Ohne Zuckerzusatz'

Ein raffinierter Schachzug der Lebensmittelhersteller besteht darin, mit der Angabe „ohne Zuckerzusatz" zu werben. Klingt nach einer gesunden Sache, oder? Aber Vorsicht, hier verbirgt sich oft ein Trick: Der Zucker wird gern geschickt durch andere süßende Zutaten ersetzt.

Anstelle von Zucker werden Zuckerersatzstoffe eingesetzt. Wenn es um „ohne Zuckerzusatz" auf Süßwaren, Speiseeis, Desserts oder Müsli geht, bedeutet das lediglich, dass bei der Verarbeitung keine sogenannten Einfach- und Zweifachzucker zugesetzt wurden. Dazu zählen zum Beispiel Glucose, Fruktose, Haushaltszucker, Honig, Dicksaft oder Sirup. Allerdings erlaubt die europäische Health-Claims-Verordnung (HCVO) nach wie vor die Zugabe von Süßungsmitteln wie Zuckeralkoholen oder Süßstoffen.

Hierzu zählen zum Beispiel Süßstoffe wie Aspartam, Saccharin oder Sucralose und Zuckeralkohole wie Sorbit, Xylit, Erythrit oder Mannitol. Diese Alternativen versprechen einen süßen Geschmack ohne die gesundheitsgefährdenden Eigenschaften von Zucker.

Ein Beispiel aus der Praxis ist der vermeintlich „zuckerfreie" Joghurt Die Zutatenliste offenbart, dass anstelle von Zucker oft Süßstoffe wie Aspartam, Saccharin oder Zuckeralkohole wie Xylit verwendet wurden. Aber Achtung, Zuckeralkohole können bei übermäßigem Konsum zu Verdauungsbeschwerden wie Blähungen und Durchfall führen. Einige Experten und Studien legen nahe, dass der übermäßige Konsum von Süßungsmitteln mit verschiedenen gesundheitlichen Bedenken in Verbindung gebracht werden kann. Dazu gehören mögliche Auswirkungen auf den Stoffwechsel und das Hungergefühl[56]. Außerdem gibt es Diskussionen über mögliche Langzeiteffekte.

Es lohnt sich also, nicht nur auf die „Ohne Zuckerzusatz"-Versprechen zu vertrauen, sondern einen genauen Blick auf die Zutatenliste zu werfen, um sicherzustellen, dass nicht einfach ein Zuckerersatz anstelle von Zucker enthalten ist.

‚Verarbeitungshilfstoffe'

Warum Saft und Wein oft nicht vegan sind, gehört zu den Mysterien in der Lebensmittelindustrie. Wir sind es gewohnt, klaren Saft und Wein zu genießen. Doch diese Getränke sind ursprünglich trüb. Nur durch den Einsatz von Klärungsmitteln werden Schwebstoffe herausgefiltert.

Für die Klärung greifen viele Hersteller auf Gelatine zurück, die aus Knochen und Haut von Tieren gewonnen wird. Interessanterweise findet sich auf der Zutatenliste kein Hinweis auf Gelatine, da sie als Verarbeitungshilfsstoff und nicht als Zutat betrachtet wird. Eine Untersuchung von Foodwatch ergab jedoch, dass mehr als jeder dritte Apfelsaft „versteckte Tiere" enthält[57]. Nur Produkte mit der Veganblume garantieren, dass keine Gelatine verwendet wurde.

Abgesehen von Gelatine gibt es weitere Stoffe, die nicht auf der Zutatenliste aufgeführt werden müssen - die sogenannten Verarbeitungshilfsstoffe, die die industrielle Lebensmittelproduktion erleichtern oder beschleunigen. Zum Beispiel sorgt Magnesiumstearat für die Rieselfähigkeit im Kakaopulver, Lösungsmittel entfernen Bitterstoffe aus Kaffee oder Tee, und Antischaummittel gewährleisten einen reibungslosen Ablauf der Getränkeproduktion. Da diese Stoffe im fertigen Produkt keine aktive Rolle mehr spielen, müssen sie nicht auf der Verpackung aufgeführt werden. Dennoch werden in Lebensmitteln häufig Rückstände dieser Hilfsstoffe gefunden.

Verpackte Lebensmittel bieten den klaren Vorteil, dass wir die Inhaltsstoffe auf der Verpackung genau überprüfen können. Doch wenn es um den Genuss von Mahlzeiten vom Metzger, Bäcker oder Dönerladen während der Mittagspause geht, wird die Sache schon etwas komplizierter. Wer fragt schon beim Verkäufer nach, was genau in den Speisen steckt? Aber hier lohnt es sich, einmal genauer nachzufragen, denn seit Dezember 2014 müssen auch Imbissbuden, Restaurants, Eisdielen, Metzger und Bäcker schriftliche Informationen über die Inhaltsstoffe ihrer Produkte bereithalten.

Zusätzlich sollte auf einem Schild neben der Ware angegeben sein, ob überhaupt Zusatzstoffe verwendet werden. Leider ist das in der Praxis oft nicht der Fall, aber es ist definitiv sinnvoll, beim Verkaufspersonal nachzufragen. Diese Regelung bietet Verbrauchern die Möglichkeit, bewusstere Entscheidungen für ihre Ernährung zu treffen, auch wenn sie außerhalb der eigenen Küche essen. Daher ist es ratsam, aktiv nach den Informationen zu fragen, um eine fundierte Entscheidung über die Auswahl von Mahlzeiten treffen zu können.

Von Kopfschmerzen bis zum Bauchgrummeln: Die Wirkung von Zusatzstoffen

Wir reden hier nicht nur über einfache „Zusatzstoffe“. Die unsichtbaren Helden oder Schurken in unseren Lebensmitteln können ein ziemliches Chaos im Körper anrichten. Von allergischen Reaktionen bis hin zu nervenaufreibenden Kopfschmerzen und diesen Bauchgeräuschen, die klingen, als wäre ein Orchester am Werk – das alles kann von diesen chemischen Künstlern verursacht werden. Die gesundheitlichen Auswirkungen von Zusatzstoffen auf den Menschen können vielfältig sein.

Schauen wir uns einige der potenziellen Risiken an:

1. **Allergische Reaktion:** Bestimmte Zusatzstoffe können allergische Reaktionen auslösen, die von leichten Hautirritationen bis zu schwerwiegenden allergischen Anfällen reichen können.[58]

2. **Hyperaktivität und Verhaltensänderungen:** Insbesondere bei Kindern können einige Zusatzstoffe zu Hyperaktivität, Konzentrationsproblemen und Verhaltensänderungen führen.[59]

3. **Kopfschmerzen und Migräne:** Einige Konsumenten berichten von Kopfschmerzen oder Migräne, die durch den Verzehr von Lebensmitteln mit bestimmten Zusatzstoffen ausgelöst werden.[60]

4. **Magen-Darm-Probleme:** Bauchschmerzen, Verdauungsbeschwerden und allgemeines Unwohlsein können auf den Verzehr von Zusatzstoffen zurückgeführt werden.[61]

Es ist nicht nur der Moment, in dem du denkst: „Oh, diese Farbe ist wirklich knallig“, sondern diese Stoffe könnten langfristig im Hintergrund ein mächtiges Unheil anrichten. Studien und Forschungen haben bereits einige gesundheitliche Probleme im Zusammenhang mit dem Verzehr von Lebensmitteln, die Zusatzstoffe enthalten, aufgedeckt. Manche dieser Zusatzstoffe, die jedoch noch nicht alle ausreichend erforscht sind, stehen im Verdacht, langfristig auch schwerwiegendere Auswirkungen zu haben Diese gesundheitlichen Auswirkungen sind variabel und nicht bei jedem Menschen gleich. Sie können von Person zu Person unterschiedlich sein und hängen oft von der individuellen Empfindlichkeit gegenüber bestimmten Zusatzstoffen ab. Es gibt noch eine Menge an Forschungslücken, die geschlossen werden müssen, um herauszufinden, was da eigentlich in unserem Essen passiert.

Zusätzlich besteht die Herausforderung eines möglichen Cocktail-Effekts, da auch Wechselwirkungen zwischen verschiedenen Stoffen noch nicht ausreichend erforscht wurden. Diese komplexe Dynamik zwischen verschiedenen Zusatzstoffen könnte eine Rolle bei gesundheitlichen Auswirkungen spielen, und es ist wichtig, dieses Zusammenspiel sorgfältig zu erforschen.

Und jetzt mal ehrlich! Wer will schon ein Produkt essen, von dem man nicht einmal weiß, was es mit einem anstellt? Wichtig ist eine klare Kennzeichnung von Lebensmitteln, die Zusatzstoffe enthalten. Verbraucher verdienen es, zu wissen, womit sie es zu tun haben. Denn am Ende des Tages geht es um unsere Gesundheit und die Freiheit, zu wählen, was wir in unseren Körper lassen. Die Diskussion um den Nutzen und die möglichen Risiken dieser Stoffe ist wichtig, um unsere Gesundheit zu schützen.

Doch auch Händler sind verpflichtet, auf bestimmte Inhaltsstoffe hinzuweisen, und dazu gehören festgelegte Formulierungen:[62]

Hinweis:	Funktion:
mit Antioxidationsmittel	Verhindert die Oxidation von Fettbestandteilen durch Sauerstoff, was zu einer längeren Haltbarkeit führt.
mit Konservierungsstoff oder konserviert	Dient der Verlängerung der Haltbarkeit, indem das Wachstum von Keimen unterbunden wird.
mit Farbstoff	Farbstoffe werden verwendet, um ein ansprechendes Erscheinungsbild zu erzielen.
mit Geschmacksverstärker	Diese Stoffe intensivieren den Geschmack von Gewürzen und anderen Zutaten im Produkt.
mit Süßungsmittel(n)	Kennzeichnet Lebensmittel, die Süßstoffe und/oder Zuckeraustauschstoffe enthalten.
enthält eine Phenylalaninquelle	Hinweis bei Lebensmitteln, die den Süßstoff Aspartam enthalten.
kann bei übermäßigem Verzehr abführend wirken	Gilt für Lebensmittel mit mehr als 10 % zugesetzten Zuckeraustauschstoffen, auch bekannt als Zuckeralkohole oder mehrwertige Alkohole.
mit Phosphat	Anwendung insbesondere bei bestimmten Fleischerzeugnissen (z. B. Brühwurst), um eine bessere Schnittfestigkeit zu erzielen.

Hinweis:	Funktion:
mit Nitritpökelsalz, mit Nitrat, mit Nitritpökelsalz und Nitrat	Bezieht sich auf Lebensmittel, denen Nitritpökelsalz und/oder Natrium- oder Kaliumnitrat zugesetzt wurde.
gewachst	Bezieht sich auf Obst und Gemüse, deren Oberfläche mit Wachsen behandelt wurde.
geschwärzt	Verweis auf Oliven, die durch Eisenverbindungen geschwärzt wurden.

GIFT IM EINKAUFSWAGEN: SCHÄDLICHE ZUSATZSTOFFE ENTLARVT

In diesem Kapitel werden wir uns auf die Spuren der Zusatzstoffe begeben, die oft unbemerkt in unseren Einkaufswagen schleichen. Es wird Zeit, die Lupe auf die Zusatzstoffe zu richten und herauszufinden, ob unsere täglichen Mahlzeiten wirklich so unschuldig sind, wie sie auf den ersten Blick erscheinen.

Auch haben nicht alle E-Nummern dieselbe Schlagkraft: Verbraucherzentralen haben die Lebensmittelzusatzstoffe unter die Lupe genommen, um herauszufinden, ob sie potenzielle Gesundheitsrisiken bergen. Dieser Check hat dazu geführt, dass insgesamt 153 E-Nummern als unbedenklich eingestuft werden konnten.[63] Bei diesen Zusatzstoffen gibt es bisher keine Anzeichen für mögliche Gesundheitsrisiken.

Manchmal ist das Ergebnis nicht sonderlich überraschend. Stoffe wie:

E 153 - Pflanzenkohle
E 162 - Beetenrot
E 290 - Kohlensäure
E 300 - Ascorbinsäure (Vitamin C)
E 410 - Johannisbrotkernmehl
E 901 - Bienenwachs

klingen nicht nur harmlos, sondern sind es auch. Bei anderen E-Nummern könnte man auf den ersten Blick vielleicht denken, dass sie weniger gesund sind, aber tatsächlich sind sie kein Risiko für unsere Gesundheit.

Das heißt nicht, dass ich dir jetzt einen Eimer dieser Zusatzstoffe ans Herz legen werde - im Großen und Ganzen gilt immer noch: je weniger Bearbeitung, desto besser das Lebensmittel.

In unserer Nahrung verstecken sich zahlreiche Zusatzstoffe, von denen einige gesundheitliche Risiken bergen können. Doch hier liegt die Herausforderung: Die Bewertung der Gefährlichkeit von Zusatzstoffen und ihre Auswirkungen auf die Gesundheit sind äußerst individuell und komplex. Nicht jeder Mensch reagiert gleich auf diese Stoffe. Trotzdem gibt es Zusatzstoffe, bei denen gesundheitliche Bedenken besonders begründet sind.

Wir werfen jetzt einen Blick auf die sieben häufigsten Zusatzstoffgruppen, die im Verdacht stehen, schädlich zu sein, und auf ihre möglichen gesundheitlichen Auswirkungen.

Die Top 7 der potenziell schädlichsten Zusatzstoffe!

Nr. 1 Süßstoffe im Kreuzfeuer: Gesundheitsengel oder heimliche Gefahr?

In einer Zeit, in der es trendy ist, sich zuckerarm zu ernähren und Lebensmittel ohne Zuckersoße als gesunde Alternativen vermarktet werden, sollten wir genauer hinschauen. In unserer modernen Welt sind künstliche Süßstoffe allgegenwärtig, verlockend und scheinbar die ideale Lösung für alle, die den süßen Geschmack ohne Kalorien wollen. Der Gedanke, klassischen Zucker, der nachweislich negative Auswirkungen[64] auf die Gesundheit hat, einfach durch im Labor hergestellte Süßungsmittel zu ersetzen, mag auf den ersten Blick verlockend erscheinen. Es ist die vermeintlich einfachste Lösung, ohne dass Gewohnheiten geändert werden müssen.

Doch das ist ein Trugschluss: Die süßen Verführungen mit E-Nummern versprechen zwar den Verzicht auf Kalorien, aber die wissenschaftlichen Enthüllungen über Aspartam, Sucralose und Co geben Anlass zur Sorge. Statt einer tatsächlich gesünderen Alternative können sie unerwartete und gesundheitsschädliche Effekte haben, die es lohnt, genauer zu betrachten.

Folgende Süßstoffe sind in der EU zugelassen:

E 950 - Acesulfam-K
E 951 - Aspartam
E 952 - Cyclamat
E 954 - Saccharin
E 955 - Sucralose
E 957 - Thaumatin
E 959 - Neohesperidin
E 960 - Steviolglycoside
E 961 - Neotam
E 962 - Aspartam-Acesulfamsalz
E 969 - Advantam

Begib dich mit mir auf eine Reise hinter den süßen Vorhang und entdecke die düsteren Geheimnisse der Süßstoffe. Die Internationale Agentur für Krebsforschung (IARC) hat im Juli 2023 Aspartam als möglicherweise krebserregend eingestuft.[65] Aber das ist erst der Anfang.

Sucralose, ein weiterer beliebter Süßstoff, steht ebenfalls im Fokus. Die North Carolina State University hat sich intensiv mit Sucralose befasst und dabei eine schädliche Chemikalie entdeckt. Sucralose-6-Acetat, wie sie genannt wird, ist potenziell genotoxisch und kann die DNA in unseren Darmzellen beeinflussen, was wiederum ernsthafte Schäden an unserem Erbgut verursachen könnte. Die Auswirkungen reichen von oxidativem Stress bis hin zu Entzündungen und sogar Krebs.[66]

Weitere Studien zeigen, dass Saccharin, Sucralose und Aspartam die Darmflora negativ beeinflussen können. Bei Laborexperimenten mit menschlichem Darmgewebe wurde festgestellt, dass diese Süßstoffe die Darmzellen durchlässiger machen. Ein undichter Darm kann dazu führen, dass Substanzen, die normalerweise ausgeschieden werden, in den Blutkreislauf gelangen, was zu verschiedenen gesundheitlichen Problemen führen kann.[67]

Die Europäische Behörde für Lebensmittelsicherheit (EFSA) überprüft aufgrund dieser Erkenntnisse derzeit Sucralose[68], was mit einiger Wahrscheinlichkeit zu einer geänderten Einstufung dieses Zuckerersatzstoffes führen wird. Das Bundesamt für Risikobewertung (BfR) empfiehlt schon seit 2019[69], sucralosehaltige Lebensmittel nicht auf Temperaturen zu erhitzen, wie sie beim Backen, Frittieren und Braten entstehen, weil dabei möglicherweise gesundheitsschädliche Stoffe entstehen.

Aber diese süßen Übeltäter gelangen unter Umständen auch in die Körper von Babys. Obwohl Süßstoffe in Babynahrung verboten sind, wurden sie in Muttermilch gefunden[70] - eine alarmierende Erkenntnis, die viele Fragen aufwirft. Schwangere Frauen sollten besonders aufpassen, denn der regelmäßige Konsum von Light-Getränken während der Schwangerschaft wurde mit einem erhöhten Risiko für Frühgeburten in Verbindung gebracht[71]. Aber auch junge Mütter sollten beachten, dass die negativen Auswirkungen von Süßstoffen nicht nur während der Schwangerschaft, sondern auch in der Stillzeit eine Gefahr für ihr Baby darstellen.[72]

Stevia, die vermeintlich gesunde Süße aus der Natur, vermittelt oft ein Bild von Reinheit und Natürlichkeit. Doch auch hier lohnt sich ein genauer Blick hinter die Kulissen. Stevioglycoside, die entscheidenden süßen Komponenten in Stevia, werden mittels eines komplexen chemischen Extraktionsverfahrens aus der Stevia-Pflanze isoliert. Nach diesem Prozess haben die gewonnenen Extrakte nur noch wenig mit der ursprünglichen Natürlichkeit der Pflanze zu tun. Sie sind ein Industrieprodukt, vergleichbar mit raffiniertem Zucker aus Zuckerrüben oder Zuckerrohr. Steviolglycoside bieten eine langsam einsetzende Süße mit einem lakritzartigen bitteren Beigeschmack. Das führt dazu, dass der Zucker in Lebensmitteln nur in geringen Anteilen durch Steviolglycoside ersetzt werden kann. Oft wird Stevia daher in Kombination mit anderen Süßungsmitteln oder Zucker verwendet.

Ein wichtiger Faktor ist der ADI-Wert (acceptable daily intake) für Steviolglycoside, der bei 4 Milligramm pro Kilogramm Körpergewicht liegt. Dies kann insbesondere bei Kindern problematisch werden, da dieser Wert aufgrund ihres geringen Körpergewichts schnell erreicht und überschritten wird. Besonders bei mit Stevia gesüßten Erfrischungsgetränken, die oft von Kindern konsumiert werden, sollte man die aufgenommene Menge im Auge behalten. Eine bewusste und maßvolle Verwendung ist entscheidend, um mögliche gesundheitliche Auswirkungen zu minimieren.

In einer im März 2022 in PLOS Medicine[73] veröffentlichten kritischen Studie zu Süßstoffen, berichten die Forscherinnen Charlotte Debras und Mathilde Touvier vom French National Institute for Health and Medical Research (Inserm) und der Sorbonne Paris Nord University, dass bestimmte künstliche Süßstoffe, insbesondere Aspartam und Acesulfam-K, mit einem gesteigerten Krebsrisiko in Verbindung gebracht werden.[74]

Fazit: Süßstoffe sind mehr als nur süße Verführungen. Sie bergen ernsthafte und noch nicht vollständig erforschte Risiken für unsere Gesundheit. Es ist an der Zeit, unseren Zuckerkonsum langfristig zu überdenken und nicht einfach durch vermeintlich gesündere Süßstoffe zu ersetzen. Das süße Leben sollte nicht auf Kosten unserer Gesundheit gehen!

Zuckeralkohole im Check: Gesunder Ersatz oder gefährlicher Trick?

Zuckeralkohole, auch als Polyole bekannt, sind eine Gruppe von Süßungsmitteln, die strukturell Zucker ähneln. Obwohl sie das Wortx „Alkohol" enthalten, haben sie nichts mit alkoholischen Getränken zu tun. Diese Verbindungen kommen natürlich in vielen Früchten und Gemüsesorten vor, können jedoch auch durch chemische Prozesse im Labor hergestellt werden. Sie schmecken süß, enthalten jedoch weniger Kalorien als herkömmlicher Zucker und beeinflussen den Blutzuckerspiegel nur geringfügig. Beispiele für Zuckeralkohole sind:

E 420 - Sorbit (bei Fruktoseintoleranz lieber vermeiden)
E 953 - Isomalt
E 965 - Maltit
E 967 - Xylit (kann sich positiv auf die Zahngesundheit auswirken; für Hunde giftig!)[75]
E 968 - Erythrit

Zuckeralkohole werden häufig in zuckerfreien oder diätetischen Lebensmitteln, Kaugummis und Süßwaren verwendet. Die Herstellung dieser Zuckeralkohole geschieht durch die Veränderung von Zucker oder Stärke. Der Vorteil: Sie haben weniger Kalorien und beeinflussen den Blutzucker nicht so stark wie normaler Zucker. Aber - ein wichtiger Punkt - nicht zu viel davon essen, denn in höheren Dosen können sie abführend wirken[76]. Was du auch wissen solltest: Zuckeralkohole werden im Labor hergestellt, und wenn die Kontrollen nicht stimmen, können sie mit Schadstoffen belastet sein. Manche werden sogar aus genverändertem Mais hergestellt. Daher lieber darauf achten, dass die Zuckeralkohole, die du kaufst, aus biologischer Herkunft stammen. Und immer in Maßen genießen!

Bevor wir uns also von den vermeintlich zuckerfreien Versuchungen blenden lassen, lohnt es sich, kritisch zu hinterfragen, welche langfristigen Auswirkungen der Einsatz von Süßstoffen auf unsere Gesundheit haben kann. Denn die einfachere Lösung ist nicht immer die beste, wenn es um langfristiges Wohlbefinden geht.

Nr. 2 Nitrite E 249 und E 250 und Nitrate E 251 und E 252:

Nitrite und Nitrate sind ein Schlüsselbestandteil von Pökelsalz und werden in der Lebensmittelindustrie zur Konservierung von Fleischprodukten eingesetzt. Ihr Hauptzweck: Die Lebensdauer von Wurst und Co zu verlängern, indem sie das Wachstum von Bakterien unterbinden. Außerdem führt die Hinzugabe von Nitriten und Nitraten zu einer Rotfärbung des Fleischprodukts. Klingt vernünftig, aber es steckt mehr dahinter.

Besonders bedenklich ist die mögliche Beeinträchtigung des Sauerstofftransports im Blut, der in zu hohen Mengen auftreten kann. Bei Erwachsenen wird dies normalerweise durch ein bestimmtes Enzym verhindert, jedoch sind Säuglinge aufgrund ihrer noch nicht vollständig entwickelten Enzymkonstellation besonders gefährdet. Ein übermäßiger Konsum von Nitrit oder Nitrat kann im schlimmsten Fall sogar zum Erstickungstod führen. Bei Säuglingen oder Kindern mit Verdauungsproblemen ist besondere Vorsicht geboten.[77]

Nitrite, wenn erhitzt, bilden zudem Nitrosamine, die in Tierversuchen als krebserregend gelten. Die Übertragung dieser Ergebnisse auf den Menschen ist jedoch wissenschaftlich noch nicht eindeutig geklärt. Daher raten Gesundheitsbehörden, die Aufnahme von Nitrit über die Nahrung zu begrenzen.[78]

Nitrate und Nitrite befindet sich meistens nicht nur in der geliebten Wurst, dem verlockenden Speck oder dem unverzichtbaren Schinken, sondern auch in manchen Käse- und Fischkreationen schleicht sich dieser chemische Akteur ein. Selbst vor der Wurst beim Metzger macht er nicht halt, denn Nitrate und Nitrite werden weitläufig als Konservierungsmittel in der Fleischverarbeitung eingesetzt. Diese Praxis ist nicht nur in der industriellen Produktion, sondern auch bei handwerklich hergestellten Wurstwaren weit verbreitet.

Interessanterweise haben sich beispielsweise Bioland, Demeter und Gäa gegen die Verwendung von Nitritpökelsalz in ihren Produkten ausgesprochen.[79] Diese Entscheidung spiegelt eine wachsende Sensibilität für die gesundheitlichen Bedenken im Zusammenhang mit Natriumnitrit wider und zeigt die Bestrebungen einiger Hersteller, auf alternative Methoden zur Haltbarmachung von Lebensmitteln zurückzugreifen.

Gemäß dem Bundesinstitut für Risikobewertung[80] und der WHO sollte die tägliche Aufnahme von jeglichen Nitriten 0,07 Milligramm pro Kilogramm Körpergewicht nicht überschreiten. Ein 70 Kilogramm schwerer Mensch nimmt diesen Wert bereits mit 30 bis 35 Gramm Rohschinken auf. Daher ist es ratsam, die Nitritaufnahme bewusst zu kontrollieren, um potenzielle gesundheitliche Risiken zu minimieren.[81]

Nr. 3 Künstliche Farbstoffe: Farbstoffe sind so eine Sache, vor allem Cholingelb (E 104) und die Azofarbstoffe wie das gelbe Tartrazin (E 102), das als besonders bedenklich gilt[82]. Auch Gelborgange S (E 110), das rote Azorubin (E 122) und das dunkelrote Amaranth (E 123) sind mit größter Vorsicht zu genießen[83]. Du findest sie nicht nur in Bonbons und Gummibärchen, sondern auch in Backdekorationen und Tortenguss. Die Lebensmittelindustrie liebt sie, weil sie die Farben so schön lebendig machen – und uns dazu verleiten, öfter zuzugreifen.

Aber hier kommt der Twist: Immer mehr Studien belegen, dass diese Farbstoffe nicht gerade beste Freunde mit unserer Gesundheit sind – besonders bei den Kleinen. Sie können nicht nur Pseudoallergien auslösen, sondern auch bei Kindern zu Konzentrationsschwierigkeiten, Aufmerksamkeitsdefiziten und Hyperaktivität führen, auch bekannt als ADS/ADHS[84]. Seit Juli 2010 müssen bestimmte Farbstoffe in Deutschland sogar mit Warnhinweisen versehen werden. Da hört der Spaß aber noch nicht auf - es wurden auch Schädigungen des Erbguts und des Immunsystems, neurologische Schäden sowie Auswirkungen auf Blutbild und Organfunktionen festgestellt.[85]

Fazit: Künstlich gefärbte Lebensmittel? Vielleicht lieber nicht so oft auf dem Speiseplan haben. Du und deine Gesundheit werden es sicher zu schätzen wissen.

Nr. 4 Phosphate:

Phosphate sind echte Tausendsassas in der Lebensmittelwelt. Sie sollen die Haltbarkeit verlängern, die Struktur verbessern und den Geschmack aufpeppen. Klingt super, oder?

Phosphate in Lebensmitteln: Ein Blick auf Gesundheit und Ernährung

Phosphate sind weit verbreitete Zusatzstoffe in der Lebensmittelindustrie. Sie finden sich in vielen verarbeiteten Produkten, von Fleischwaren über Käse bis hin zu Backmischungen. Natürliche Phosphate, die in Lebensmitteln wie Getreide und Nüssen vorkommen, sind im Allgemeinen unbedenklich und sogar wichtig für unseren Körper. Phosphor, ein Bestandteil von Phosphaten, ist essenziell für die Energieproduktion, Knochenstabilität und den Zusammenhalt von Zellen.

Warum sollten wir auf Phosphate achten?

Der Haken ist, dass freie Phosphate aus Lebensmittelzusätzen besonders effektiv aufgenommen werden und unseren Phosphatspiegel im Blut erhöhen können. Dieser Anstieg kann den Calciumspiegel beeinflussen und sich negativ auf Blutdruck und Herzgesundheit auswirken. Hohe Phosphatspiegel können den Blutdruck und Puls erhöhen und langfristig zu Verkalkungen in den Blutgefäßen führen[86]. Wenn du zu viele Phosphate zu dir nimmst, kann das das Kalzium in deinem Körper durcheinanderbringen und so das Risiko von Knochenproblemen (Osteoporose) erhöhen - vor allem, wenn deine Nieren schon vorher nicht so happy waren. Eine Störung des Gleichgewichts zwischen Phosphat und Calcium im Körper kann zu einer vermehrten Ausschüttung des Parathormons führen[87], was den Knochenabbau fördert. Diese Auswirkungen können jedoch reversibel sein. Eine Ernährung ohne Phosphatzusätze kann dazu beitragen, dass sich Blutdruck und Puls wieder normalisieren[88]. Nierenpatienten sollten besonders darauf achten, da eine phosphatreiche Ernährung ihre Gesundheit beeinträchtigen kann.

Hinter den E-Nummern verstecken sich die lieben Phosphate gern, und es ist wichtig, sie zu erkennen. Hier sind einige der häufigsten E-Nummern, hinter denen Phosphate lauern:

Ein aufmerksamer Blick auf die Etiketten kann dir helfen, diese Phosphatspielverderber zu entlarven.

E-Nummer	Bezeichnung	Häufig zu finden in:
E 338	Phosphorsäure	Getränken wie Cola
E 339	Natriumphosphate	Sahne- und Fleischerzeugnissen sowie Gebäck
E 340	Kaliumphosphate	Schmelzkäse und Brühwurst
E 341	Kalziumphosphate	Milchpulver, Kaffeepulver, Backmischungen und Fast Food
E 343	Magnesiumphosphate	
E 450, E 451, E 452	Di-, Tri-, Polyphosphate	Fleischerzeugnissen, Schmelzkäse, Desserts und Eis
E 1410	Monostärkephosphat (modifizierte Stärke)	Fruchtfüllungen, Puddingpulvern, Soßen und Backwaren

Nr. 5 Glutamat:

Glutamat ist als Geschmacksverstärker in Lebensmitteln bekannt. Es handelt sich dabei um einen Oberbegriff für die Ester und Salze der Glutaminsäure. Hinter folgenden E-Nummern verbirgt sich Glutamat:

E 620 - Glutaminsäure
E 621 - Mononatriumglutamat
E 622 - Dinatriumglutamat
E 623 - Monokaliumglutamat
E 624 - Dikaliumglutamat
E 625 - Magnesiumdiglutamat

Glutamat ist der Geschmacksverstärker mit zweifelhaftem Ruf. Neben der bekannten „China-restaurant-Symptomatik" wird ihm auch eine Rolle bei neurologischen Störungen[89] zugeschrieben. Einige Menschen berichten über Symptome wie Kopfschmerzen und Verdauungsprobleme, die mit dem Verzehr von Glutamat in Verbindung gebracht werden.

Nr. 6 Täuschende Frische: Die Wahrheit über Zitronensäure

Stell dir vor, du schnappst dir ein vermeintlich gesundes, fruchtiges Getränk für die Kleinen. Da strahlen fröhliche Früchte vom Etikett, und die Eltern atmen auf - endlich ein Produkt, das den Segen der Vitaminlieferanten verspricht. Doch halt! Hinter dieser scheinbaren Gesundheitskur versteckt sich eine fiese Zahnfalle.Und die Hauptakteurin ist die Zitronensäure. Lass uns die unschuldig klingende Zitronensäure genauer unter die Lupe nehmen und schauen, was wirklich dahintersteckt.

Die natürliche Zitronensäure aus Früchten unterscheidet sich rein chemisch nicht von ihrer industriell hergestellten Variante – aber ganzheitlich betrachtet enorm. Während Erstere neben der Säure auch Vitamine, Mineralien und sekundäre Pflanzenstoffe liefert, handelt es sich bei Letzterer um ein isoliertes Säurekonzentrat ohne gesundheitlichen Nutzen. E 330, auch bekannt als Zitronensäure, wird in vielen Zutatenlisten als der Frische-Kick gepriesen und man tut so, als hätte sie etwas mit echten Zitronen zu tun. Aber unter dieser vermeintlich gesunden Fassade verbirgt sich eine Chemieparty mit potenziellen Auswirkungen auf unsere Gesundheit. Ursprünglich aus Früchten gewonnen, wird Zitronensäure heute durch biotechnologische Verfahren mit Schimmelpilzkulturen hergestellt. Dabei kommen oft gentechnisch veränderte Pilzstämme namens Aspergillus Niger zum Einsatz. Antibiotika in der Nährlösung, die in die zitronensäurehaltigen Produkte gelangen können, werfen weitere Fragen zur Gesundheit auf.[90]

Zitronensäure begegnet uns nicht nur in Reinigungsmitteln oder Entkalkern, sondern vor allem in vielen verpackten Lebensmitteln und Getränken. Der Begriff „Zitronensäure" auf Zutatenlisten erweckt den Eindruck von Natürlichkeit und beeinflusst oft positiv unser Kaufverhalten. Zitronensäure dient nicht nur als Säuerungsmittel, sondern auch als idealer Konservierungsstoff, verlängert sie doch die Haltbarkeit von Produkten. Aber dabei bleibt es nicht: Als Komplexbildner bindet sie Metalle in Lebensmitteln[91], von Magnesium bis zu Aluminium.

Die Zitronensäure, als Säureregulator und Geschmacksverstärker in vielen fruchtigen Leckereien enthalten, entfaltet ihre zerstörerische Wirkung besonders auf den zarten Zähnen der jungen Entdecker. Die schützende Hülle unserer Zähne, der Zahnschmelz, wird bei regelmäßigem Kontakt mit Zitronensäure angegriffen. Die Säure wirkt wie ein ungebetener Gast, der nach dem Verzehr von Fruchtsäften, Gummibärchen oder anderen Leckereien an der Zahnoberfläche klebt und seine schädliche Wirkung entfaltet. Besonders Kinderzähne sind gefährdet, da sie sich in ihrer Entwicklungsphase befinden und noch nicht die gleiche Widerstandskraft wie die Zähne von Erwachsenen besitzen.

Der hohe Zuckergehalt in vielen zitronensäurehaltigen Produkten verschärft die Lage zusätzlich. Die Bakterien in unserem Mund lieben Zucker und verwandeln ihn in Säuren, die gemeinsam mit der Zitronensäure eine gefährliche Allianz bilden. Das Ergebnis? Ein regelrechter Angriff auf den Zahnschmelz, der im schlimmsten Fall zu Karies und anderen Zahnerkrankungen führen kann.[92]

Kurz gesagt: Hinter der fruchtigen Fassade der Zitronensäure versteckt sich eine ernsthafte Bedrohung für die Zahngesundheit unserer Kleinen, aber auch der Erwachsenen.[93] Ein bewusster Blick auf die Zutatenliste und eine kluge Entscheidung im Supermarkt können helfen, die Zähne unserer kleinen Helden zu schützen und Karies die rote Karte zu zeigen.

Die fatale Liaison zwischen Zitronensäure und Aluminium, die als Citrat eine gefährliche Kombination bildet, birgt die Möglichkeit, die schützende Barriere zwischen Blut und Gehirn, die sogenannte Blut-Hirn-Schranke, zu überwinden. Doch wie schaffen es diese beiden Akteure, in Verbindung zu treten, und welche verheerenden Folgen können daraus resultieren?

Aluminium gelangt auf verschiedene Weisen in unseren Körper – und Lebensmittel spielen dabei eine bedeutende Rolle. Hier sind einige Wege, wie Aluminium in unseren Körper gelangen kann:

1. **Lebensmittelverpackungen:** In Supermärkten begegnen uns zahlreiche Lebensmittelverpackungen, die Aluminium enthalten. Alufolie ist ein bekanntes Beispiel, die sowohl zum Verpacken von Lebensmitteln als auch zum Grillen verwendet wird. Ebenso finden sich Aludeckel auf Joghurt- und Sahnebechern sowie Alupapier, das zur Verpackung von Butter genutzt wird. Getränkedosen, insbesondere bei Softdrinks, bestehen häufig aus Aluminium. Manche Backwaren werden in Aluminiumschalen angeboten, und auch Schokoladenverpackungen können Aluminiumfolie enthalten. Fertiggerichte werden mitunter in Aluminiumbehältern verkauft, und viele Konserven wie Suppen oder Dosengemüse sind in Aluminiumdosen verpackt. Wenn Lebensmittel direkt mit Aluminium in Berührung kommen, kann das Metall in geringen Mengen auf die Lebensmittel übergehen.

2. **Kochgeschirr:** Kochgeschirr aus Aluminium kann ebenfalls dazu beitragen, dass geringe Mengen Aluminium in Lebensmittel gelangen. Besonders bei der Zubereitung von säurehaltigen Speisen oder Getränken kann sich auch mehr Aluminium lösen.

3 Zusatzstoffe: Einige Lebensmittelzusatzstoffe enthalten Aluminiumverbindungen. Diese können in Backpulver, Kakaopulver und anderen Produkten vorkommen.

4 Trinkwasser: Aluminium kann auch über das Trinkwasser aufgenommen werden. In einigen Regionen können Aluminiumverbindungen als Flockungsmittel zur Wasseraufbereitung verwendet werden, um Trübstoffe zu entfernen.

5 Lebensmittelverarbeitung: Bei der Lebensmittelverarbeitung können aluminiumhaltige Zusatzstoffe als Säureregulatoren oder Stabilisatoren verwendet werden. Hierzu gehört auch die bereits erwähnte Zitronensäure, die in vielen verarbeiteten Lebensmitteln enthalten ist.

Auch in Produkten wie Zahncremes, Deodorants, Medikamenten und Impfstoffen kann Aluminium vorhanden sein.

Aluminium ist in der Lage, sich mit Zitronensäure zu verbinden und ein Aluminiumcitrat zu bilden. Dieser Komplex ermöglicht es, dass Aluminium in einer Form vorliegt, die leicht löslich ist. Wenn diese Verbindung dann auf zitronensäurehaltige Lebensmittel oder Getränke trifft, unterstützt die Säure den Prozess, und das Aluminium kann schneller und in größerem Maße in das Essen oder Trinken übergehen. Doch warum ist diese Kombination so problematisch für die Gesundheit? Nachdem das Aluminiumcitrat im Verdauungstrakt aufgenommen wurde, gelangt es in den Blutkreislauf und hat das Potenzial, die Blut-Hirn-Schranke zu durchqueren. Diese Schranke ist normalerweise eine Art Schutzwall, der das Eindringen von Fremdsubstanzen, Toxinen und auch bestimmten Ionen ins Gehirn verhindert.

In einem Experiment haben Forscher verschiedene Aluminiumverbindungen daraufhin untersucht, welche davon vom Körper der Versuchstiere am effizientesten aufgenommen werden. Interessanterweise stellte sich heraus, dass die Verwendung von Aluminiumcitrat die Aluminiumaufnahme im Vergleich zu anderen Aluminiumverbindungen um mehr als das Doppelte steigerte.[94]

Wie genau das Aluminiumcitrat die Blut-Hirn-Schranke überwindet, konnte zwar noch nicht wissenschaftlich erforscht werden, aber es wird angenommen, dass sowohl die Zitronensäure als auch das Aluminium an diesem Prozess beteiligt sind. Sobald diese Barriere durchbrochen ist, kann das Aluminium ungehindert ins Gehirn gelangen.

Die Folgen sind ernsthaft und betreffen vor allem die Nervenzel-

KAPITEL 2

len. Aluminium ist als neurotoxisch bekannt, was bedeutet, dass es schädlich für das Nervensystem ist. Im Gehirn angekommen, kann Aluminium eine oxidative Schädigung der Zellmembranen verursachen. Dieser Prozess setzt freie Radikale frei, die in den Zellmembranen eine Kettenreaktion auslösen und so zu Zellschäden führen können.[95]

Besonders besorgniserregend ist, dass körpereigene Antioxidantien, die normalerweise diese freien Radikale neutralisieren, durch den Aluminium-Zitronensäure-Komplex gehemmt werden. Dadurch wird der natürliche Schutzmechanismus der Zellen beeinträchtigt, was zu einer erhöhten Anfälligkeit gegenüber schädlichen Einflüssen führt.

Langfristig wird eine solche Schädigung der Nervenzellen mit neurodegenerativen Erkrankungen wie Alzheimer oder Parkinson in Verbindung gebracht. Studien haben erhöhte Aluminiumwerte im Gehirn von Patienten mit diesen Erkrankungen gezeigt, was darauf hindeutet, dass Aluminium eine Rolle bei ihrer Entstehung spielen könnte.[96]

In Anbetracht dieser ernsthaften Risiken ist es entscheidend, zu erforschen, wie die Kombination von Zitronensäure und Aluminium die Blut-Hirn-Schranke überwinden kann und welche potenziellen Folgen daraus entstehen können. Selbst in Bio-Produkten hat Zitronensäure ein Zuhause und ist auch in Babynahrung und Babytees gern gesehen. Also: Der bewusste Verzicht auf Produkte mit E 330 kann dazu beitragen, diese riskante Liaison zu vermeiden und unsere Gesundheit zu schützen.

Nr. 7 Aromen:
Die magische Welt der Aromen kann auch ihre Schattenseiten haben. Künstliche Aromen können die natürliche Geschmacksempfindung verändern und den Appetit auf unverfälschte Lebensmittel mindern. Eine Rückkehr zu echten Geschmackserlebnissen lohnt sich.

Verstecke Zusatzstoffe erkennen und vermeiden:

Das Erkennen von versteckten Zusatzstoffen in Lebensmitteln erfordert ein aufmerksames Lesen der Zutatenliste auf der Lebensmittelverpackung. Hier sind einige Schritte, die dir dabei helfen können, Zusatzstoffe zu erkennen und zu vermeiden:

1 Lies die Zutatenliste: Die Zutatenliste auf Lebensmittelverpackungen ist der wichtigste Ort, um Zusatzstoffe zu finden. Die

Zusatzstoffe sind normalerweise mit ihrem vollen Namen oder einer E-Nummer aufgeführt.

2 E-Nummern kennen: Die Europäische Union verwendet E-Nummern, um Zusatzstoffe zu kennzeichnen. Du kannst eine Liste von E-Nummern recherchieren und sie mit den Angaben auf der Verpackung vergleichen, um herauszufinden, welche Zusatzstoffe verwendet werden.

3 Suche nach gängigen Zusatzstoffen: Einige der häufigsten Zusatzstoffe sind Farbstoffe (z. B. E 102, E 129), Konservierungsmittel (z. B. E 211, E 202), Antioxidationsmittel (z. B. E 300, E 320) und Geschmacksverstärker (z. B. E 621, E 631). Achte besonders auf diese, wenn du Zusatzstoffe vermeiden möchtest.

4 Achte auf versteckte Namen: Zusatzstoffe können auch unter verschiedenen Namen aufgeführt sein. Beispielsweise kann Natriumglutamat als „Mononatriumglutamat" oder „Hefeextrakt" aufgeführt sein. Recherchiere, welche Namen für bestimmte Zusatzstoffe verwendet werden können.

5 Wähle unverarbeitete Lebensmittel: Eine der besten Möglichkeiten, um Zusatzstoffe zu vermeiden, besteht darin, unverarbeitete Lebensmittel zu wählen, da sie in der Regel keine Zusatzstoffe enthalten. Frisches Obst, Gemüse, unverarbeitetes Fleisch, Nüsse und Samen sind gute Beispiele.

6 Bevorzuge Bio-Produkte: Zertifizierte Bio-Produkte enthalten deutlich weniger Zusatzstoffe, besonders problematische E-Nummern, wie Azofarbstoffe, sind nicht erlaubt. Zudem kannst du sicher sein, dass keine genetisch veränderten Inhaltsstoffe verwendet werden.

7 Selbst kochen: Wenn du die volle Kontrolle über die Zutaten in deinem Essen haben möchtest, ist das Zubereiten von Mahlzeiten zu Hause die beste Option. So kannst du sicherstellen, dass keine unerwünschten Zusatzstoffe hinzugefügt werden.

8 Nutze Apps und Online-Ressourcen: Es gibt mobile Apps und Websites, die Informationen zu Zusatzstoffen in Lebensmitteln bereitstellen. Du kannst den Barcode eines Produkts scannen, um Details zu den enthaltenen Zusatzstoffen zu erhalten.

9 Achte auf Warnhinweise: In einigen Fällen können Lebensmittelverpackungen Warnhinweise wie „enthält Aspartam" oder „enthält Gluten" enthalten. Diese können dir helfen, potenzielle Allergene oder unerwünschte Zusatzstoffe zu erkennen.

Die Fähigkeit, Zusatzstoffe in Lebensmitteln zu erkennen und zu vermeiden, erfordert Aufmerksamkeit und die Kenntnis der gebräuchlichen Zusatzstoffe. Wenn du besorgt wegen bestimmter Zusatzstoffe oder Allergene bist, ist es ratsam, mit einem Ernährungsberater oder Allergiespezialisten zusammenzuarbeiten, um deine Ernährung sicher und gesund zu gestalten.

Abschließend: Nicht alle Zusatzstoffe sind schädlich - und viele können vermieden werden.

Die mit E-Nummern bezeichneten Lebensmittel-Zusatzstoffe haben oft einen negativen Ruf - teilweise berechtigt, wie dieses Kapitel aufzeigt: Viele von ihnen können Allergien und Verdauungsprobleme verursachen oder stehen sogar im Verdacht, Krebs zu begünstigen. Es gibt jedoch auch zahlreiche Zusatzstoffe, die unsere Lebensmittel besser machen, bspw. deren Konsistenz oder Haltbarkeit verbessern, ohne dir zu schaden. Eine ausführliche Liste von Zusatzstoffen inklusive deren gesundheitlichen Risiken findest du unter diesem Link der Organisation Food Detective:

https://food-detektiv.de

So hast du immer eine übersichtliche Liste bei dir. Super praktisch beim Einkaufen oder auch daheim, wenn du deine gekauften Produkte checken willst.[97]

TEIL 2

Lebensmittel im Check

KAPITEL 3

DAS 1×1 DES ESSENS
DIE BELIEBTESTEN BASICS IM CHECK

BUNT, FRISCH, LECKER:
OBST, GEMÜSE UND KRÄUTER IM BLICK

Willkommen zu unserem Guide, der sich rund um die Superhelden der Ernährung dreht - Obst, Gemüse und Kräuter! Diese kleinen Powerpakete sind nicht nur lecker, sondern auch die absoluten Champions für deine Gesundheit.

Stell dir vor, sie sind die Avengers deiner Ernährung. Sie versorgen dich mit Vitaminen, Mineral- und Ballaststoffen, unterstützen dein Immunsystem und bringen deine Verdauung in Schwung. Und sie sind sogar echte Helden für dein Gewichtsmanagement!

Aber das ist noch nicht alles - diese Truppe steckt auch voller Antioxidantien. Das ist nicht nur für deine körperliche Verfassung gut, sondern auch für dein Gehirn und dein allgemeines Wohlbefinden.

Und mal ehrlich, wer kann schon der Farbenpracht von knackigen Äpfeln, saftigen Tomaten oder den Aromabomben von Kräutern widerstehen? Jede Sorte hat ihre eigene Nährstoff-Superkraft!

Die folgende Anleitung ist wie ein persönlicher Wegweiser durch den Dschungel von Obst, Gemüse und Kräutern. Lass uns gemeinsam diese gesunde Welt erkunden, ihre Vorzüge schätzen und mit smarten Entscheidungen im Supermarkt deinem Lifestyle einen extra Kick geben.

Um das Verständnis für den Einkauf von Obst, Gemüse und Kräutern zu vertiefen, werfen wir einen Blick auf Pestizide - chemische Substanzen, die zur Kontrolle von Schädlingen, Unkräutern und Krankheiten in der Landwirtschaft eingesetzt werden. Ihr Einsatz soll die Ernteerträge steigern und die Qualität der Produkte schützen.

Warum werden Pestizide verwendet?

Pestizide sind ein Werkzeug der Landwirtschaft, um Pflanzen vor Schädlingen zu schützen und die Ernte zu sichern. Sie werden bei konventionellen Anbaumethoden eingesetzt, um den Verlust von Ernten durch Insekten, Unkräuter und Krankheiten zu minimieren.

Trotz ihrer Vorteile bringen Pestizide auch Herausforderungen mit sich. Rückstände können auf Obst und Gemüse verbleiben, was bei übermäßigem Verzehr gesundheitliche Bedenken aufwirft. Zudem kann der Einsatz von Pestiziden negative Auswirkungen auf die Umwelt haben, einschließlich Boden- und Wasserverschmutzung sowie das Abtöten von nützlichen Insekten. Der Einsatz von Pestiziden hat nicht nur direkte Auswirkungen auf Schädlinge, sondern kann auch das natürliche Gleichgewicht in Pflanzen stören. Pflanzenabwehrstoffe, natürliche Verteidigungslinien gegenüber Schädlingen, können durch den übermäßigen Einsatz von Pestiziden geschwächt werden. Diese Pflanzenabwehrstoffe, oft auch als sekundäre Pflanzenstoffe bekannt, sind nicht nur für die Pflanze selbst von Vorteil, sondern können auch für den Menschen äußerst gesundheitsfördernd sein. Sie sind reich an Antioxidantien und anderen Nährstoffen, die entzündungshemmend wirken, das Immunsystem stärken und sogar das Risiko bestimmter Krankheiten reduzieren können.

Ein entscheidender Faktor für die Qualität von Obst und Gemüse ist der Nährstoffgehalt, der maßgeblich von der Bodenqualität beeinflusst wird. Im konventionellen Anbau können Böden durch übermäßigen Einsatz von chemischen Düngemitteln und Pestiziden ausgelaugt werden. Dies kann zu einer Reduzierung der natürlichen Nährstoffe im Boden führen.

In der Bio-Landwirtschaft, die auf synthetische Düngemittel verzichtet, wird oft besonderes Augenmerk auf die Pflege der Böden gelegt. Die Verwendung von Kompost und anderen natürlichen Düngemitteln trägt dazu bei, die Nährstoffe im Boden zu erhalten und zu bereichern.

In der Welt unserer Nahrung hat sich einiges verändert, besonders wenn wir den Nährstoffgehalt von Lebensmitteln früher und heute betrachten. Der Biochemiker Ronald Davis wagte im Jahr 2004 einen Vergleich mit Daten aus den Jahren 1950 bis 1999, wobei 13 der in Obst und Gemüse vorkommenden Nährstoffe im Mittelpunkt standen. Die Ergebnisse zeigten einen besorgniserregenden Rückgang von Eisen, Phosphor, Calcium, Vitamin C und B2, zwischen 6 % und 38 %.[98]

Davis führt diesen Nährstoffverlust auf den sogenannten Verdünnungseffekt zurück. Durch intensiven Einsatz von Düngemitteln und Bewässerung werden höhere Erträge erzielt. Doch paradoxerweise kann dieses schnelle Wachstum dazu führen, dass Pflanzen mit der Nährstoffproduktion oder -aufnahme nicht Schritt halten können.

Der Einsatz von Pflanzenschutzmitteln verstärkt dieses Problem weiter, da sie den Gehalt an Antioxidantien in Lebensmitteln reduzieren können. Ökologisch angebaute Lebensmittel enthalten nachweislich mehr sekundäre Pflanzenstoffe.

Ein weiterer Faktor für den Nährstoffverlust ist die Veränderung des Saatguts. Durch gezielte Kreuzungen werden gewünschte Merkmale kombiniert, um neue Pflanzensorten zu schaffen. Die sogenannte „ewige Tomate" ist ein Beispiel. Sie ist zwar länger haltbar, aber oft auch weniger aromatisch. Neue Kreuzungen werden nicht immer auf ihren Gehalt an Vitaminen und Mineralstoffen überprüft.

Zusammenfassend kann der Nährstoffverlust auf das Streben nach höheren Erträgen und Schädlingsresistenz und auf den genetischen Verdünnungseffekt zurückgeführt werden. Insbesondere der genetische Verdünnungseffekt kann dazu führen, dass ertragreiche Sorten weniger Nährstoffe aufweisen, selbst unter gleichen Wachstumsbedingungen. Ein Vergleich im Rahmen einer ZDF-Dokumentation zeigte, dass eine Hybrid-Tomate im Vergleich zu einer alten Sorte 63 % weniger Kalzium, 29 % weniger Magnesium, 72 % weniger Vitamin C, 58 % weniger Lykopin und 56 % weniger Polyphenole enthielt.[99]

Die Debatte zwischen Bio- und konventionellem Anbau ist mehr als nur eine Frage des Preises.

Die Dirty Dozen: Wenn Pestizide Party machen

Die Environmental Working Group (EWG) ist eine gemeinnützige Organisation in den USA, die sich auf Umweltschutz und Verbraucheraufklärung im Bereich Gesundheit konzentriert. Sie veröffentlicht jährlich Listen, wie „Dirty Dozen" und „Clean Fifteen", basierend auf Untersuchungen und Analysen von Pestizidrückständen in Lebensmitteln.

Die „Dirty Dozen"-Liste identifiziert zwölf Obst- und Gemüsesorten mit höheren Pestizidrückständen. Die neueste Liste des „Dirty Dozen" von 2023 zeigt, welche Obst- und Gemüsesorten besonders belastet sind. Von 46 getesteten Produkten sind diese am bedenklichsten:

1. Erdbeeren
2. Spinat
3. Grünkohl
4. Pfirsiche
5. Birnen
6. Äpfel
7. Weintrauben
8. Paprika
9. Kirschen
10. Blaubeeren
11. grüne Bohnen[100]

Empfindliche Früchte wie Beeren, Trauben, Aprikosen und Birnen, ebenso wie Tomaten, Paprika und Blattsalate, sind oft stärker mit Pestiziden belastet. Besonders bei konventionell angebautem Feldsalat werden laut Ökotest die Grenzwerte für gefährliche Pestizide oft überschritten.[101] Bioanbauverbände wie Demeter und Bioland verzichten auf bestimmte Insektenbekämpfungsmittel. Tiefkühlspinat aus konventionellem Anbau kann mit Cadmium und Nitrat belastet sein. Bio-Spinat schneidet in Untersuchungen in der Regel besser[102] ab. Der Blick auf Kräuter ist oft vernachlässigt, dabei sind Schnittlauch, Petersilie und Co nicht nur Aromengeber, sondern können auch mit Pestiziden belastet sein. Bio-Kräuter werden ausschließlich mit organischen Düngern produziert. Hier ist der Griff zu Bio-Produkten besonders ratsam, um die persönliche Belastung zu minimieren.

Für eine sichere Auswahl hat die EWG mit der „Clean Fifteen" eine Liste der 15 am wenigsten belasteten Obst- und Gemüsesorten veröffentlicht:

1. Avocados
2. Zuckermais
3. Ananas
4. Zwiebeln
5. Papaya
6. gefrorene Erbsen
7. Spargel
8. Honigmelone
9. Kiwi
10. Kohl
11. Pilze
12. Mangos
13. Süßkartoffeln
14. Wassermelone
15. Karotten[103]

Diese Sorten haben im Vergleich zu anderen weniger Rückstände von Pestiziden. „Clean 15" ist eine nützliche Hilfe für bewusste Entscheidungen beim Obst- und Gemüsekauf. Gemüse, das unter der Erde gedeiht, wie Möhren und Kartoffeln, sowie verschiedene Kohlsorten, sind in der Regel weniger pestizidbelastet. In diesen Fällen kann man, wenn Bio-Produkte nicht verfügbar sind, auf konventionelle Optionen zurückgreifen, ohne sich übermäßig viele

Gedanken über Pestizide machen zu müssen.

Die von der EWG veröffentlichten Daten beziehen sich auf den US-Markt. Die Bedingungen für den Anbau, die Verwendung von Pestiziden und gesetzliche Vorschriften können in anderen Ländern unterschiedlich sein.

Fazit: Eine clevere Alternative ist der Fokus auf regionale und saisonale Produkte. Obst und Gemüse, die in ihrer Saison sind, werden oft lokal angebaut und haben in der Regel kürzere Transportwege. Dies reduziert nicht nur den CO2-Fußabdruck, sondern bedeutet auch, dass die Produkte in der Regel weniger belastet sind, da sie frisch und vor Ort geerntet werden. Die bewusste Auswahl von Bio-Produkten bei empfindlichen Obst- und Gemüsesorten, das Wissen um die geringeren Gefahren beim Kauf von in der Erde wachsendem Gemüse aus konventionellem Anbau, die Berücksichtigung von Regionalität und Saisonalität sowie die Nutzung von Einkaufsberatern und Listen wie die der EWG sind Schritte in Richtung eines gesünderen und nachhaltigeren Einkaufsverhaltens. Frisch, gesund und umweltbewusst - der perfekte Mix für den Einkaufswagen.

TIERISCHE PROTEINE AUF DEM PRÜFSTAND: FLEISCH, WURST UND FISCH

Jetzt werfen wir einen genauen Blick auf Fleisch, Wurst, Geflügel und Fisch - die Helden vieler Mahlzeiten, die jedoch oft mit Fragen und Unsicherheiten verbunden sind. Der Weg vom Tier auf deinen Teller beginnt für dich oft erst an der Fleischtheke oder im Supermarkt.

Fleisch, saftige Würste, zartes Geflügel und delikater Fisch - diese Lebensmittel haben einen festen Platz in der Küche und auf unseren Tellern. Doch wie treffen wir die besten Entscheidungen beim Einkauf? Wie können wir sicherstellen, dass wir nicht nur kulinarischen Genuss, sondern auch Qualität, Nachhaltigkeit und Gesundheit auf unseren Tisch bringen? Lass uns gemeinsam die Kunst des Fleischkaufs erkunden.

Im Rahmen unseres Lebensmittel-Checks ist es mir wichtig, einen Blick auf Fleisch, Wurst und Fisch zu werfen, ohne in die Diskussion über die grundsätzliche Gesundheit von Fleisch einzusteigen. Jeder von uns ist individuell, und auf die Frage, ob Fleisch gesund oder ungesund ist, gibt es keine pauschale Antwort.

Ich möchte betonen, dass mein Ansatz nicht darauf abzielt, Fleisch als per se gesundheitsschädlich oder gesundheitsförderlich darzustellen. Vielmehr liegt der Fokus darauf, wie Menge und Qualität einen entscheidenden Einfluss auf unsere Gesundheit haben können. In unserer Reise durch dieses Kapitel werden wir uns darauf konzentrieren, wie wir bewusste Entscheidungen treffen können, um die optimale Balance für unseren individuellen Lebensstil zu finden.

Du stehst also vor der Fleischtheke, und der Anblick der saftigen Fleischstücke lässt dir das Wasser im Mund zusammenlaufen. Doch wie erkennst du frisches und qualitativ hochwertiges Fleisch? Lass uns einen Blick darauf werfen.

- **Farbe:** Frisches Fleisch zeichnet sich durch eine kräftige, natürliche Farbe aus. Achte darauf, dass es keine grauen oder braunen Verfärbungen aufweist, die auf eine längere Lagerung hindeuten könnten.
- **Textur:** Streiche mit den Fingern über die Oberfläche des Fleisches. Sie sollte fest, aber dennoch elastisch sein. Vermeide Fleisch, das zu weich oder klebrig erscheint, da dies auf eine mindere Qualität hinweisen kann.
- **Geruch:** Mit deiner Nase kannst du viel über die Frische des Fleisches erfahren. Frisches Fleisch hat einen neutralen Geruch, frei von unangenehmen oder säuerlichen Noten. Ein unangenehmer Geruch könnte auf beginnende Verderblichkeit hindeuten.
- **Herkunfts- und Qualitätslabel:** Prüfe, ob das Fleisch Herkunfts- oder Qualitätslabels trägt. Diese können auf artgerechte Tierhaltung oder nachhaltige Praktiken hindeuten.

Verarbeitete Wurstwaren sind nicht selten gesundheitlich bedenklich, insbesondere aufgrund des Einsatzes von Nitriten wie beispielsweise Nitritpökelsalz. Solche Zusatzstoffe dienen vor allem dazu, die Haltbarkeit zu verlängern und eine ansprechende rote Farbe zu erhalten. Jedoch gibt es wichtige Gründe, warum der übermäßige Konsum von verarbeiteten Wurstwaren als ungesund betrachtet wird.

1 Bildung von Nitrosaminen: Beim Erhitzen von Wurstwaren, die Nitrite enthalten, kann es zur Bildung von Nitrosaminen kommen. Diese Verbindungen stehen im Verdacht, krebserregend zu sein und werden mit verschiedenen Krebsarten in Verbindung gebracht.[104]

2 Herz-Kreislauf-Gesundheit: Nitrite können sich im Körper einlagern und die Bildung von Nitrosaminen fördern. Dies kann negative Auswirkungen auf die Herz-Kreislauf-Gesundheit haben und zu bestimmten Erkrankungen führen.[105]

3 Verbindung mit Magenkrebs: Der regelmäßige Konsum von verarbeiteten Wurstwaren, die Nitrite enthalten, wurde mit einem erhöhten Risiko für Magenkrebs in Verbindung gebracht. Nitrite können im sauren Magenmilieu in Nitrosamine umgewandelt werden, was als potenzieller Risikofaktor betrachtet wird.[106]

Eine positive Wendung bietet sich durch die Wahl von Wurstwaren mit Bio-Siegeln wie Demeter oder Bioland. Diese Zertifizierungen gehen einen Schritt weiter, indem sie komplett auf Nitritpökelsalz verzichten. Durch diesen bewussten Verzicht wird das Risiko der Nitrosaminbildung reduziert – und damit auch das für einige Gesundheitsgefahren. Trotz der Möglichkeit, auf Bio-Optionen ohne Nitrit-Pökelsalz umzusteigen, bleibt die grundlegende Empfehlung, den Konsum von verarbeiteten Wurstwaren so weit wie möglich zu reduzieren. Der Hauptgrund liegt in ihrem oft hohen Gehalt an gesättigten Fettsäuren, weil diese das Risiko für Herz-Kreislauf-Erkrankungen erhöhen. Denn ein übermäßiger Verzehr gesättigter Fettsäuren kann zu einem Anstieg des ‚schlechten' Cholesterins im Blut führen.[107]

Es empfiehlt sich daher, diese Wurstwaren durch proteinreichere, fettärmere Alternativen zu ersetzen. Denkbar sind mageres Fleisch, Geflügel oder pflanzliche Eiweißquellen. Die bewusste Auswahl von frischen und unverarbeiteten Lebensmitteln kann nicht nur die Herzgesundheit fördern, sondern auch zu einer ausgewogeneren Ernährung beitragen. Remember: Die Vielfalt und Qualität deiner Ernährung machen den großen Unterschied.

Pro Kopf werden hierzulande etwa 60 bis 65 Kilogramm Fleisch jährlich verzehrt, während die offizielle Empfehlung der Deutschen Gesellschaft für Ernährung bei etwa 300 bis 600 Gramm pro Woche liegt.[108] Diese Diskrepanz zeigt, dass viele von uns mehr Fleisch essen, als aus gesundheitlicher Sicht empfohlen wird. Empfehlung: zurück zum Sonntagsbraten.

Du denkst darüber nach, bewusster mit deinem Fleischkonsum umzugehen? Vielleicht hast du dich schon für Bio-Fleisch entschieden oder überlegst, wie du bessere Fleischqualität erkennen kannst. In einer Welt von Supermarkt-Angeboten und Versprechen kann es jedoch schwierig sein, die wirklich guten Optionen ausfindig zu machen. Lass uns gemeinsam einen Blick darauf werfen, worauf du achten solltest.

Die Illusion, dass Fleisch vom Metzger automatisch besser ist, wird heutzutage oft durchbrochen, da viele Metzger im Großhandel einkaufen und selbst keine Tiere mehr halten oder schlachten. Dieser Umstand führt häufig dazu, dass auch bei Metzgereien konventionelles Fleisch aus der Massentierhaltung landet.

Warum überhaupt Bio-Fleisch?

Veganer und Vegetarier sagen, wir alle sollten auf Fleisch verzichten. Doch für die meisten von uns gehört Fleisch noch zum Speiseplan. Wenn schon Fleisch, dann aber am besten Bio-Fleisch. Warum? Weil es unter strengeren Auflagen produziert wird: mehr Platz für die Tiere, artgerechtere Bedingungen, kein präventiver Medikamenteneinsatz, und das Futter muss höheren Qualitätsstandards genügen. Jedes Jahr werden in der deutschen industriellen Tierhaltung beeindruckende 735 Tonnen Antibiotika verfüttert[109]. Dies birgt erhebliche Gefahren für die menschliche Gesundheit, da der Konsum von Fleisch aus dieser Produktion uns mit resistenten Bakterien in Kontakt bringt und die Wirksamkeit von Antibiotika für uns als Verbraucher beeinträchtigen kann. Um sich die Menge von 735 Tonnen vorzustellen: Ein durchschnittlicher Pkw wiegt etwa 1,5 Tonnen. 735 Tonnen Antibiotika entsprechen dem Gewicht von etwa 490 Autos. Dies verdeutlicht, dass es hier um eine bedeutende Menge geht. Bio-Fleisch hat strengere Vorschriften bezüglich des Antibiotikaeinsatzes und ist oft die sicherere Wahl. Lokale Anbieter und Anbauverbände setzen ebenfalls häufig auf nachhaltigere Praktiken. Deine Wahl beeinflusst nicht nur deine Gesundheit, sondern auch die Gesundheit der gesamten Gesellschaft.

Was du im Supermarkt meiden solltest: Billiges Fleisch und Discounter-Fleisch

Billigfleisch und Discounter-Fleisch sind oft Produkte der Haltungsformen 1 und 2, die nur den gesetzlichen Mindeststandard erfüllen. Die Niedrigpreisstrategie setzt Lieferanten und Produzenten unter Druck, billig zu produzieren, was oft nicht mit dem Tierwohl vereinbar ist. Selbst das „Tierwohl-Label" der Discounter kann täuschen. Achte beim Einkaufen im Discounter darauf, dass mindestens das EU-Bio-Siegel für etwas höhere Qualität auf dem Produkt steht.

Eingeschweißtes Fleisch und weit gereistes Fleisch vermeiden

Eingeschweißtes Fleisch spart oft an Qualität und erzeugt zusätzlich Verpackungsmüll. Fleisch, das von weither kommt, hat wegen des längeren Transportweges eine schlechte CO2-Bilanz, was nicht nachhaltig ist. Achte darauf, Fleisch aus der Nähe zu bevorzugen.

Fleisch-Labels, Siegel und Versprechen: Kritisch bleiben

Einige Hinweise auf Fleischverpackungen klingen gut, sind aber nicht immer aussagekräftig. Beispielsweise sagt „unter Schutzatmosphäre verpackt" nichts über die Keimbelastung aus. Achtung vor Siegeln wie „DLG prämiert" – sie sagen nichts über die Haltungsbedingungen oder die Qualität des Fleisches aus. „DLG prämiert" bewertet eher sensorische Aspekte als Produktions- und Transportbedingungen. Das „Haltungsform"-Siegel der Supermärkte mag informativ wirken, ändert aber wenig an den Bedingungen, unter denen die Tiere gehalten werden. Vermeide Fleisch aus Massentierhaltung, insbesondere von Tieren, die wenig Bewegung haben, unter schlechten Bedingungen gehalten und mit Antibiotika behandelt werden.

Bio-Fleisch richtig wählen: EU-Bio-Siegel, regionale Erzeugung, Anbauverbände

Der Mindeststandard beim Kauf von Bio-Fleisch sollte für dich das EU-Bio-Siegel sein. Es garantiert die Einhaltung der wichtigsten ökologischen Normen. Zusätzlich ist regionales Bio-Fleisch oft nachhaltiger. Schau dich nach Bioläden, Wochenmärkten und Bio-Supermärkten um. Anbauverbände wie Bioland, Demeter oder Naturland haben noch strengere Kriterien als das EU-Bio-Siegel. Die Herkunft des Fleisches und die Art der Tierhaltung sind hier transparenter.

Gegenargumente zu Bio-Fleisch: Preis und Skandale

Oft wird der höhere Preis von Bio-Fleisch als Argument gegen seine Wahl genannt. Doch Qualität hat nun mal ihren Preis. Denke daran, dass der billigere Preis von konventionellem Fleisch auf Kosten von Tieren, Umwelt und Gesundheit geht. Skandale gibt es überall, aber Bio-Fleisch bleibt im Allgemeinen die bessere Wahl.

Fazit: Fleisch, besonders Bio-Fleisch, sollte man wertschätzen und bewusst konsumieren. Weniger, aber dafür hochwertigeres Fleisch zu wählen, schont am Ende nicht nur die Umwelt, sondern auch deine Gesundheit.

In der konventionellen Massentierhaltung, die den Großteil der Fleischproduktion in Deutschland ausmacht, herrschen oft problematische Bedingungen. Dazu zählen schlechte Haltungsbedingungen, übermäßiger Einsatz von Medikamenten, nicht artgerechte Ernährung der Tiere und nicht zuletzt der Transport von Fleisch über weite Strecken.

Fisch auf dem Teller - Gesund oder bedenklich?

Ahoi, Fischfreunde und alle, die sich fragen, was da eigentlich in der Pfanne brutzelt! Der Anblick von lecker zubereitetem Fisch kann einem das Wasser im Mund zusammenlaufen lassen. Schließlich ist Fisch nicht nur eine köstliche Delikatesse, sondern auch als vermeintlich gesunde Eiweißquelle bekannt. Zwar ist er reich an Omega-3-Fettsäuren und Proteinen, doch Überfischung, fragwürdige Fangmethoden und Umweltauswirkungen trüben die Freude über diesen kulinarischen Meeresgenuss. Aber halt mal - bevor wir die Angel auswerfen und die Pfanne anheizen, gibt es da ein paar Dinge zu beachten.

Fisch ist nicht gleich Fisch, und der ökologische Fußabdruck unseres geliebten Meeresbewohners sorgt für Diskussionen. Zwischen Überfischung, fragwürdigen Fangmethoden und Aquakultur-Debatten ist es nicht immer leicht zu entscheiden, welcher Fisch den Weg auf unseren Teller verdient hat.
In dieses bunte Aquarium an Informationen tauchen wir ein, beleuchten, welche Fischarten man guten Gewissens genießen kann, welche man besser schwimmen lässt - und warum es manchmal klüger ist, auf Alternativen zu setzen. Also, Leinen los und mal sehen, was die bunte Welt der Fische so alles zu bieten hat!

Nachhaltiger Fischkonsum: Worauf du achten solltest

In Deutschland essen die Menschen durchschnittlich etwa 13 Kilogramm Fisch pro Kopf und Jahr.[110] Es werden vorwiegend Tiefkühlerzeugnisse und Konserven gekauft, insbesondere der beliebte Lachs. Der Fischkonsum sollte bewusst erfolgen, um die Umwelt zu schützen und die eigene Gesundheit nicht zu gefährden. Hier sind einige wichtige Punkte, auf die du achten solltest:

Überfischung vermeiden:
Überfischung bedeutet, dass Fischbestände in den Ozeanen schneller abnehmen, als sie sich regenerieren können. Dies gefährdet die Ökosysteme der Meere und die Lebensgrundlage von Millionen von Menschen, die von der Fischerei abhängig sind. Insgesamt sind 31 % der weltweiten Fischbestände überfischt, weitere 58 % werden bis an die Grenzen befischt.[111]
Neben der Überfischung tragen auch Schleppnetze und Aquakulturen zur Zerstörung wertvoller Lebensräume bei. Sie verschmutzen Gewässer und bedrohen andere Tierarten durch Beifang. Vermeide Fischarten wie Thunfisch,

Schwertfisch und Heilbutt, die von Überfischung bedroht sind.

Schwermetallbelastung:
Einige Fischarten können mit Schwermetallen belastet sein, die für den Menschen gesundheitsschädlich sind. Schwermetalle wie Quecksilber, Blei und Kadmium sind in vielen Umweltbereichen präsent, aber besonders im Fisch können sie in bedenklichen Konzentrationen auftreten. Quecksilber beispielsweise gelangt durch industrielle Aktivitäten in die Meere und wird dort von Mikroorganismen in Methylquecksilber umgewandelt. Dieses Methylquecksilber reichert sich im Fischgewebe an. Insbesondere in großen Raubfischen wie Hai, Thunfisch und Schwertfisch werden häufig höhere Schwermetallkonzentrationen nachgewiesen. Kleinere Fische wie Sardinen, Forellen, Makrelen und Lachs gelten als sicherere Optionen. Der menschliche Körper kann Schwermetalle nicht effektiv abbauen. Bei wiederholtem Verzehr von belastetem Fisch besteht das Risiko einer Anreicherung dieser toxischen Substanzen im Körper. Dies kann zu schwerwiegenden Gesundheitsproblemen führen, bspw. zu neurologischen Schäden, Entwicklungsstörungen bei Kindern oder Nierenproblemen.[112] Besonders empfindlich sind Schwangere und Kinder.

Aquakultur und Medikamenteneinsatz:
Aquakultur (Fischzucht) wird als mögliche Lösung für die Überfischung betrachtet und ist eine wichtige Quelle für Fischprodukte, aber der intensive Betrieb birgt auch Probleme. Einige Betriebe setzen beispielsweise bedenkliche Praktiken wie den Einsatz von Antibiotika in der Fischzucht ein. Fischen in Aquakulturen werden oft Medikamente verabreicht, um Krankheiten vorzubeugen oder zu behandeln. Der übermäßige Einsatz von Antibiotika kann jedoch zu Rückständen im Fischfleisch führen, was Gesundheitsrisiken für den Menschen birgt.

Verbraucher sollten daher darauf achten, Fische aus nachhaltigen Aquakulturen zu wählen, die umweltfreundliche Methoden und transparente Praktiken anwenden.

In überfüllten Aquakulturen können Krankheiten schnell um sich greifen. Medikamente werden eingesetzt, um Krankheitsausbrüche zu verhindern oder zu behandeln. Dieser Einsatz ist jedoch umstritten, da er ökologische Risiken birgt und Rückstände im Fisch hinterlassen kann.

Auf was sollte man beim Kauf achten?

Fisch gilt als gesund – aber oft nicht als nachhaltig. „Guter Fisch" heißt eine Liste, die die Verbraucherzentralen gemeinsam mit WWF, Nabu und der DUH[113] herausgeben. Nur noch einige wenige Fischarten kann man nach der aktuellen Liste noch kaufen, wenn man umweltbewusst handeln möchte. Sie umfasst aber ausschließlich Meeresfische; Fische aus Aquakulturen werden nicht berücksichtigt. Insgesamt elf Fischarten sowie Miesmuscheln sind derzeit als Kaufempfehlung genannt. Die Liste „Guter Fisch" ist immer ein Jahr lang gültig.

Die Fangmethode ist neben der Herkunft der Fischbestände ein wichtiges Kriterium beim Kauf von Fisch. Besonders schädlich sind Grundschleppnetze, da meist viel Beifang betroffen ist und sie den Meeresboden zerstören. Aquakulturen sollen Bestände schonen, stehen aber ebenso in der Kritik, unter anderem weil als Futtermittel meist Fischmehl aus bedenklichem Wildfang zum Einsatz kommt.

Welchen Fisch kann man denn noch essen? Folgende Meeresfische empfiehlt die Guter-Fisch-Liste:[114]

- Flunder, Scholle und Kliesche aus der Ostsee, wenn sie mit Reusen oder Fallen gefangen wurden
- Ketalachs und Rotlachs aus dem Nordostpazifik um Alaska. Fangmethoden: Umschließungs- und Hebenetze, Schleppangeln bei Ketalachs, Kiemennetze und vergleichbare Netze für Rotlachs
- Hering aus dem Golf von Riga oder der nördlichen Irischen See, gefangen mit pelagischer Schleppnetzen, zusätzlich durch Reusen und Fallen
- Seelachs aus der Barentssee mit Umschließungs- und Hebenetzen
- Weißer Thun, wenn er aus dem Nordwestatlantik, Nordostatlantik, mittleren Westatlantik oder mittleren Ostatlantik stammt und mit Hand- und Angelleinen oder Schleppangeln gefischt wurde
- Miesmuscheln aus dem Nordostatlantik und als Leinenkultur
- Iberischer Stöcker und Echter Bonito stehen ebenfalls auf der Liste. Die vollständige Guter-Fisch-Liste kann man auf der Internetseite der Verbraucherzentrale Hamburg als PDF herunterladen.

Bewusster Fischgenuss erfordert, über die bloße Auswahl des Produkts hinauszugehen. Es bedeutet, sich der Umweltauswirkungen des eigenen Kaufverhaltens bewusst zu sein und gleichzeitig die Gesundheit im Blick zu behalten. Fisch ist eine bekannte Quelle für Omega-3-Fettsäuren, die für die Gesundheit des Herz-Kreislauf-Systems wichtig sind. Wenn jedoch Bedenken bezüglich des Fischkonsums bestehen, gibt es auch alternative Quellen für Omega-3-Fettsäuren. Algenöl, Leinöl, Walnüsse und Chiasamen sind pflanzliche

KAPITEL 3

Alternativen, die reich an Omega-3-Fettsäuren sind und dazu beitragen können, den Bedarf an essenziellen Fettsäuren zu ergänzen.

Regionale Produkte haben oft geringere Schwermetallbelastungen, da sie keine langen Wanderungen über die Weltmeere hinter sich haben. Durch die Variation der Fischarten in deiner Ernährung kannst du das Risiko einer übermäßigen Belastung mit bestimmten Schwermetallen verringern. Mit diesem Wissen können wir unsere Beziehung zum Fisch als Nahrungsmittel verbessern und sicherstellen, dass er uns nicht nur schmeckt, sondern auch guttut.

Indem du diese Aspekte beim Fischkauf berücksichtigst, trägst du dazu bei, die Ozeane zu schützen und nachhaltiger und gesünder zu leben.

Profi-Tipp: Ökotest nimmt regelmäßig Lebensmittel, darunter auch beliebte Produkte wie Fischstäbchen, unter die Lupe. Die Ergebnisse solcher Tests können dabei helfen, bessere Entscheidungen beim Einkauf zu treffen und Produkte auszuwählen, die nicht nur schmackhaft sind, sondern auch den eigenen Gesundheits- und Umweltanforderungen entsprechen. Bevor du das nächste Mal Fischstäbchen oder andere Lebensmittel in den Einkaufswagen legst, lohnt sich ein Blick auf die aktuellen Ökotest-Bewertungen, um eine sichere und bewusste Wahl treffen zu können.

EI, EI, EI!
DEIN LEITFADEN ZU EIERN UND MILCHPRODUKTEN

Welches Ei ist das beste?

Ein Deutscher isst durchschnittlich 230 Eier pro Jahr.[115] Aber wie leben eigentlich die Hennen, die diese Eier legen? Hier erfährst du, was es mit Bio, Freiland und Co auf sich hat - und warum die Farbe des Dotters so vielfältig ist.

Den Code auf dem Ei hast du bestimmt schon mal gesehen - aber weißt du auch, was er bedeutet? Er gibt Auskunft über die Haltung des Huhns und die Herkunft des Eis. Die Zahl am Anfang steht für das Haltungssystem:[116]

0 = ökologische Erzeugung
1 = Freilandhaltung
2 = Bodenhaltung
3 = Käfighaltung

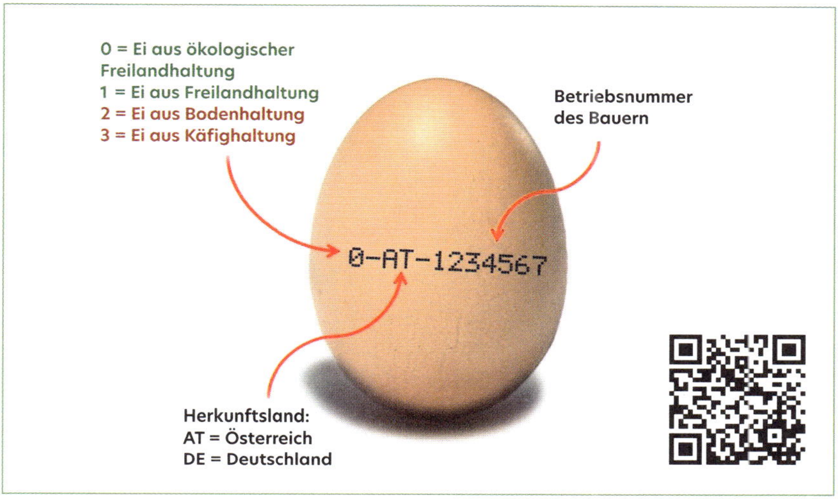

Quelle: https://www.vier-pfoten.at/kampagnen-themen/themen/nutztiere/eierkennzeichnung

Danach steht der Ländercode (z. B. DE für Deutschland) und eine Nummer, die Auskunft über das Bundesland, den Betrieb und den Stall gibt. In der App „Was steht auf dem Ei?" kann man die Nummer eines Eis eingeben und herausfinden, woher es kommt.[117]

Der Eiermarkt ist riesig, die Auswahl unübersichtlich. Gesetze regeln, wie ein Ei gekennzeichnet sein muss. Jede Haltungsform hat ihre

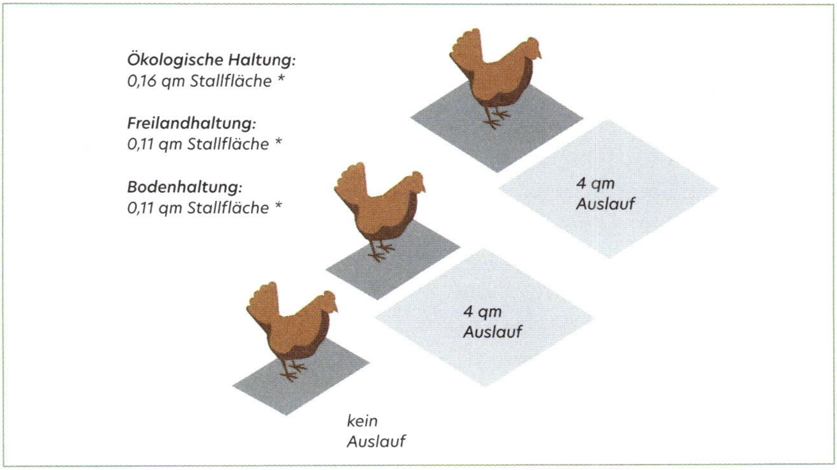

Quelle: Broschüre Landwirtschaft verstehen / BMEL

eigenen Regeln. Supermärkte erfinden zusätzlich eigene Siegel. Vom Auslauf über das Futter bis zum Tierwohl - die Schwerpunkte sind unterschiedlich. Die Vermarktung von Eiern in der Europäischen Union ist durch Vermarktungsnormen geregelt. In der Eierindustrie gibt es verschiedene Haltungsformen für Legehennen. Jetzt klären wir, wie Hennen in Käfighaltung, Bodenhaltung, Freilandhaltung und Biohaltung leben.[118]

Käfighaltung und Kleingruppenhaltung:
Käfighaltung, jetzt als Kleingruppenhaltung bezeichnet, soll bis 2025 abgeschafft werden. Hier haben Hühner nur begrenzten Platz und können Verhaltensstörungen entwickeln. In herkömmlichen Legebatterien wurden Hennen in winzigen Käfigen gehalten, in denen jedem Huhn nur eine Fläche von 550 Quadratzentimetern zur Verfügung stand - weniger als ein DIN-A4-Blatt. In Kleingruppenhaltung hat jedes Huhn nur 750 Quadratzentimeter Platz, was ca. 1,5 DIN-A4-Blättern entspricht. Diese Praxis ist in vielen EU-Ländern noch gängig. In Deutschland lebten 2022 etwa 6 % der Legehennen in Kleingruppenhaltung.[119]

Bodenhaltung:
Die meisten Hühner in der Eierproduktion leben heute in Bodenhaltung. Hier teilen sich neun Hennen einen Quadratmeter, oft in großen Hallen. Bei sogenannter Volierenhaltung, in der Sitzstangen und Legenester in mehreren Etagen angebracht sind, dürfen es sogar 18 Hennen pro Quadratmeter sein. Diese Haltungsform bietet zwar mehr Platz als die Käfighaltung, dennoch mangelt es den Hennen an Beschäftigung und Grünauslauf.

Freilandhaltung:
Hühner in der Freilandhaltung haben tagsüber Zugang zu einem Auslauf von mindestens vier Quadratmetern pro Tier. Die Bedingungen im Stall ähneln der Bodenhaltung, bieten jedoch mehr Raum und Möglichkeiten zur Ausübung natürlicher Verhaltensweisen. Probleme können dennoch auftreten, wie eine Übernutzung des Auslaufbereichs oder Ansammlung von Parasiten in schlammigen Bereichen.

Biohaltung:
In der Biohaltung hat jedes Huhn mindestens vier Quadratmeter Auslauf, und im Stall dürfen maximal sechs Tiere pro Quadratmeter gehalten werden. Ein Drittel der Stallfläche ist als Scharraum ausgelegt, und es stehen Sitzstangen und Legenester zur Verfügung. Die Biohaltung zeichnet sich durch eine biologische Wirtschaftsweise aus, die auf den Einsatz von Pestiziden,

chemisch-synthetischen Düngern und Gentechnik verzichtet.

Unabhängig von der Haltungsform können in der Legehennenhaltung Probleme wie Federpicken und Kannibalismus auftreten. Als besonders problematisch muss in der Eierindustrie auch die Kükentötung angesehen werden, die allen Haltungsformen vorausgeht. Männliche Küken werden aussortiert und getötet, da sie keine Eier legen und für die Industrie als unwirtschaftlich gelten. Um das Töten männlicher Küken zu vermeiden, gibt es Bestrebungen, das Geschlecht bereits im Ei zu bestimmen. Einige Bio-Betriebe haben begonnen, männliche Küken großzuziehen und später zu schlachten. Hier ist die genaue Prüfung der Eierverpackung auf entsprechende Hinweise ratsam.

Bio-Eier gelten als beste Wahl, da die strengen Vorgaben der Bio-Siegel die Lebensqualität der Legehennen deutlich verbessern. Bio-Hennen haben Raum zum Laufen, Picken, Scharren und Baden. Zusätzlich zu den allgemeinen Bio-Siegeln gibt es auch spezifischere wie Bioland, Naturland und Demeter. Diese gehen über die EU-Bio-Kriterien hinaus und setzen strengere Anforderungen an die Tierhaltung.

Der große Milchprodukte-Check: Von Kuh bis Kühlregal

H-Milch, Rohmilch, Alpenmilch, Heumilch, Bergbauernmilch: Die Milch-Dschungel-Entschlüsselung!

H-Milch (Haltbare Milch): H-Milch ist durch Ultra-Hocherhitzung[120] haltbar gemachte, keimfreie Milch. In vielen Ländern, auch in Deutschland, wird Milch häufig homogenisiert, aber was bedeutet das eigentlich und welche potenziellen Auswirkungen hat dieser Prozess auf unsere Gesundheit?

Homogenisierung ist ein Prozess, bei dem die Fetttröpfchen in der Milch aufgebrochen und gleichmäßig verteilt werden, um eine stabile Mischung zu erzeugen. Dadurch wird verhindert, dass sich das Fett an der Oberfläche der Milch absetzt. Einige Studien deuten darauf hin, dass durch die Homogenisierung die Struktur der Fetttröpfchen verändert wird, was zu einer erhöhten Freisetzung von bestimmten Fettsäuren führen könnte. Dies könnte potenziell das Risiko für Herzkrankheiten erhöhen, obwohl die wissenschaftliche Evidenz hierzu nicht eindeutig ist. Darüber hinaus gibt es Hinweise darauf, dass die Homogenisierung möglicherweise das allergene Potenzial von Milchprodukten erhöhen könnte. Indem die Fetttröpfchen verändert werden, könnten bestimmte Proteine in der Milch freigesetzt werden, die allergische Reaktionen bei empfindlichen Personen auslösen könnten. Dies ist jedoch ein Bereich, der weiterer Forschung bedarf, um die genauen Auswirkungen auf Allergien zu verstehen.[121] Sie kann ungekühlt gelagert werden, was ihre Lagerfähigkeit erhöht. Bei H-Milch gehen durch den Erhitzungsprozess allerdings einige hitzeempfindliche Nährstoffe verloren. Vitamine wie C und B sind betroffen, ebenso Phosphatasen – das sind Enzyme, die die Kalziumaufnahme unterstützen.

Rohmilch: Rohmilch ist unbehandelte Milch, direkt von der Kuh, die nicht pasteurisiert oder homogenisiert wurde. Im Gegensatz zu behandelter Milch enthält Rohmilch natürliche Enzyme und probioti-

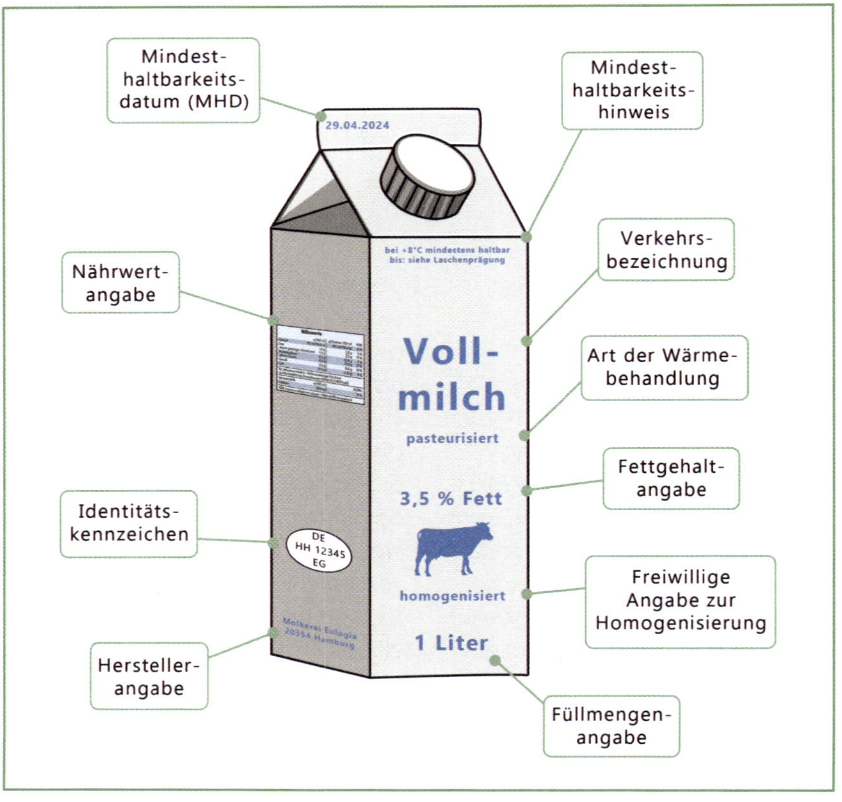

sche Bakterien. Allerdings birgt sie auch das Risiko, von schädlichen Bakterien wie Salmonellen und Listerien verunreinigt zu werden. Dies ist besonders problematisch für schwangere Frauen, Kleinkinder, ältere Menschen und Menschen mit geschwächtem Immunsystem. Durch strenge Hygienevorgaben bei der Produktion und Weiterverarbeitung kann das Verunreinigungsrisiko stark reduziert werden. Der Verzehr von Rohmilch ist die natürlichste und nährstoffreichste Variante, Milch zu konsumieren.

Laktosefreie Milch: Laktosefreie Milch ist eine Option für Menschen mit Laktoseintoleranz. Hierbei wurde die natürliche Laktose in der Milch aufgespalten, was die Verträglichkeit verbessert.

Alpenmilch: Verwirrend und ungeschützt! Die Bezeichnung „Alpenmilch" ist nicht geschützt. Kühe können irgendwo in Südbayern weiden – und die Milch wird trotzdem als Alpenmilch verkauft. Nur 4 % bis 5 % der bayerischen Milch stammt tatsächlich aus den Alpen.

Weidemilch: Freiheit, aber ohne Vorgaben! Es gibt keine gesetzlichen Richtlinien für die Produktion von Weidemilch, aber das „Pro Weideland"-Label verspricht artgerechte Haltung mit mindestens 120 Tagen Weidegang pro Jahr.

Heumilch: Das Grünfutter-Geheimnis! Geschützt in der EU, Kühe fressen hauptsächlich Heu, Kräuter und frische Gräser. Ohne Silage, Gärheu oder gentechnisch verändertes Futter.

Bergbauernmilch: Schutz durch das Label „Bergerzeugnis" seit 2014! Stammt aus Berggebieten mit steilen Hanglagen und kurzer Vegetationszeit. Die Molkerei sollte maximal 30 km vom Berggebiet entfernt sein.

Bio-Milch: Klare Regeln von der EU! Mindestens 6 qm Stallfläche pro Kuh, Bio-Milchkühe müssen Zugang zur Weide haben, und gentechnisch verändertes Futter ist verboten. Verschiedene Bio-Siegel bieten zusätzliche Standards.

Schnittkäse: Klassiker ohne Schnickschnack

Lass uns über Käse reden - diesen hier nennen sie Schnittkäse, weil du ihn einfach in Scheiben schneiden kannst. Von Gouda über Emmentaler bis Cheddar, er ist der Star der puristischen Käsewelt.

Keine langen Zutatenlisten, kein kompliziertes Gedöns - bei Schnittkäse geht's um das Wesentliche: Milch, Lab, Salz und ein bisschen Milchsäurebakterien-Action. Hier gibt es im Supermarktregal in der Regel keinen Schnickschnack, nur puren Käsegeschmack.

Frischkäse-Check: Natürlich oder Chemie-Show?

Denkst du, Frischkäse ist immer ein gesundes Naturprodukt? Think again! Hier sind die Fakten, die du beim nächsten Frischkäsekauf beachten solltest!

Die geheime Welt der Hilfsstoffe: Wie die Industrie den Frischkäse pimpt!

Säuerungsmittel, Verdickungsmittel, Gelatine, pflanzliche Öle (oft Palmöl oder Kokosöl), Hefeextrakt, Farbstoffe, Aromen, Zucker - die Liste wird immer länger. Ein Blick auf die Verpackung vieler Frischkäsehersteller offenbart eine bedenklich lange Liste von Inhaltsstoffen. Säuerungsmittel wie Zitronensäure und Milchsäure, Verdickungsmittel wie Johannisbrotkernmehl, Guarkernmehl und Carrageen, Gelatine, Stickstoff, pflanzliche gehärtete Öle wie Palmöl und Kokosöl, Hefeextrakt, Farbstoffe, Aromen, Zucker, Kaliumsorbat, Polyfruktose, Dextrose, modifizierte Maisstärke, Glucosesirup - diese Zusatzstoffe haben mittlerweile ihren Weg auf die Zutatenliste von Frischkäse gefunden. Insbesondere bei aromatisiertem Frischkäse ist besondere Vorsicht geboten, da hier oft eine Vielzahl von Hilfsstoffen Verwendung findet. Der vermeintlich reinste ist meist der Natur-Frischkäse, oft auch als „sahnig" deklariert. Bei fettreduziertem Frischkäse kommen Verdickungsmittel zum Einsatz, um den Geschmack zu erhalten.

In der Welt des Frischkäses taucht eine Frage immer wieder auf: Ist es normal, dass sich Wasser auf Frischkäse oder anderen

Dieser Frischkäse enthält keine Zusatzstoffe und keinen zugesetzten Zucker. Deshalb ist er eine gute Wahl

Bio Frischkäse Doppelrahmstufe, wärmebehandelt

ZUTATEN: Frischkäse* (**Rahm***, **Milch*** pasteurisiert, Milchsäurekulturen, mikrobielles Lab), Meersalz.

*aus biologischer Landwirtschaft

Fällt dir etwas auf? Richtig! Hier finden wir zugesetzten Zucker und den umstrittenden Zusatzstoff Carrageen. Deshalb sollte dieser besser im Regal liegen bleiben.

Frischkäsezubereitung, wärmebehandelt

ZUTATEN: Frischkäse aus entrahmter **Milch**, Inulin, Speisesalz, Zucker, Verdickungsmittel: Johannisbrotkernmehl, Carrageen.

Molkereiprodukten absetzen kann? Die klare Antwort: Ja, es ist völlig natürlich. Doch hier beginnt das Dilemma. Das Absetzen von Wasser macht den Frischkäse nicht nur optisch weniger ansprechend, sondern kann auch seine Konsistenz etwas bröckeliger machen. Zudem nimmt er eine leicht veränderte Farbe an und ist nicht mehr das strahlend weiße Produkt, das viele Verbraucher erwarten. Diese Aspekte könnten dazu führen, dass sich manche Käufer gegen ein solches Produkt entscheiden. Hier kommt die Lebensmittelindustrie ins Spiel, die gern zu Hilfsstoffen greift, um aus einem natürlichen Molkereiprodukt ein makelloses Industrieprodukt zu machen.

Doch die Frage, die sich stellt, ist: Brauchen wir wirklich diese Vielzahl an Zusatzstoffen in einem Produkt, das ursprünglich von der Natur stammt?

Eine kurze Zutatenliste - Milch, Salz, vielleicht Milchsäurebakterien und mikrobielles Lab - reicht für einen leckeren Frischkäse.

Lass dich nicht von Äußerlichkeiten täuschen! Vergleiche die Zutaten, bevor du Frischkäse in den Einkaufswagen legst.

Warum Fruchtjoghurt und Kinderjoghurt aus dem Supermarkt nicht die beste Wahl sind

Der verlockende Anblick von bunt verpackten Fruchtjoghurts oder Kinderjoghurts im Supermarktregal kann täuschen. Hinter der kinderfreundlichen Aufmachung verbergen sich oft Inhaltsstoffe, die diese Produkte weniger ideal für eine gesunde Ernährung machen:

Hoher Zuckergehalt:
Fruchtjoghurts und Kinderjoghurts sind bekannt für ihren hohen Zuckergehalt. Der süße Geschmack soll vor allem Kinder ansprechen, aber der übermäßige Zuckerkonsum kann zu gesundheitlichen Problemen wie Übergewicht und Karies führen.[122]

Niedriger Fruchtgehalt, hoher Aromastoffanteil:
Die Früchte in diesen Joghurts sind oft in geringen Mengen vorhanden, während Aromen und Farbstoffe

So viel Zucker steckt wirklich in deinem Lieblingsdessert

Quelle: https://dreamteamfitness.de/wieviel-zucker-steckt-drin/

den Geschmack verstärken. Dies bedeutet, dass der fruchtige Geschmack nicht immer aus echten Früchten stammt.

Zusatzstoffe und Konservierungsmittel:
Um eine längere Haltbarkeit zu gewährleisten, enthalten viele Supermarktjoghurts eine Vielzahl von Zusatzstoffen und Konservierungsmitteln. Diese können allergische Reaktionen auslösen und stehen im Verdacht, weitere negative Auswirkungen auf die Gesundheit zu haben.

Hättest du mit so vielen Zusatzstoffen in deinem Fruchtjoghurt gerechnet? Ein Blick auf die Zutatenliste lohnt sich also!

ZUTATEN: Joghurt mild aus entrahmter Milch, Pfirsiche, Zucker, Maracujasaft aus Maracujasaftkonzentrat, Pfirsichsaft aus Pfirsichsaftkonzentrat, modifizierte Stärke, Säureregulator (Zitronensäure, Natriumcitrate), Verdickungsmittel Johannisbrotkernmehl, natürliches Aroma. Zusatzstoffe: E 1422, E 330, E 331, E 410

Geringerer Nährwert im Vergleich zu Naturjoghurt:
Verglichen mit Naturjoghurt bieten Fruchtjoghurts und Kinderjoghurts oft weniger Proteine und probiotische Bakterien. Diese Bestandteile sind jedoch für die Verdauung und die allgemeine Gesundheit von Vorteil.

Künstliche Süßungsmittel:
Um den süßen Geschmack zu intensivieren, enthalten einige Produkte künstliche Süßungsmittel. Der Konsum solcher Zusatzstoffe sollte, insbesondere bei

Kindern, aufgrund möglicher gesundheitlicher Risiken vermieden werden.

Die Versuchung mag groß sein, aber beim Kauf von Joghurt für Kinder oder als süße Leckerei ist es ratsam, die Zutatenliste genau zu überprüfen. Für die Gesundheit und das Wohlbefinden ist es oft besser, auf Naturjoghurt zurückzugreifen und diesen nach Belieben mit frischen Früchten und natürlichen Süßungsmitteln zu verfeinern. Naturjoghurt punktet mit probiotischen Eigenschaften, ohne viele Zusatzstoffe.

Gesunde Upgrades für selbstgemachten Naturjoghurt:
Wer sagt, dass gesunde Ernährung nicht auch lecker sein kann? Selbstgemachter Naturjoghurt lässt sich einfach aufpeppen, ohne dabei auf unnötige Zusatzstoffe zurückzugreifen. Hier sind einige kreative Möglichkeiten:

Frisches Obst:
Verleih deinem Naturjoghurt eine natürliche Süße, indem du frische Früchte wie Beeren, Mango oder Kiwi hinzufügst. Diese liefern nicht nur Geschmack, sondern auch wertvolle Vitamine und Ballaststoffe.

Nüsse und Samen:
Erhöhe den Nährwert deines Joghurts, indem du eine Handvoll gesunde Nüsse (wie Mandeln, Hasel- oder Walnüsse) oder Samen (wie Chia-, Hanf- oder Leinsamen) einrührst. Diese liefern zusätzlich Proteine, Omega-3-Fettsäuren und sind wunderbar knackig.

Yaconsirup, Honig oder Ahornsirup:
Wenn du nach einer natürlichen Süße suchst, füge eine kleine Menge Yaconsirup, Honig oder Ahornsirup hinzu. Diese Süßungsmittel sind nicht nur lecker, sondern auch besser für die Gesundheit als raffinierter Zucker.

Griechischer Joghurt für mehr Proteine:
Wenn du nach einem Proteinkick suchst, wähle griechischen Joghurt. Er enthält mehr Eiweiß und hat eine dickere Konsistenz, was ihn besonders sättigend macht.

Alles über Joghurt: Mild, Stichfest, Griechisch und Skyr
Joghurt ist ein vielseitiges und beliebtes Milchprodukt, das in verschiedenen Variationen erhältlich ist. Neben mildem, stichfestem und griechischem Joghurt gibt es auch Skyr, eine traditionelle isländische Spezialität.

Milder Joghurt: Milder Joghurt wird oft mit speziellen Bakterienstämmen hergestellt, die einen sanfteren Geschmack und eine glatte, cremige Konsistenz erzeugen.

Stichfester Joghurt: Stichfester Joghurt hat eine dickere Konsistenz und ist weniger flüssig als herkömmlicher Joghurt. Er wird hergestellt, indem die Milch direkt nach Zugabe der Bakterienkulturen in den Becher kommt und sich dort zu Joghurt verwandelt.

Griechischer Joghurt: Griechischer Joghurt wird durch ein zusätzliches Abtropfen des Molkeanteils hergestellt, wodurch er eine dickere und cremigere Konsistenz erhält. Er hat einen höheren Proteingehalt und einen geringeren Zucker- und Kohlenhydratgehalt als herkömmlicher Joghurt. Griechischer Joghurt enthält etwa 10 % mehr Fett als Naturjoghurt, aber aufgrund seiner dicken und cremigen Textur macht er besonders lange satt.

Skyr: Skyr ähnelt griechischem Joghurt in seiner cremigen Konsistenz, wird jedoch aus einer speziellen Kultur hergestellt, die ihm einen einzigartigen Geschmack verleiht. Skyr hat einen hohen Proteingehalt und einen niedrigen Fettgehalt, was ihn zu einer gesunden Wahl macht. Skyr hat deutlich weniger Fett als Naturjoghurt und ist von der Konsistenz fester und cremiger als herkömmlicher Joghurt.

Jede dieser Joghurtvarianten hat ihre eigenen Vorzüge und wird auf unterschiedliche Weise hergestellt, um eine einzigartige Konsistenz und Geschmack zu erzielen. Je nach persönlichen Vorlieben für Geschmack, Konsistenz und Nährstoffgehalt kann man zwischen den verschiedenen Optionen wählen und den Joghurt genießen, der am besten zu einem passt.

Zimt und Vanille:
Gib deinem Joghurt mit einer Prise Zimt oder einem Hauch Vanille eine aromatische Note, ganz ohne zusätzlichen Zucker. Diese Gewürze verleihen dem Joghurt eine wärmende oder süße Note.

Kokosflocken oder Weizenkeime:
Streue für einen Hauch von Exotik Kokosflocken über deinen Joghurt. Sie verleihen eine leichte Süße und eine knusprige Textur. Weizenkeime sind gesund, da sie reich an Nährstoffen, Antioxidantien, Ballaststoffen und gesunden Fetten sind, was die Verdauung, Immunfunktion und Herzgesundheit fördert.

Dunkle Schokolade:
Füge dunkle Schokoladenstückchen hinzu, um deinem Joghurt eine luxuriöse Note zu verleihen. Dunkle Schokolade enthält auch Antioxidantien und kann die Stimmung verbessern.

Fazit: Mit diesen gesunden Ergänzungen kannst du deinen Naturjoghurt nach Lust und Laune anpassen. Experimentiere mit verschiedenen Kombinationen, um deinen persönlichen Lieblingsgeschmack zu finden, und genieße die gesunden Vorzüge eines individuell gestalteten Snacks.

Butter & Margarine unter der Lupe: Tests bringen unerwartete Ergebnisse

Frühstück ohne Butter? Für viele undenkbar. Butter oder Margarine – eine Frage, die nicht nur die Frühstückstische spaltet, sondern auch in der Küche für Diskussionen sorgt. Wirft man einen genaueren Blick auf diese beiden Streichfette, wird schnell klar, dass die Entscheidung weit über persönliche Vorlieben hinausgeht. Lass uns gemeinsam in die Welt von Butter und Margarine eintauchen und herausfinden, was wirklich auf dem Brot landen sollte.

Das schmieren wir uns nicht aufs Brot! Ein bekanntes Verbrauchermagazin hat Butter und Margarinen genauer unter die Lupe genommen, und das Ergebnis haut nicht gerade vom Hocker. Fast alle Marken, egal ob bio oder nicht, sind mit Mineralölen verunreinigt. Oje! Hier sind die Schockergebnisse.

Die große Überraschung (und leider keine positive): In 19 von 20 getesteten Buttermarken fand Öko-Test gesättigte Mineralölkohlenwasserstoffe (MOSH). Die meisten Produkte waren laut den Verbraucherschützern „stark" verunreinigt. Diese MOSH setzen sich im menschlichen Fettgewebe und in Organen ab, und die langfristigen Folgen sind noch unbekannt. Selbst Bio-Butter blieb von diesem Problem nicht verschont. Produkte wie die „Alnatura Bergbauern Süßrahmbutter" und die „Gut & Günstig Deutsche Markenbutter mildgesäuert" (Edeka) schnitten mit „ungenügend" ab. Von insgesamt 20 getesteten Buttermarken erhielten 17 die Note „ungenügend".[123]

Das ist aber nicht das einzige Problem – auch die Haltungsbedingungen der Milchkühe werfen Fragen auf.

Trotz der düsteren Gesamtsituation gab es im Butter-Test auch einen Lichtblick: Die Bio-Fassbutter der Gläsernen Molkerei schnitt als einzige mit einer guten Note ab und enthielt kein Mineralöl. Eine weitere Bio-Butter erhielt immerhin die Note „befriedigend".

Und wie schaut es bei Margarine aus? Bevor du deine Lieblingsmargarine in den Einkaufswagen schmeißt, lohnt sich ein genauer Blick auf die Test-Ergebnisse.
Ob teuer oder günstig – Mineralöl

KAPITEL 3

und Palmöl scheinen in fast allen enthalten zu sein.

Öko-Test hat sich nicht lumpen lassen und 18 verschiedene Margarinen ordentlich gecheckt. Das Ziel: herauszufinden, was da wirklich drinsteckt. Ergebnis: Bei fast allen ist Mineralöl mit von der Partie. Aber es gibt auch einen Lichtblick: Die „Alnatura Margarine Dreiviertelfett mit Raps- und Walnussöl" enthält nur wenige Mineralölrückstände und erhielt die Note „gut". Allerdings ist sie auch die teuerste im Bunde. Qualität hat eben ihren Preis.[124]

Und der Spaß hört noch nicht auf. Fast alle Margarinen im Test setzen auf Palmöl. Das klingt auf den ersten Blick vielleicht harmlos, ist es aber nicht. Palmöl-Produktion ist ein echter Umweltkiller und trägt zur Zerstörung von Regenwäldern bei. Die Verwendung von Palmöl ist also alles andere als umweltfreundlich und nachhaltig.

Okay, Butter oder Margarine? Beide haben so ihre Macken, besonders wenn es um Qualität geht. Die Tests zeigen: Nicht jede Butter oder Margarine ist ein Rockstar. Manche fallen in den Tests durch, sei es wegen komischer Inhaltsstoffe oder komischer Herstellungstricks. Das wirft die Frage auf: Wie findet man die richtig gute?

Die Testergebnisse lassen aufhorchen und werfen einen Schatten auf das, was wir täglich aufs Brot schmieren. Weil wir uns bei der Butter/Margarine-Auswahl nicht immer sicher sein können, ist es besser, nicht zu übertreiben. Statt ohne nachzudenken zum erstbesten Produkt zu greifen, sollte man die Inhaltsstoffe checken und sich über die aktuellen Tests informieren. Hier zählt nicht nur der Geschmack, sondern auch, was drin ist.

Butter oder Margarine, die Entscheidung liegt letztendlich bei dir. Beide Streichfette haben ihre Vor- und Nachteile. Eine bewusste Wahl, basierend auf persönlichen Vorlieben, ethischen Prinzipien und gesundheitlichen Überlegungen, ist der Schlüssel. Ich persönlich variiere zwischen Butter und Margarine und verwende beides nur sparsam.

Sahne und Speisequark

Sahne im Check: Von Carrageen bis zur Cremefine

Beim Streifzug durch die Welt der Sahne lohnt sich ein genauer Blick auf die Etiketten. Denn hinter den verheißungsvollen Namen von Verfeinerungscremes verbergen sich manchmal mehr Laborgeheimnisse als in einem Krimiroman.

Nicht nur Milch, sondern auch Palmöl, Rapsöl, modifizierte Stärke,

Emulgatoren, Stabilisatoren, Säureregulatoren und ein Hauch von Aroma – das ist die kunterbunte Zutatenliste einer bekannten Verfeinerungscreme. Klingt eher nach einem Rezept für einen chemischen Cocktail als nach einem Naturprodukt, oder?

Besonders das Carrageen, gern als Stabilisator genutzt, hat einen zweifelhaften Ruf. Studien bringen es mit unangenehmen Magen- und Darmproblemen in Verbindung.[125] Also, wenn du deinen Sahneeinkauf als Mission betrachtest, setze auf Produkte mit klaren Zutaten – ohne den ganzen Chemie-Zirkus. Deine Küche wird es dir danken!

Sahne-Geheimnisse entwirrt: Warum weniger Zusatzstoffe mehr sind

Wenn es um Sahne geht, ist nicht alles Gold, was glänzt – vor allem, wenn es aus der Sprühdose kommt. Sprühsahne, diese verlockende Bequemlichkeit, kann ein regelrechtes Chemie-Feuerwerk sein, vollgepackt mit Zusatzstoffen, die nicht jedermanns Sache sind.

Deshalb, liebe Sahne-Liebhaber, hier ein Tipp aus der Küchenschule: Setzt auf Schlagsahne. Ja, die gute alte, unkomplizierte Schlagsahne. Sie kommt mit deutlich weniger Zusatzstoffen daher und gibt dir die Kontrolle über den Sahnezauberstab – sprich, du kannst sie zu Hause selbst aufschlagen, wie es dir gefällt. Keine versteckten Überraschungen, keine unnötigen Chemieexperimente – einfach nur echte Sahnefreude. So wird deine Küche zum Genussreich, ohne den Nebeneffekt einer chemischen Achterbahnfahrt.

Quark: Die erfreuliche Wahrheit im Supermarktregal

Auf der Suche nach einem Helden ohne chemische Nebenwirkungen im Supermarkt? Schau mal bei der Quarkabteilung vorbei! Hier gibt es eine erfreuliche Wahrheit – die meisten Quarkprodukte bestehen tatsächlich nur aus Quark.

Keine schwindelerregenden Zutatenlisten, keine mysteriösen Stabilisatoren oder Farbstoffe. Der Großteil der Quarkauswahl besteht schlicht und einfach aus diesem cremigen Milchprodukt. Eine Wohltat für all diejenigen, die Wert auf pure Natürlichkeit legen.

Ob Magerquark, Speisequark oder Sahnequark – die meisten Quarkvariationen bieten eine klare Zutatenliste, die nur eines enthält: Quark. Das ist nicht nur eine gute Nachricht für deine Gesundheit, sondern auch für deinen Einkaufsbummel im Supermarkt. Also, wenn du nach einem unkomplizierten, ehrlichen Lebensmittel suchst, ist Quark definitiv ein Ziel ohne Umwege. Freue dich auf Genuss ohne Zusatzstoffe!

KAPITEL 3

Die Wahrheit über Joghurtdrinks:
Nicht so gesund, wie sie scheinen

Joghurtdrinks sind in den Supermärkten allgegenwärtig und versprechen nicht nur leckeren Genuss, sondern auch positive Auswirkungen auf die Darmgesundheit. Ein bekanntes Beispiel spricht mit seinem Gesundheitsversprechen und den beworbenen Milchsäurebakterien viele Verbraucher an. Doch hinter der glänzenden Werbefassade verbergen sich einige ernüchternde Fakten.

Zucker- und Aromabomben

Eines der größten Probleme bei vielen Joghurtdrinks ist der hohe Zuckergehalt. Trotz des gesunden Images enthalten sie oft beträchtliche Mengen an zugesetztem Zucker. Dieser kann nicht nur zu übermäßigem Kalorienkonsum führen, sondern auch den Blutzuckerspiegel beeinflussen und langfristig zu gesundheitlichen Problemen beitragen.

Darüber hinaus sind viele Joghurtdrinks mit künstlichen Aromen und anderen Zusatzstoffen angereichert, um den Geschmack zu verbessern. Diese Zusatzstoffe können nicht nur die natürlichen Eigenschaften des Joghurts verfälschen, sondern auch allergische Reaktionen oder Unverträglichkeiten auslösen.

Hier siehst du eine Zutatenliste eines berühmten Joghurtdrinks. Du hast bereits gelernt, dass sich die Zutatenliste nach der enthaltenen Menge eines jeden Rohstoffes aufbaut. An dritter Stelle haben wir Zucker. Zudem gesellt sich Traubenzucker und Aromen. Da Zucker für die Darmgesundheit allerdings nicht förderlich ist, greife lieber zu einem Produkt ohne Zuckerzusatz.

ZUTATEN: Joghurt, entrahmte **Milch**, Zucker, 2 % Mangopüree, Traubenzucker, **Molkenerzeugnis**, Kurkumaextrakt, Gojiextrakt, natürliches Aroma, färbendes schwarzes Karottensaftkonzentrat, Vitamin B6 und D, Kultur Lactobacillus casei.

Umstrittener Ersatz: Künstliche Süßstoffe wie Sucralose

Die vermeintlich gesündere Option, Joghurtdrinks ohne Zuckerzusatz, verbirgt oft einen anderen gesundheitlichen Stolperstein: künstliche Süßstoffe wie Sucralose. Trotz der Werbung für zuckerfreie Produkte können Joghurtdrinks mit diesen Süßstoffen beladen sein. Sucralose beispielsweise steht im Verdacht, negative Auswirkungen auf die Darmflora zu haben.

Warum zu Alternativen greifen? Kefir, Buttermilch, Joghurt!

Wem seine Darmgesundheit wichtig ist, sollte überlegen, zu natürlicheren und gesünderen Alternativen zu greifen. Kefir, Buttermilch und natürlicher Joghurt sind hervorragende Quellen für probiotische Milchsäurebakterien, die die Darmflora unterstützen können – ohne die negativen Auswirkungen von übermäßigem Zucker und künstlichen Zusätzen.

Kefir: Ein fermentiertes Milchprodukt, das reich an probiotischen Bakterien ist. Kefir bietet nicht nur gesundheitliche Vorteile für den Darm, sondern enthält auch eine Fülle von Nährstoffen wie Vitamine, Mineralien und Proteine.

Buttermilch: Eine leichtere Alternative mit einem erfrischenden Geschmack. Buttermilch ist ebenfalls reich an probiotischen Kulturen und kann eine gute Wahl für diejenigen sein, die eine weniger kalorienreiche Option bevorzugen.

Naturjoghurt: Unverarbeiteter, naturbelassener Joghurt ohne zugesetzten Zucker und künstliche Aromen ist eine ausgezeichnete Quelle für probiotische Bakterien. Es ist wichtig, auf die Produktzusammensetzung zu achten und nach Sorten ohne zugesetzten Zucker und Zusatzstoffe zu suchen.

Im Fazit zeigt sich, dass Joghurtdrinks, insbesondere solche mit süßem Image, nicht immer die besten Entscheidungen für die Gesundheit sind. Es lohnt sich, bewusster zu wählen und auf Alternativen ohne unerwünschte Zugaben zurückzugreifen, die die Darmgesundheit fördern.

CARB-CHECK: ALLES ÜBER TOAST, NUDELN, MEHL UND CO

In unserer Reise durch die Ernährungswelt geht es weiter mit einem fundamentalen Element – den Kohlenhydraten. Diese sind nicht nur Treibstoff für unseren Körper, sondern auch vielseitig in ihrer Natur. Dieser Carb-Check wird dich durch den Wirrwarr der Facetten von Toast, Nudeln, Mehl und Co führen, damit du fundierte Entscheidungen für deine Gesundheit treffen kannst.

Warst du heute morgen in Eile und musstest schnell beim Bäcker anhalten? Die Entscheidung zwischen einem Mehrkornbrötchen und dem klassischen weißen Brötchen kann dabei zur Herausforderung werden. Doch ist das Mehrkornbrötchen wirklich die gesündere Wahl?

Schauen wir dazu auf die Grundlagen. Ein Getreidekorn setzt sich aus drei Hauptbestandteilen

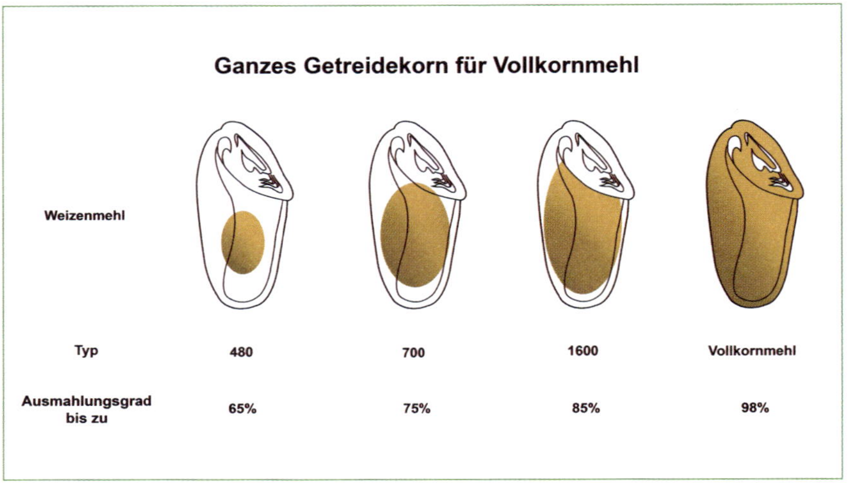

zusammen: Kleie (Frucht- und Samenschale), Keimling und Mehlkörper. Die Kleie und der Keimling sind reich an Vitaminen, Mineralstoffen, Fetten und Ballaststoffen, während der Mehlkörper hauptsächlich aus Stärke und Eiweiß besteht.

Weißmehl, beispielsweise raffiniertes Weizenmehl, wird ausschließlich aus dem Mehlkörper hergestellt. Produkte wie Nudeln, Backwaren und viele Fertigprodukte basieren auf diesem stärkereichen Mehlkörper, der kalorienreich ist, aber nur wenige Nährstoffe bietet - daher nennt man sie auch oft „leere Kohlenhydrate".

Im Gegensatz dazu wird bei Vollkornmehl das gesamte Korn, einschließlich Kleie und Keimling, zu Mehl vermahlen. Vollkornmehl enthält somit eine Vielzahl von Nährstoffen und Ballaststoffen im Vergleich zu Weißmehl. Dies gilt übrigens für alle Getreidesorten wie Weizen, Reis oder Mais. Neben einem hohen Nährstoffgehalt bieten Vollkornprodukte auch viele gesundheitliche Vorteile.

Warum also gibt es überhaupt Weißmehl, wenn Vollkornmehl gesünder ist? Zum einen ist raffiniertes Weißmehl länger haltbar, da der fetthaltige Keimling entfernt wird, der das Mehl schneller verderben lässt. Weißmehl verbessert die Konsistenz vieler Produkte. Durch den höheren Glutenanteil ist der Teig elastischer, was die Verarbeitung erleichtert.

Mehltypen kurz erklärt:
Die Mehltypen, wie Typ 405, 550 und 1050, geben Auskunft über den Nährstoffgehalt. Höhere

Zahlen bedeuten mehr Nährstoffe; für gesündere Optionen bevorzuge Vollkornmehl (Typ 1050) und wähle Bio-Mehl ohne Zusatzstoffe.

Es gibt zahlreiche gesunde Alternativen zu Weißmehl, die verschiedene ernährungsphysiologische Vorteile bieten. Hier sind einige beliebte Optionen:

Mehlsorte	Warum ist es gesünder?	Verwendung in der Küche
Vollkornmehl	Ballaststoffreich: Die Ballaststoffe unterstützen die Verdauung und können den Blutzuckerspiegel stabilisieren. Nährstoffreich: Vollkornmehl enthält viele essenzielle Nährstoffe (insbesondere B-Vitamine) und Mineralstoffe (wie Eisen und Magnesium). Langanhaltende Sättigung: Aufgrund des hohen Ballaststoffgehalts hält Vollkornmehl länger satt.	Vollkornmehl eignet sich gut für die Herstellung von Brot, Brötchen, Nudeln und Gebäck. Es verleiht Backwaren einen leicht nussigen Geschmack und eine rustikale Textur.
Dinkelmehl	Hoher Nährstoffgehalt: Dinkelmehl wird aus einer Urform des Weizens, dem Dinkel, hergestellt. Es enthält im Vergleich zum Weizenmehl mehr Eiweiß, Vitamine und Mineralstoffe wie Magnesium und Eisen, die für die Muskel- und Knochengesundheit wichtig sind. Verträglichkeit: Einige Menschen, die Weizenmehl schlecht vertragen, empfinden Dinkelmehl als leichter verdaulich.	Dinkelmehl eignet sich für Brot, Pizza, Gebäck und Pfannkuchen. Es verleiht den Gerichten eine angenehme Textur und einen leicht süßlichen Geschmack.
Roggenmehl	Ballaststoffreich: Roggenmehl unterstützt die Darmgesundheit und kann dazu beitragen, den Blutzuckerspiegel stabiler zu halten. Niedriger glykämischer Index: Roggenmehl hat einen niedrigen glykämischen Index, was bedeutet, dass es den Blutzuckerspiegel weniger stark beeinflusst. Und es ist reich an Antioxidantien.	Roggenmehl eignet sich besonders gut für die Herstellung von Sauerteigbrot und Roggenbrot. Es verleiht den Backwaren einen kräftigen Geschmack und eine dichte Textur.

KAPITEL 3

Mehlsorte	Warum ist es gesünder?	Verwendung in der Küche
Buchweizenmehl	Glutenfrei: Geeignet für Menschen mit Glutenunverträglichkeit oder Zöliakie. Hoher Proteingehalt: Trägt zur Muskelgesundheit und Sättigung bei. Reich an Antioxidantien: Unterstützt den Schutz der Zellen vor freien Radikalen. Und es ist eine gute Quelle für Proteine, Ballaststoffe und Magnesium.	Buchweizenmehl eignet sich für Pfannkuchen, Crêpes und glutenfreies Brot. Es verleiht den Gerichten einen leicht erdigen Geschmack.
Kastanienmehl	Glutenfrei: Geeignet für Menschen mit Glutenunverträglichkeit. Niedriger glykämischer Index: Beeinflusst den Blutzuckerspiegel weniger stark. Reich an Vitamin C: Unterstützt das Immunsystem.	Kastanienmehl eignet sich gut für glutenfreies Brot, Kuchen und Gebäck. Es verleiht den Gerichten einen süßlichen Geschmack.
Hafermehl	Herzgesundheit: Beta-Glucane können den Cholesterinspiegel senken. Ballaststoffreich: Unterstützt die Verdauung und fördert die Sättigung. Proteinquelle: Trägt zur Muskelgesundheit bei.	Hafermehl eignet sich für Brot, Kekse und Pfannkuchen. Es verleiht den Gerichten eine leichte Süße und eine zarte Textur.
Reismehl	Glutenfrei: Geeignet für Menschen mit Glutenunverträglichkeit. Kalorienarm: Hilfreich bei der Kontrolle der Kalorienaufnahme. Enthält keine gesättigten Fette.	Reismehl eignet sich für glutenfreies Brot, Gebäck und süße Leckereien. Es verleiht den Gerichten eine leichte Textur. **ACHTUNG:** Reis enthält oft Arsen. Arsen ist schädlich, da es ein giftiges Schwermetall ist, das in höheren Mengen die zellulären Prozesse stört und schwere gesundheitliche Probleme, einschließlich Krebs und neurologische Schäden, verursachen kann.[126]

Mehlsorte	Warum ist es gesünder?	Verwendung in der Küche
Kokosmehl	Glutenfrei: Geeignet für Menschen mit Glutenunverträglichkeit. Ballaststoffreich: Unterstützt die Verdauung und Sättigung. Gesunde Fette: Enthält mittelkettige Triglyceride, die als Energielieferanten dienen.	Kokosmehl eignet sich für glutenfreie Backwaren, Pfannkuchen und Smoothies. Es verleiht den Gerichten einen milden Kokosgeschmack.
Quinoamehl	Proteinreich: Trägt zur Muskelgesundheit und Sättigung bei. Glutenfrei: Geeignet für Menschen mit Glutenunverträglichkeit. Nährstoffreich: Enthält Eisen, Magnesium und B-Vitamine.	Quinoamehl eignet sich für Brot, Pfannkuchen und Gebäck. Es verleiht den Gerichten einen leicht nussigen Geschmack.
Mandelmehl	Glutenfrei: Geeignet für Menschen mit Glutenunverträglichkeit. Protein- und ballaststoffreich: Trägt zur Sättigung und Muskelgesundheit bei. Gesunde Fette: Enthält ungesättigte Fettsäuren.	Mandelmehl eignet sich für glutenfreie Kuchen, Kekse und Brot. Es verleiht den Gerichten eine feine Textur und einen milden Mandelgeschmack.
Erdmandelmehl	Glutenfrei: Erdmandelmehl ist eine ausgezeichnete Wahl für Menschen mit Glutenunverträglichkeit oder Zöliakie. Ballaststoffreich: Der hohe Ballaststoffgehalt fördert die Darmgesundheit und trägt zur Sättigung bei. Nährstoffreich: Neben den Ballaststoffen bietet Erdmandelmehl auch wichtige Nährstoffe, die für verschiedene Körperfunktionen wichtig sind. Niedriger glykämischer Index: Erdmandeln wirken sich weniger stark auf den Blutzucker aus als Weißmehl.	Erdmandelmehl eignet sich gut als glutenfreie Alternative in Backwaren wie Kuchen, Keksen oder Brot. Es verleiht den Gerichten einen milden, süßlichen Geschmack und eine angenehme Textur. Smoothies, Joghurts oder Müslis können mit dem nährstoffreichen Erdmandelmehl aufgewertet werden.

Bei der Umstellung von raffiniertem Weißmehl auf alternative Mehlsorten kann der Geschmack und die Textur der Gerichte variieren. Es lohnt sich jedoch wegen der bedeutenden gesundheitlichen Vorteile. Am besten gibst du nach und nach eine größere Menge in deine Speise, um dich langsam an den Geschmack zu gewöhnen.

Die Vielfalt der Mehlsorten bietet eine breite Palette von Geschmack und Textur. Die Wahl hängt von den individuellen Vorlieben und den spezifischen Anforderungen des jeweiligen Rezepts ab. Experimentiere in der Küche, um die besten Ergebnisse für deine Bedürfnisse zu erzielen.

Brotrevolution: Die Rangliste von ungesund zu gesund!

1. Brot aus Weißmehl:
Warum es weniger gesund ist:

- Geringer Nährstoffgehalt durch Raffination
- Hoher glykämischer Index, beeinflusst Blutzuckerspiegel
- Weniger sättigend im Vergleich zu Vollkornbrot

Tipp: Vollkornalternativen mit mehr Nährstoffen bevorzugen.

2. Knäckebrot:
Warum es weniger gesund ist:

- Oft aus raffiniertem Mehl, weniger Nährstoffe
- Geringer Ballaststoffgehalt im Vergleich zu Vollkornbrot
- Kann Zusatzstoffe und Zucker enthalten

Tipp: Bei Knäckebrot auf Vollkornvarianten achten und Zutatenliste prüfen.

3. Vollkornbrot:
Warum es gut ist:

- Enthält den ganzen Kern des Korns
- Viele Ballast- und Nährstoffe
- Sättigt langanhaltend

Tipp: Bio-Vollkornbrot ohne Zusätze wählen.

4. Vollkorn-Sauerteigbrot:
Seit Jahrhunderten erprobter gesunder Genuss.
Warum es gut ist:

- Volles Weizenkorn für viele Nährstoffe
- Gute Ballaststoffe und langsame Energiefreisetzung
- Förderlich für die Verdauung
- Enthält Milchsäurebakterien durch Fermentation, positiv für Darmgesundheit
- Natürlicher Geschmack und Textur durch den Sauerteigprozess

Worauf achten beim Kauf:

- Bio-Vollkorn-Sauerteigbrot bevorzugen
- Zutatenliste auf Zusatzstoffe überprüfen

- Natürliche Fermentation für besten Geschmack und Textur

Die Reihenfolge spiegelt die Nährstoffdichte und die gesundheitlichen Vorteile der verschiedenen Brottypen wider. Dasselbe gilt auch für Aufbackbrötchen. Bei der Wahl des Brots ist es wichtig, bewusst zu sein und die Zutatenliste zu überprüfen. Das Vollkorn-Sauerteigbrot ist nicht nur eine gesunde Option, sondern hat auch einen einzigartigen Geschmack.

Tipp: Greife zu Sauerteigbrot. Sauerteig wird mithilfe von Fermentation hergestellt, was nicht nur den Geschmack des Brots verbessert, sondern auch dessen Verträglichkeit erhöht. Die im Sauerteigprozess entstehenden Milchsäurebakterien fördern die Darmgesundheit.

Toast – mehr Schein als Sein?

Toastbrot ist in vielen Haushalten ein Frühstücksgrundnahrungsmittel. Doch trotz aller Werbeversprechen sollten wir genau hinsehen. Die meisten handelsüblichen Toastbrotsorten werden aus raffiniertem Weißmehl hergestellt, was bedeutet, dass der nährstoffreiche Keimling und die ballaststoffreiche Kleie entfernt wurden. Das Ergebnis ist ein Produkt, dessen Kohlenhydrate deshalb oft als „leere Kohlenhydrate" bezeichnet werden.

Wenn du auf der Suche nach einer gesünderen Option bist, wähle Vollkorntoast. Es enthält mehr Ballaststoffe, Vitamine und Mineralstoffe als weißes Toastbrot. Trotzdem ist es wichtig zu wissen, dass Toast allgemein oft Zucker und Zusatzstoffe enthält und deshalb grundsätzlich nicht als gesund gilt.

Reis und Arsen: Was du wissen solltest!

Hast du dich schon einmal gefragt, warum wir über Arsen im Reis sprechen? Hier sind einige wichtige Informationen:

Warum ist Arsen im Reis?

Arsen, ein natürliches Element, das durch den Boden, auf dem er angebaut wird, in den Reis gelangt. Dies kann durch Phosphatdünger oder Klärschlamm verstärkt werden. Besonders Reis, der unter Wasser wächst, nimmt Arsen über die Wurzeln auf. Die Menge variiert je nach Boden, Wasser und Anbaumethode.

Welche Gefahren gehen von Arsen aus?

Arsen kommt in verschiedenen Formen vor. Anorganisches Arsen, vor allem in den äußeren Schichten des Reiskorns enthalten, gilt als krebserregend. Langfristige Aufnahme kann zu Hautveränderungen, Gefäß- und Nervenschädigungen, Herz-Kreislauf-Problemen und erhöhtem Krebsrisiko führen.[127]

Wie kann man Arsen im Reis reduzieren?
Vor dem Kochen den Reis gut waschen und mit viel Wasser kochen, statt die Quellmethode anzuwenden, empfiehlt das Bundesinstitut für Risikobewertung (BfR).[128] Hersteller sind aufgefordert, die Arsenbelastung ihrer Produkte zu minimieren.

Welche Reissorten sind sicherer?
Bitte ändern in: Europäischer Reis enthält laut Verbraucherzentrale weniger Arsen als asiatischer. Geschälter Reis hat in der Regel weniger Arsen als ungeschälter Vollkornreis.[129]

Muss man auf Reis verzichten?
Nein, aber die Menge ist wichtig. Reis enthält wichtige Nährstoffe, doch übermäßiger Konsum, besonders bei Babys, sollte vermieden werden. Empfehlung: Vielfalt in der Ernährung und bei Babys nicht auf der Basis von Reis.

Sollte man sich Sorgen machen?
Es besteht kein Grund zur Panik. Dennoch: Arsen sollte so wenig wie möglich in Lebensmitteln nachweisbar sein, besonders in Reiswaffeln. Eltern sollten den Rat des BfR befolgen und Reisprodukte für Babys nur in Maßen geben.

Nudeln - die Qual der Wahl?

Nudeln sind eine beliebte Wahl bei Jung und Alt, aber nicht alle Nudeln sind gleich. Traditionelle Nudeln werden oft aus raffiniertem Weißmehl hergestellt, was bedeutet, dass sie einen niedrigen Ballaststoffgehalt haben. Die gute Nachricht ist, dass sie so gut wie nie Zusatzstoffe enthalten.

Entscheide dich am besten für Vollkornnudeln. Zudem gibt es auch Nudeln aus Linsen, Kichererbsen oder Erbsen, die proteinreich sind und eine gute Alternative darstellen. Diese Nudeln bieten nicht nur eine Extraportion Eiweiß, sondern auch wertvolle Ballaststoffe.

Der Carb-Check zeigt, dass Vollkorn die gesündere Wahl ist.

Aufgabe der Woche:
Überprüfe deine Vorräte und ersetze schrittweise Weißmehlprodukte durch Vollkornalternativen.

Die Umstellung auf Vollkorn sollte schrittweise erfolgen, um Geschmack und Verdauung anzupassen. Greife beim nächsten Supermarktbesuch zu Vollkornnudeln und informiere dich beim Bäcker nach Vollkornoptionen. Deine Gesundheit wird es dir danken.

GLUTENFREIE PRODUKTE: GESUNDE WAHL ODER MARKETINGTRICK?

Gluten, ein Protein in Weizen, Roggen und anderen Getreidesorten, verleiht dem Teig seine Elastizität. Eine glutenfreie Ernährung ist für Menschen mit Zöliakie oder Glutenunverträglichkeit unerlässlich, um gesundheitliche Probleme zu vermeiden.

Trotzdem ist es wichtig, zu betonen, dass gesunde Menschen nicht glutenfrei essen müssen. Gluten selbst ist für die meisten gesundheitlich unbedenklich und liefert essenzielle Nährstoffe. Seit einigen Jahren steigen aber viele Menschen auch ohne medizinische Notwendigkeit auf glutenfreie Produkte um.

Es ist entscheidend, zu verstehen, dass nicht alle glutenfreien Produkte zwangsläufig gesund sind. Viele dieser Produkte sind stark verarbeitet und enthalten höhere Mengen an Zucker, Fetten und Zusatzstoffen, um Geschmack und Textur zu verbessern. Einige glutenfreie Alternativen weisen auch einen Mangel an Ballaststoffen und wichtigen Nährstoffen auf.

Beim Kauf von glutenfreien Produkten ist daher Vorsicht geboten. In der Vergangenheit war Gluten an sich nicht das Problem, sondern die Erhöhung des Glutenanteils im Getreide durch moderne Züchtungen. Diese veränderten Sorten können für Menschen mit empfindlichem Verdauungssystem problematisch sein. Hier empfiehlt es sich, zu alten Getreidesorten wie Emmer, Einkorn oder Dinkel zu greifen, da diese von Natur aus einen geringeren Glutengehalt aufweisen.

Für diejenigen, die glutenfreie Alternativen suchen, bieten sich Getreidearten ohne Gluten wie Hirse und Reis an – und auch sogenannte Pseudogetreide wie Quinoa oder Buchweizen. Diese können ein vollwertiger Ersatz sein oder eine nahrhafte und vielfältige Ergänzung zu glutenhaltigen Getreidesorten.

Als Fazit gilt, dass glutenfreie Ernährung eine medizinische Notwendigkeit für bestimmte Gruppen ist, aber nicht für jeden Menschen sinnvoll. Eine ausgewogene Ernährung, die die individuellen Bedürfnisse und gesundheitlichen Aspekte berücksichtigt, sollte im Mittelpunkt stehen.

ÖLWECHSEL: ALLES ÜBER ÖLE UND FETTE

Wer kennt es nicht, dieses Gefühl der Überforderung vor dem Supermarktregal einer schier endlosen Auswahl an Ölen und Fetten? Avocadoöl, Olivenöl, Kokosöl, Sonnenblumenöl, Butter, Schmalz – die Liste scheint unendlich. Und dann tauchen Begriffe wie „raffiniert" und „kaltgepresst" auf, die uns noch mehr im Dunkeln tappen lassen.

Es ist Zeit, Licht in dieses Dunkel zu bringen und die Welt der Fette und Öle genau unter die Lupe zu nehmen. Denn diese fettigen Goldschätze sind nicht nur kulinarische Superstars, sondern auch Schlüsselakteure für unsere Gesundheit. Gemeinsam werden wir die Verwirrung vor dem Regal beiseiteschieben und uns auf eine Reise begeben, um die Geheimnisse der Öle zu entdecken. Was bedeuten eigentlich „raffiniert" und „kaltgepresst"? Wann greifen wir zu Avocadoöl und wann zu Olivenöl? Lasst uns die Fettlandschaft erkunden und lernen, wie wir die verschiedenen Öle und Fette in unserer Küche meisterhaft einsetzen können. Bereit für eine Entdeckungsreise in die Welt der faszinierenden Fette und Öle? Let's dive in!

Warum sind hochwertige Fette unverzichtbar und lebensnotwendig?

Fette spielen eine entscheidende Rolle für unsere Gesundheit und sind lebensnotwendig. Essenzielle Fettsäuren, die unser Körper nicht selbst produzieren kann, müssen durch die Nahrung zugeführt werden. Diese Fette sind wichtig für die normale Funktion von Gehirn, Nerven und Zellen.

Warum brauchen wir Fette?
Fette dienen als Bausteine für Zellmembranen, beeinflussen die Signalübertragung in Nervenzellen und sind entscheidend für die Funktion des Gehirns. Ohne ausreichende Zufuhr von hochwertigen Fetten könnten kognitive Funktionen, das Nervensystem und die Zellstruktur beeinträchtigt werden.

Gesundheitliche Folgen von zu wenig Fett:
Wenn wir zu wenig Fett zu uns nehem, können verschiedene gesundheitliche Probleme auftreten. Ein Mangel an essenziellen Fettsäuren kann zu Entzündungen, trockener Haut, Problemen mit

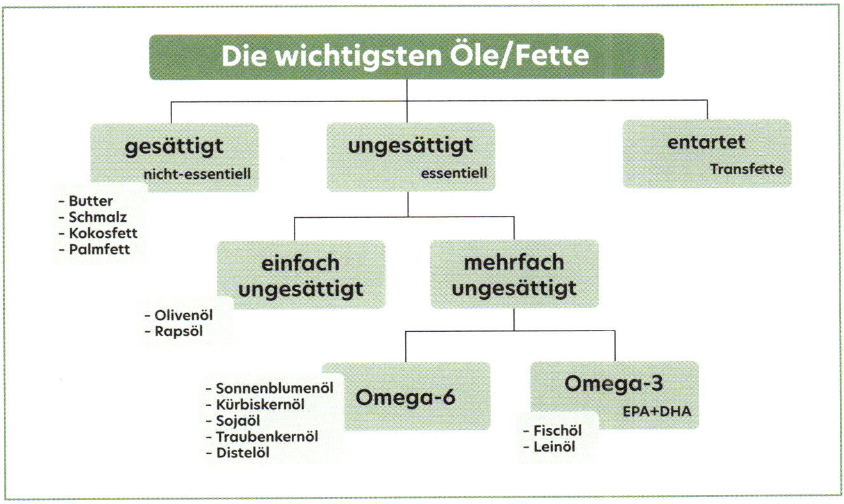

dem Immunsystem und sogar zu neurologischen Störungen führen. Es ist jedoch wichtig, zu betonen, dass nicht alle Fette gleich sind - und die Qualität des aufgenommenen Fettes entscheidend ist.

Im folgenden Kapitel werden wir uns genauer anschauen, welche Arten von Fetten es gibt und warum die Qualität dieser Fette so entscheidend für unsere Gesundheit ist.

Verschiedene Fettsäurearten und ihre Quellen:

1. Gesättigte Fettsäuren:

- **Quellen:** Hauptsächlich in tierischen Lebensmitteln wie Butter, Sahne, Käse, Wurst, Speck und Fleisch. Pflanzliche Ausnahmen sind Kokosöl, Palmöl und Kakaofett.
- **Eigenschaften:** Gesättigte Fettsäuren haben einen höheren Schmelzpunkt, sind bei Zimmertemperatur fest und schmelzen erst bei höheren Temperaturen. Sie sind Bestandteil der Zellmembran und dienen der Energiegewinnung.

2. Einfach ungesättigte Fettsäuren:

- **Quellen:** Vor allem in Olivenöl, Nüssen, Samen, bestimmten Fleischprodukten, Milchprodukten und Avocados.
- **Eigenschaften:** Einfach ungesättigte Fettsäuren sind flüssig bei Raumtemperatur und haben einen niedrigeren

Schmelzpunkt im Vergleich zu gesättigten Fettsäuren.

Tipp: Einfach ungesättigte Fettsäuren sind bei Raumtemperatur flüssig und im Kühlschrank fest. Diese Fettsäuren, zu denen auch Omega-9-Fettsäuren gehören, sind anfällig für Oxidationsprozesse. Oxidation ist eine chemische Reaktion, bei der Moleküle mit Sauerstoff reagieren. Bei zu hohen Temperaturen, Lichteinfluss oder Sauerstoffzufuhr können schädliche Substanzen entstehen. Daher sollte man einfache ungesättigte Fettsäuren nicht über 180 Grad erhitzen.

3. Mehrfach ungesättigte Fettsäuren:

- Quellen: Hauptsächlich in pflanzlichen Lebensmitteln wie Sonnenblumenöl, Distelöl, Sojaöl, Weizenkeimöl, Sesamöl, Leinöl und Hanföl. Ebenfalls in Nüssen, Samen, Fett im Fisch, Früchten, Gemüse und Algen.
- **Eigenschaften:** Mehrfach ungesättigte Fettsäuren sind ebenfalls flüssig bei Raumtemperatur. Sie enthalten Omega-3- und Omega-6-Fettsäuren, die entscheidend für die Gesundheit sind.

Tipp: Mehrfach ungesättigte Fettsäuren bleiben auch im Kühlschrank flüssig. Omega-3- und Omega-6-Fettsäuren gehören zu den essenziellen Fettsäuren, die der Körper nicht selbst herstellen kann.

Vorteile von Omega-3-Fettsäuren bei Gesundheitsproblemen:

Omega-3-Fettsäuren tragen vielfältig zur Gesundheit bei, insbesondere im Bereich der Herz-Kreislauf-Gesundheit. In den Zellmembranen sorgen sie für die Flexibilität der Blutgefäße und verbessern die Verformbarkeit der Erythrozyten, was die Durchblutung erleichtert.

Weitere gesundheitliche Vorteile von Omega-3-Fettsäuren:

1. Entzündungsreduktion: Omega-3-Fettsäuren können Entzündungsprozesse reduzieren.

2. Unterstützung bei Krankheiten: Sie können bei Autoimmunkrankheiten, chronischen Entzündungen, Diabetes, Demenz, Alzheimer, ADHS und Depressionen helfen.

Quellen von Omega-3-Fettsäuren:

- **Pflanzliche Quellen:** Quinoa, Gerste, Mandeln, Sesam, Hülsenfrüchte, grünes Blattgemüse, Wildgemüse, Kräuter, Fleisch und Butter von mit Grünfutter ernährten Tieren.
- **Fettreiche Kaltwasserfische:** Hering, Makrele, Lachs und Thunfisch. Beachte, dass Fischfett auch gesättigte Fettsäuren enthält.

- **Pflanzliche Lebensmittel:** Leinsaat, Hanfsamen, Walnüsse und die Öle daraus sowie in Algen.

Good to know:

- **Hitzeempfindlichkeit:** Ungesättigte Fettsäuren, insbesondere Omega-3-Fettsäuren, sind hitzeempfindlich. Daher ist eine schonende Erhitzung empfehlenswert.
- **Fischkonsum:** Auch bei Fisch aus sauberen Gewässern oder biologischer Aquakultur auf Schwermetall- und Chemiebelastungen achten. Fisch sollte jedoch nicht der Hauptlieferant für Omega-3-Fettsäuren sein.

Omega-3-Fettsäuren: Die Besonderheit von DHA und EPA für unsere Gesundheit

Omega-3-Fettsäuren bilden eine Gruppe von essenziellen Fettsäuren, die verschiedene Arten umfasst, darunter DHA (Docosahexaensäure) und EPA (Eicosapentaensäure). Diese beiden spezifischen Fettsäuren sind Unterkategorien von Omega-3-Fettsäuren.

Stellen wir uns Omega-3-Fettsäuren als eine Familie vor, in der DHA und EPA Geschwister sind. Jedes dieser Geschwisterkinder hat eine einzigartige Rolle im Haushalt der Familie, ist jeweils für bestimmte Funktionen und Aufgaben verantwortlich.

DHA (Docosahexaensäure): Diese Fettsäure spielt eine entscheidende Rolle bei der Entwicklung von Gehirn, Nervenzellen und der Netzhaut des Auges. Vergleichbar mit der Rolle eines Baumeisters, der die Struktur und Funktion des Hauses (Gehirn und Augen) optimiert. Sie unterstützt die kognitive Funktion, Sehkraft und trägt zum Schutz vor neurodegenerativen Erkrankungen bei.[130]

EPA (Eicosapentaensäure): Diese Fettsäure ist wie der Feuerwehrmann der Familie, der Entzündungen im Körper bekämpft und dabei hilft, einen gesunden Zustand aufrechtzuerhalten. EPA kann Entzündungsprozesse im Körper reduzieren und somit bei verschiedenen Erkrankungen wie Depressionen, Herz-Kreislauf- und Autoimmunerkrankungen unterstützend wirken.[131]

Der menschliche Körper kann DHA und EPA nicht selbst bilden und muss sie daher über die Nahrung aufnehmen. Wenn wir uns also um eine ausgewogene Ernährung kümmern, stellen wir sicher, dass wir genügend von diesen „Familienmitgliedern" aufnehmen, um die verschiedenen Bedürfnisse unseres Körpers zu erfüllen. So wie eine gut funktionierende Familie ein gesundes Zuhause schafft, tragen DHA und EPA dazu bei, dass unser Körper optimal funktioniert.

Beide Fettsäuren sind vor allem in fettreichen Kaltwasserfischen wie Lachs, Makrele und Thunfisch oder auch in Algen zu finden.

Die gezielte Aufnahme von DHA und EPA ist besonders wichtig für eine optimale Gesundheit, da sie spezifische Funktionen im Körper erfüllen, die über die allgemeinen Vorteile von Omega-3-Fettsäuren hinausgehen.

Meine Empfehlung für eine ausreichende Omega-3-Zufuhr: Nimm täglich ca. 20 ml kaltgepresstes Leinöl mit einem Zusatz von DHA und EPA aus Algen zu dir. Wichtig: Bitte achte auf den Hinweis, dass das Leinöl unter Ausschluss von Licht, Wärme und Sauerstoff gepresst wurde (z. B. *Omega Safe*).

Eine ausgewogene Ernährung, die reich an Omega-3-Fettsäuren aus verschiedenen Quellen ist, kann dazu beitragen, die Herz-Kreislauf-Gesundheit zu unterstützen und diverse gesundheitliche Probleme positiv zu beeinflussen.[132]

Omega-6-Fettsäuren:
Omega-6-Fettsäuren sind ebenfalls essenziell und finden sich in den meisten pflanzlichen Fetten

Angaben in g pro 100g Lebensmittel	gesättigte Fettsäuren	Omega 9	Omega 6	Omega 3	Verhältnis Omega 6 : Omega 3
Kokosöl/Kokosfett	90,5	7	1/4	-	-
Palmöl/Palmfett	51,5	38	10,1	0,5	-
Butter	71	24	4,7	0,3	-
Distelöl	9	11,4	73,9	0,5	148 : 1
Sonnenblumenöl	12	21,9	61	0,5	122 : 1
Kürbiskernöl	19,2	28	49,4	0,5	100 : 1
Sesamöl	13,3	39,5	41,4	0,7	59 : 1
Maiskeimöl	14,5	24,8	54,3	1	54 : 1
Erdnussöl		46,8	25,8	0,8	32 : 1
Olivenöl	15,3	70	8,6	0,8	11 : 1
Avocadoöl	15,4	70	13	1,6	8 : 1
Weizenkeimöl	15	16,6	54,2	7,1	8 : 1
Sojaöl	15	23,4	49,5	7	7 : 1
Walnussöl	8	15,2	57,3	10,1	6 : 1
Rapsöl	13	60,2	20,4	9,3	2 : 1
Hanföl		13,1	60,3	20,2	3 : 1
Leinöl		16,2	15,1	61,5	1 : 4

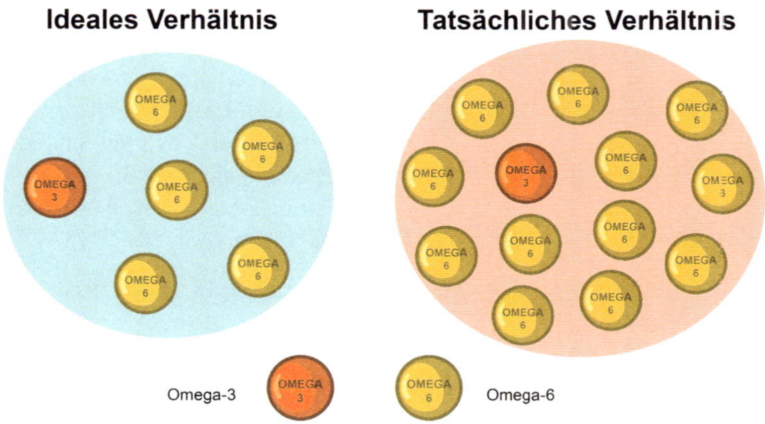

und Ölen. Ein ungünstiges Verhältnis von Omega-6- zu Omega-3-Fettsäuren liegt beispielsweise bei Distelöl mit 154:1 und Sonnenblumenöl mit 120:1 vor. Ein Übermaß an Omega-6-Fettsäuren kann zur übermäßigen Bildung entzündungsfördernder Säuren führen, während Omega-3-Fettsäuren Entzündungen hemmen.

Das Verhältnis von Omega-6- zu Omega-3-Fettsäuren:
In unserer modernen Ernährung nehmen wir oft zu viele Omega-6-Fettsäuren auf, was entzündungsfördernd wirken kann. Das Verhältnis von Omega-6- zu Omega-3-Fettsäuren sollte idealerweise zwischen 3:1 bis 5:1 liegen.[133] In der modernen Ernährung liegt es jedoch oft bei etwa 25:1.[134] Ein ausgewogenes Verhältnis ist entscheidend, da Omega-3-Fettsäuren potenziell entzündungshemmend wirken und beide Fettsäurearten lebenswichtig sind.

Das Geheimnis einer ausgewogenen Ernährung liegt im Gleichgewicht. Ein ausgewogenes Verhältnis von Omega-3- zu Omega-6-Fettsäuren unterstützt nicht nur die Herzgesundheit, sondern fördert auch ein harmonisches Gleichgewicht in unserem Körper.

4. Transfettsäuren und ihre Risiken:

Transfettsäuren entstehen bei der Härtung von Fetten, bei der Erhitzung von Ölen, die nicht erhitzt werden sollten, und durch Oxidation mit Sauerstoff oder Licht. Dieser Prozess wird häufig in der Lebensmittelindustrie angewendet, um die Stabilität und Haltbarkeit von Fetten zu verbessern. Hier sind die wichtigsten Quellen und Eigenschaften von Transfettsäuren:

Quellen von Transfettsäuren:

1 Industriell gehärtete Fette und Öle: Der Hauptgrund für die Entstehung von Transfettsäuren liegt in der industriellen Verarbeitung von pflanzlichen Ölen. Bei der partiellen Hydrierung werden flüssige Pflanzenöle in feste Fette umgewandelt, um die Konsistenz von Lebensmitteln zu verbessern.

2 Fertigprodukte: Viele industriell hergestellte Lebensmittel enthalten Transfette, da gehärtete Fette oft in Fertigprodukten wie Keksen, Kuchen, Snacks, Pommes frites und Margarine verwendet werden.

3 Fast Food: Einige Restaurants und Fast-Food-Ketten verwenden Transfette für das Frittieren von Lebensmitteln, um ihre Haltbarkeit zu verlängern und die Wiederverwendung zu erleichtern.

Eigenschaften:

1 Erhöhung des LDL-Cholesterins: Transfettsäuren haben den nachteiligen Effekt, das „schlechte" LDL-Cholesterin zu erhöhen, was das Risiko von Herz-Kreislauf-Erkrankungen erhöht.[135]

2 Senkung des HDL-Cholesterins: Gleichzeitig können Transfette das „gute" HDL-Cholesterin senken, was einen weiteren negativen Einfluss auf die Herzgesundheit haben kann.[136]

3 Entzündungsfördernde Wirkung: Es wird angenommen, dass Transfette entzündliche Prozesse im Körper fördern können, was mit verschiedenen gesundheitlichen Problemen, einschließlich Herz-Kreislauf-Erkrankungen, in Verbindung gebracht wird.[137]

4 Erhöhtes Diabetesrisiko: Der regelmäßige Verzehr von Transfetten wurde auch mit einem erhöhten Risiko für die Entwicklung von Typ-2-Diabetes in Verbindung gebracht.[138]

5 Geringe natürliche Vorkommen: Transfette kommen in sehr geringen Mengen auch in einigen tierischen Produkten vor, zum Beispiel in Milchprodukten und Fleisch von Wiederkäuern, aber die Hauptquelle bleibt die industrielle Verarbeitung.

Aufgrund der nachgewiesenen negativen Auswirkungen auf die Gesundheit wird empfohlen, den Verzehr von Transfettsäuren zu minimieren. Viele Länder haben daher Maßnahmen ergriffen, um den Einsatz von Transfetten in der Lebensmittelproduktion zu reduzieren oder zu verbieten. Es ist ratsam, Lebensmittelverpackungen sorgfältig zu überprüfen.

So erkennst du Transfettsäuren in Lebensmitteln:
Produkte mit Transfettsäuren können in der Zutatenliste **teilweise**

gehärtete Fette, gehärtete Fette oder pflanzliche Fette enthalten.

Jetzt werfen wir einen genaueren Blick auf den Herstellungsprozess von Ölen und Fetten. Ein zentraler Unterschied liegt zwischen kaltgepresstem und raffiniertem Öl.

Kaltgepresstes Öl:

- Bei niedrigen Temperaturen (unter 40 °C) hergestellt
- Schonende Extraktion, um ernährungsphysiologisch wertvolle Inhaltsstoffe zu bewahren
- Häufig als nativ oder extra vergine gekennzeichnet
- Intensiver Geschmack und Aroma, da natürliche Aromastoffe erhalten bleiben

Raffiniertes Öl:

- Durch Raffinationsprozesse wie Desodorierung und Bleichung verarbeitet
- Höhere Temperaturen (über 100 °C) werden angewendet, was zu Nährstoffverlust führen kann
- Neutraler Geschmack und hellere Farbe im Vergleich zu kaltgepresstem Öl
- Längere Haltbarkeit, da Raffinationsprozesse Verunreinigungen entfernen

Im Blick auf den Herstellungsprozess wird klar: Kaltgepresste Öle sind stets hochwertiger, da ihre Nährstoffe intakt bleiben. Jedoch haben sie oft eine niedrigere Hitzebeständigkeit. Für höhere Temperaturen beim Braten eignen sich Alternativen wie Butterschmalz, Ghee oder Kokosöl. Diese widerstehen höheren Temperaturen und bewahren gleichzeitig ihre ernährungsphysiologischen Eigenschaften. Neueste Studien weisen darauf hin, dass Olivenöl extra vergine bis zu 180 °C erhitzt werden kann[139] – perfekt für leichtes Anbraten. Es ist entscheidend, niemals den Rauchpunkt eines Öls zu überschreiten, da dies zur Bildung von Transfetten führen kann. Der Rauchpunkt ist erkennbar, wenn das Öl anfängt zu rauchen.

Bei Olivenöl gibt es verschiedene Bezeichnungen wie vergine oder nativ, die beide dasselbe bedeuten – nämlich naturbelassen. Die höchste Güteklasse ist jedoch als extra vergine oder extra nativ bekannt, was darauf hinweist, dass die verwendeten Oliven von bester Qualität sind. Beim Kauf von Olivenöl empfiehlt es sich daher, zu extra vergine oder extra nativ zu greifen.

Butter sollte nicht zu hoch erhitzt werden, da sie einen vergleichsweise niedrigen Rauchpunkt hat. Der Rauchpunkt ist die Temperatur, bei der ein Fett oder Öl zu rauchen beginnt und potenziell schädliche Substanzen freisetzt. Bei Butter liegt der Rauchpunkt etwa zwischen

120 °C und 150 °C, je nach Reinheit und Herstellung.

Überschreitet man diesen Punkt, können gesundheitsschädliche Verbindungen entstehen und der Geschmack der Butter kann beeinträchtigt werden.

Wenn du starkes Erhitzen beim Kochen planst, ist raffiniertes Öl eine gute Wahl. Aber hier ist der Haken: Während des Verfeinerungsprozesses gehen viele gesunde Eigenschaften des Öls verloren. Also, wenn du nur nach einer Fettquelle suchst und nicht unbedingt nach den gesundheitlichen Vorteilen, ist raffiniertes Öl in Ordnung. Denk aber daran, dass es nicht mehr so viele Extras für deine Gesundheit bereithält wie kaltgepresste oder native Öle.

Margarine und ihre Herstellung:
Margarine wird in der Regel aus einer Mischung verschiedener Pflanzenöle hergestellt. Diese Öle sind ursprünglich flüssig und werden durch einen chemischen Prozess behandelt, um ein streichfestes Fett zu erzeugen. Dieser Prozess, bei dem Wasserstoffmoleküle zu den Ölen hinzugefügt werden, wird als Hydrierung bezeichnet.

Worauf beim Kauf von Margarine achten:
Beim Kauf von Margarine ist es wichtig, auf die Verwendung ungehärteter pflanzlicher Fette zu achten. Die Härtung von Fetten - ein Prozess, der oft mit Transfettsäuren in Verbindung steht - kann negative Auswirkungen auf die Gesundheit haben. Margarine mit ungehärteten pflanzlichen Fetten sind eine gesündere Wahl, da sie weniger Transfettsäuren enthalten.

Öl-Check: Die deutschen Küchen-Lieblinge Rapsöl und Sonnenblumenöl im Rampenlicht!

Deutschland liebt seine Speiseöle, allen voran Rapsöl mit 78 Millionen verkauften Litern jährlich, gefolgt von Sonnenblumenöl mit 55 Millionen und Olivenöl auf Platz drei mit 30 Millionen Litern.[140] Aber was steckt eigentlich hinter diesen Ölen, die in nahezu jeder Küche zu finden sind?

Rapsöl: Der deutsche Öl-Star mit Ecken und Kanten

Rapsöl, der unangefochtene Spitzenreiter in deutschen Küchen, hat einiges auf dem Kasten.

Rapsöl ist bekannt für seinen hohen Gehalt an ungesättigten Fettsäuren, insbesondere Omega-3- und Omega-6-Fettsäuren. In unraffinierter Form bewahrt es seine wertvollen Nährstoffe. Mit einem niedrigen Rauchpunkt von etwa 50 °C
eignet es sich gut für Anwendungen bei niedrigen Temperaturen, wie in Salatdressings oder Dips.

Raffiniertes Rapsöl hat einen höheren Rauchpunkt, aber dabei gehen einige der gesunden Inhaltsstoffe verloren. Daher empfiehlt sich die Verwendung von unraffiniertem Rapsöl für kalte Anwendungen und leichtes Erhitzen bis 50 °C.

Sonnenblumenöl: Goldgelb, aber mit Tücken

Sonnenblumenöl, die goldgelbe Verlockung, landet auf Platz zwei. Unraffiniertes Sonnenblumenöl enthält reichlich einfach ungesättigte Fettsäuren und Vitamin E. Bei raffiniertem Sonnenblumenöl sind die Rauchpunkte zwar höher, jedoch gehen dabei die wertvollen Nährstoffe verloren. Aufgrund des ungünstigen Omega-6-zu-Omega-3-Verhältnisses sollte der Verzehr von Sonnenblumenöl eingeschränkt werden.

Diese Öle sind meine Lieblinge für die kalte Küche (bio und kaltgepresst):

Olivenöl extra vergine, Leinöl, Leinöl versetzt mit Algenöl, Walnussöl, Hanföl

Diese Öle sind meine Lieblinge für das (sanfte) Anbraten:

Olivenöl extra vergine, Kokosöl nativ, Ghee/Butterschmalz

Für diejenigen, die gern scharf braten oder frittieren, eignen sich Ghee, Butterschmalz, rotes bio Palmöl (nur aus nachhaltigem Anbau) oder spezielle Bratöle. Doch Vorsicht: Raffinierte Öle wie Bratöle verlieren durch die Herstellung ihre gesundheitlichen Vorteile.

Beim Kauf und der Lagerung von Öl gibt es einige wichtige Punkte zu beachten:

1. **Frische:** Ideal ist der Kauf von frischem Öl direkt von einer Ölmühle. Frische sichert die Qualität und den Geschmack.
2. **Verpackung:** Dunkle Flaschen sind vorzuziehen, da sie das Öl vor Licht schützen. Licht kann die Qualität des Öls beeinträchtigen.
3. **Gebindegröße:** Es ist ratsam, kleinere Gebinde zu wählen, um die Oxidation zu minimieren. Öl verliert an Qualität, wenn es häufig mit Sauerstoff in Berührung kommt, z. B. beim Öffnen der Flasche.
4. **Schneller Verbrauch:** Öl sollte schnell verbraucht werden, um die Frische und den Nährwert zu erhalten.
5. **Kühlschrank:** Manche Öle, wie Leinöl, sollten im Kühlschrank aufbewahrt werden, um ihre Haltbarkeit zu verlängern.
6. **Dunkle Lagerung:** Lagere Öl stets dunkel und lichtgeschützt, um Oxidationsprozesse zu vermeiden.
7. **Vermeide Dekoration:** Verwende Öl nicht als Dekoration auf

dem Küchentresen, da Licht und Luft die Qualität beeinträchtigen können.

Fazit: Mehrfach ungesättigte Fettsäuren innerhalb weniger Wochen verbrauchen. Einfach ungesättigte Fettsäuren innerhalb von wenigen Monaten verbrauchen. Dunkel, kühl und fest verschlossen lagern, um schädliche Oxidation zu vermeiden.

Indem du diese Punkte beachtest, sicherst du dir nicht nur die optimale Qualität deines Öls, sondern auch den Erhalt der wichtigen Nährstoffe und des Geschmacks.

Warum Bio-Öle eine erstklassige Wahl sind:

1. Natürliche Anbaumethoden: Bio-Öle werden unter Verwendung spezifischer Düngemittel angebaut, die den Einsatz von leicht löslichen mineralischen Düngern ausschließen. Dadurch wird eine natürlichere Pflanzenernährung gewährleistet.
2. Verzicht auf synthetische Pestizide: Bio-Öle kommen ohne den Einsatz synthetischer Pestizide aus, was bedeutet, dass keine schädlichen Rückstände in den Produkten verbleiben.
3. Gentechnikfreie Produktion: Bio-Öle dürfen nicht unter Verwendung gentechnisch veränderter Organismen hergestellt werden, was die Reinheit und Natürlichkeit des Produkts gewährleistet.
4. Keine Zusatzstoffe: Bio-Öle dürfen keine künstlichen Konservierungsmittel, Geschmacksverstärker oder andere synthetische Zusatzstoffe enthalten. Das Produkt bleibt rein und natürlich.

Tipps für den Alltag:

1. Leinöl mit Algenzusatz: Nimm täglich ca. 20 ml kaltgepresstes Leinöl, idealerweise mit Algenöl-Zusatz, um den Omega-3-Bedarf zu decken. Achte darauf, dass das Leinöl sorgsam produziert wurde, denn nur dadurch können möglichst viele Nährstoffe erhalten bleiben.
2. Fetter Fisch: Genieße ein- bis zweimal pro Woche fetten Fisch, besonders kleine Arten wie Sardinen, Makrelen oder Sardellen. Diese sind weniger mit Schwermetallen belastet, aber reich an Omega-3-Fettsäuren.
3. Nüsse: Nüsse sind eine wunderbare Fettquelle. Täglich eine Handvoll kann eine gesunde Ergänzung sein.
4. Sanftes Garen: Bevorzuge sanftes Garen bei niedriger Hitze, um eine Oxidation der Omega-3- und Omega-6-Fettsäuren zu vermeiden.

5 Vermeide verarbeitete Produkte: Reduziere den Konsum von verarbeiteten Produkten, insbesondere wenn sie gehärtete, teilgehärtete oder hydrogenisierte Fette enthalten. Diese können ungesunde Transfette enthalten und schädlich für die Herzgesundheit sein.

6 Richtiger Fettverzehr: Isolierte Fette sparsam verwenden. Fetthaltige Lebensmittel statt isolierter Fette bevorzugen (z. B. Oliven statt Olivenöl).

7 Qualität von Ölen und Fetten: Biologische Herkunft und schonende Herstellung bei niedrigen Temperaturen (kaltgepresst) bevorzugen. Achte auf eine sorgfältige Lagerung und einen schnellen Verbrauch.

Fazit für eine ausgewogene Ernährung mit Ölen und Fetten:
Öle sind die Stars in unseren Küchen, aber wir sollten sie bewusst wählen. Ob Raps-, Sonnenblumen- oder exotische Öle – die Vielfalt ist groß, doch nicht jedes Öl eignet sich für jeden Einsatz. Es lohnt sich, die verschiedenen Eigenschaften zu kennen und dieses Wissen anzuwenden, um kulinarische Höhenflüge und gesunde Ernährung zu kombinieren. Öl ist nicht gleich Öl. Es wäre zu einfach, alle Öle in eine Kategorie „gesund" oder „weniger gesund" zu stecken, da mehrere Faktoren eine Rolle spielen.

Alle Öle und Fette, ausgenommen Transfette, erfüllen wichtige Funktionen im Körper und sind für unsere Gesundheit unerlässlich. Dennoch ist es entscheidend, ein ausgewogenes Verhältnis beim Verzehr zu beachten. Weniger Omega-6- und mehr Omega-3-Fettsäuren, insbesondere mit den essenziellen Bestandteilen EPA und DHA, sind empfehlenswert.

Für den täglichen Gebrauch in der Küche ist Olivenöl extra nativ unschlagbar, während sich Butterschmalz wie Ghee besonders gut zum Braten und Erhitzen eignet. Die richtige Wahl hochwertiger, kaltgepresster und biologischer Öle unterstützt nicht nur die Gesundheit, sondern fördert auch nachhaltige Landwirtschaftspraktiken. Eine gesunde Ernährung sollte so hochwertig, ganzheitlich und natürlich wie möglich sein – möglichst unverarbeitet und voller Nährstoffe. Bei Fetten ist es besonders wichtig, auf die Qualität und Art der Fettsäuren zu achten. Die richtige Auswahl und Verwendung von Fetten spielen eine entscheidende Rolle für eine ausgewogene Ernährung und die Förderung der Gesundheit.

HÜLSENFRÜCHTE UND NÜSSE: DIE GESUNDHEITS-BOOSTER IN DEINER ERNÄHRUNG

Hülsenfrüchte und Nüsse gelten als wahre Gesundheits-Booster in unserer Ernährung, aus mehreren Gründen. Erstens sind sie eine reichhaltige Quelle von Proteinen, Ballaststoffen und gesunden Fetten, was zur Sättigung beiträgt und gleichzeitig einen stabilen Blutzuckerspiegel fördert.

Zweitens sind sie reich an essenziellen Nährstoffen wie Eisen, Magnesium und Vitaminen, die eine Schlüsselrolle für unsere Gesundheit spielen. Das macht sie wertvoll für unsere Ernährung.

Drittens enthalten Hülsenfrüchte und Nüsse viele Antioxidantien, die Zellen vor oxidativem Stress schützen können. Der regelmäßige Verzehr kann entzündliche Erkrankungen und Herz-Kreislauf-Probleme reduzieren.

Des Weiteren sind sie flexibel in der Küche einsetzbar, sei es als Snack, in Salaten, als Aufstrich oder als Bestandteil verschiedenster Gerichte, je nach Geschmack und Kreativität. Ihre Vielseitigkeit macht es einfach, sie in die tägliche Ernährung zu integrieren.

In der Welt der pflanzlichen Proteine nehmen Hülsenfrüchte und Nüsse einen bedeutenden Platz ein – nicht nur, weil sie nahrhaft sind, sondern auch aufgrund ihrer natürlichen Reinheit. Die Vielfalt und Gesundheitsvorteile von Hülsenfrüchten und Nüssen sind unbestritten, doch manchmal können Verdauungsbeschwerden ihre unmittelbare Folge sein. Hier teile ich einige Tipps, wie man Hülsenfrüchte besonders verträglich macht. Gleichzeitig werfen wir einen Blick auf die Verpackung von Hülsenfrüchten und Nüssen, um bewusste Entscheidungen beim Einkauf zu ermöglichen.

Die Verträglichkeit von Hülsenfrüchten lässt sich durch einfache Maßnahmen verbessern. Ein bewährter Schritt ist das Einweichen über Nacht und das Wegschütten des Einweichwassers. Dies reduziert nicht nur unangenehme Nebenwirkungen und verkürzt die Kochzeit, sondern erleichtert auch die Aufnahme von Nährstoffen.

Beim Kauf von Hülsenfrüchten lohnt es sich, einen genaueren Blick auf die Verpackung zu werfen. Aluminiumdosen sind zwar weit verbreitet, bergen jedoch potenzielle Gesundheitsrisiken. Das Material kann bestimmte Inhaltsstoffe freisetzen, die in großen Mengen als bedenklich gelten. Eine Alternative sind trockene Hülsenfrüchte oder Varianten im Glas, die ohne die Nachteile von Aluminiumdosen auskommen.

Bei Hülsenfrüchten gibt es eine breite Palette, aber Achtung: In Dosen verpackte Bohnen mit Tomatensauce haben oft noch einen unerwünschten Gast – Zucker. Für die gesündere Wahl solltest du dich also nach Produkten umsehen, die nur die Hülsenfrucht, Wasser und vielleicht eine Prise Salz enthalten. Das sichert nicht nur die natürliche Reinheit, sondern minimiert auch den Konsum von unnötigen Zusatzstoffen. Keep it clean, keep it simple!

Nüsse wiederum sind wahre Kraftpakete der Natur. Um ihr volles gesundheitliches Potenzial ausschöpfen zu können, ist es ratsam, ungesalzene und idealerweise ungeröstete Varianten zu wählen. Denn dann bleibt nicht nur der natürliche Geschmack erhalten, sondern auch die wertvollen Nährstoffe und gesunden Fette, die durch die Röstung verloren gehen können.

Weiter geht's – es lockt das Nussmus. Hier lohnt es sich, einen entscheidenden Tipp zu kennen. Zwischen reinem Nussmus und den verschiedenen Varianten gibt es einiges zu beachten. Erfahre, worauf es beim Kauf wirklich ankommt, um das optimale Nussmus für deine Genussmomente zu finden. Ready for a nutty adventure?

Nussmus gleich Nussmus? Nein, es gibt einen entscheidenden Unterschied. Im Handel findest du nämlich Nussmus und Nusscreme. Was genau der Unterschied ist, klären wir jetzt.

Nussmus:

- Reine Mischung aus gemahlenen Nüssen ohne zusätzliche Bestandteile
- Überwiegend frei von Zucker, Ölen oder anderen Zusatzstoffen
- Die Herstellung erfolgt durch simples Mahlen der Nüsse, um ein unverfälschtes Produkt zu erhalten

Hier siehst du eine perfekte Zutatenliste. Zu diesem Produkt würde ich sofort greifen.

ZUTATEN: 100 % **Mandeln*** blanchiert und geröstet.

*aus ökologischer Landwirtschaft

Nusscreme:

- Kann eine Mischung aus gemahlenen Nüssen, Zucker, Ölen und eventuell anderen Zusatzstoffen sein
- Glattere und cremigere Konsistenz durch Zusatz von Ölen oder Schokolade
- Ideal, wenn ein süßerer oder vielfältigerer Geschmack gewünscht ist, besonders bei Brotaufstrichen oder Desserts

Greift lieber zu reinem Nussmus ohne überflüssige Zutaten. Weniger ist mehr, wenn es um den intensiven

ZUTATEN: Rohrzucker*, Sonnenblumenöl*, **Magermilchpulver***, **Mandelpaste*** 10 %, Palmöl*, **Mandelstückchen*** 5 %, **Süßmolkenpulver***, Kakaobutter*, wasserfreies **Milchfett***, Emulgator; **Sojalecithine***, Bourbon-Vanille-extrakt*.

*aus ökologischer Landwirtschaft

Was fällt dir hier auf? Richtig! Deine Nusscreme besteht leider nur zu 15% aus Nüssen. Zucker und Sonnenblumenöl stehen an erster Stelle. Sogar Palmöl gesellt sich dazu. Dieses Produkt darf gern im Regal stehen bleiben.

Nussgeschmack und die gesundheitlichen Vorteile geht. Natürlicher Genuss, pur und einfach.

Hülsenfrüchte und Nüsse rocken nicht nur geschmacklich die Küche, sondern hauen auch gesundheitlich mächtig rein! Diese Powerfoods sind nicht nur lecker, sondern bringen eine geballte Ladung an gesunden Benefits mit - ein echter Boost für unsere täglichen Mahlzeiten!

VON GLUKOSE BIS SACCHAROSE: DIE WELT DES ZUCKERS

Zucker und Zuckeralternativen - Süße Sünden und künstliche Erlösungen

Herzlich willkommen zu einem Kapitel, das so süß ist, dass die Zähne schon beim Lesen eine Gänsehaut bekommen! Zucker, diese verführerische Köstlichkeit, hat die Menschheit seit Ewigkeiten im Griff. Doch wir alle wissen, dass zu viel Zucker der Figur und der Gesundheit nicht gerade zuträglich ist. Aber hey, zum Glück haben wir doch immer eine Lösung für unsere Probleme, oder?

Lasst uns über künstliche Süßungsmittel sprechen - diese magischen Elfen, die versprechen, unseren süßen Zahn zu befriedigen, ohne dabei die Waage in die Höhe schnellen zu lassen. Klingt nach einem Traum, oder? Als ob wir einfach Zucker durch ein mysteriöses Pulver ersetzen könnten und alle unsere Sorgen wären wie weggezaubert.

Nun ja, wir müssen uns wohl eingestehen, dass die Realität nicht ganz so zauberhaft ist. Künstliche Süßstoffe können uns vielleicht kalorienfreie Süße bescheren, aber sind sie wirklich die Traumlösung, nach der wir suchen? Vielleicht nicht. Vielleicht - und das ist wirklich nur so eine verrückte Idee – müssen wir uns eher fragen, ob wir unsere Zuckersucht einfach durch chemische Magie ersetzen sollten, ohne einen Blick auf unsere eigenen Gewohnheiten zu werfen.

Denn mal ehrlich, wir könnten stapelweise künstliche Süßungsmittel konsumieren, aber solange wir nicht unser Verhalten ändern, werden wir immer auf der Suche nach der nächsten süßen Erlösung sein. Also, schnallen wir uns an für eine süße Achterbahnfahrt durch die Welt des Zuckers! Und wer weiß, vielleicht entdecken wir dabei, dass die wahre Lösung nicht in einem künstlichen Pulver liegt, sondern in der Macht, unsere eigenen Gewohnheiten zu durchschauen. Süße Grüße und auf in das Abenteuer!

Zuckerart	Herstellung	Pro	Contra
Raffinierter weißer Zucker	Gewonnen aus Zuckerrohr oder Zuckerrüben wird der Saft extrahiert, gereinigt und kristallisiert. Nachfolgend erfolgt die Raffination, bei der Unreinheiten entfernt werden.	Vielseitig verwendbar, geringer Eigengeschmack	Geringe Nährstoffe, hoher glykämischer Index, kann zu gesundheitlichen Problemen beitragen
Brauner Zucker	Ähnlich wie weißer Zucker, allerdings wird der Saft weniger raffiniert, wodurch Melasse und Mineralien erhalten bleiben.	Etwas mehr Nährstoffe als weißer Zucker, angenehmer Geschmack	Kaloriengehalt ähnlich wie weißer Zucker
Rohrzucker	Gewonnen aus dem Saft von Zuckerrohr, durch weniger Raffination bleiben mehr natürliche Bestandteile erhalten.	Leichter Melassegeschmack, ein paar Nährstoffe bleiben erhalten	Höherer Kaloriengehalt als raffinierter Zucker
Vollrohrzucker	Dieser unraffinierte Zucker wird aus Zuckerrohr gewonnen. Er enthält mehr Melasse und Mineralien und hat einen kräftigeren Geschmack.	Im Vergleich zu raffiniertem Zucker enthält Vollrohrzucker noch einige Mineralstoffe und Antioxidantien, die während des Herstellungsprozesses nicht verloren gehen.	Vollrohrzucker hat einen mittleren bis hohen glykämischen Index, was bedeutet, dass er den Blutzuckerspiegel schneller ansteigen lassen kann als einige Zuckeralternativen mit niedrigerem glykämischem Index.

Zuckerart	Herstellung	Pro	Contra
Kokosblütenzucker	Extraktion des Saftes aus Kokosblüten, der getrocknet und zu Kristallen verarbeitet wird.	Niedrigerer glykämischer Index, einige Nährstoffe.	Kaloriengehalt ähnlich wie raffinierter Zucker. Teurer. Obwohl Kokoszucker einige Nährstoffe enthält, ist der Gehalt nach der Verarbeitung nicht mehr so hoch wie in roher Form.
Agavendicksaft	Extraktion aus Agavenpflanzen, durch Erhitzen wird der Sirup gewonnen.	Hohe Süßkraft, niedrigerer glykämischer Index	Hoher Fruktosegehalt, kann den Blutzuckerspiegel beeinflussen
Ahornsirup	Gewonnen durch Kochen des Saftes von Ahornbäumen, wodurch das Wasser verdampft und der Sirup entsteht.	Natürlicher Geschmack, einige Antioxidantien	Kaloriengehalt ähnlich wie raffinierter Zucker, teurer
Honig	Bienen sammeln Nektar, der dann im Bienenstock zu Honig umgewandelt wird.	Natürliche Süße, Antioxidantien, entzündungshemmende Eigenschaften	Kaloriengehalt ähnlich wie raffinierter Zucker, hoher Fruktosegehalt
Dattelsüße/ Dattelsirup	Dattelsüße wird aus getrockneten Datteln gewonnen. Dattelsirup wird aus dem Saft der Datteln extrahiert und zu einem Sirup verarbeitet.	Dattelsüße ist reich an Mineralstoffen wie Kalium, Magnesium und Eisen sowie Ballaststoffen. Dattelsüße hat einen niedrigeren glykämischen Index, was bedeutet, dass sie den Blutzuckerspiegel weniger stark beeinflusst.	Dattelsirup ist stärker verarbeitet, deshalb gehen Nährstoffe verloren. Deshalb zur Dattelsüße greifen.
Reissirup	Reissirup wird aus fermentiertem Reis gewonnen.	Geeignet für Menschen mit Fruktoseintoleranz	Besteht hauptsächlich aus Glukose, das lässt den Blutzuckerspiegel stark ansteigen

Zuckerart	Herstellung	Pro	Contra
Yacon-Sirup	Roher Yacon-Sirup wird aus der Yacon-Wurzel gewonnen und unter 40 Grad verarbeitet.	Er hat einen niedrigen glykämischen Index. Er enthält Inulin, eine Faser, die den Blutzuckerspiegel regulieren kann. Yacon-Sirup ist zudem kalorienarm und hat einen angenehm süßen Geschmack. In Rohkostqualiät bleiben einige Nährstoffe erhalten.	Momentan fast nur online erhältlich und sehr teuer

Die Zuckervielfalt – Ein süßer Einblick in Arten, Herstellung sowie Vor- und Nachteile

Zucker, die süße Versuchung, ist in zahlreichen Formen und Farben in unserer Ernährung präsent. Doch bevor wir uns mit den unterschiedlichen Zuckerarten auseinandersetzen, sollten wir einen Blick auf die grundlegende Herstellung von Zucker werfen.

Die Welt der natürlichen Zuckeralternativen ist wahrhaftig süß und vielfältig. Jede Option hat ihre Vor- und Nachteile, und persönliche Präferenzen spielen eine wichtige Rolle bei der Auswahl. Wenn es um meine persönliche Wahl geht, hat sich der Yacon-Sirup als Favorit herauskristallisiert – kalorienarm, mit einem niedrigen glykämischen Index und einem Geschmack, der süße Träume wahr werden lässt.

Isolierter Zucker vs. natürlicher Zucker: Warum Natur nicht gleich Industrie ist

Im Laufe der Evolution hat sich die menschliche Ernährung verändert, basierend auf dem, was die Natur uns zur Verfügung stellt. In dieser natürlichen Nahrungsumgebung ist isolierter Zucker, wie er in vielen industriell verarbeiteten Lebensmitteln vorkommt, nicht vorhanden. Es gibt mehrere Gründe, warum isolierter Zucker in der Natur nicht vorkommt und warum er nicht einfach mit dem natürlichen Zucker aus Obst vergleichbar ist.

1. Komplexität der Natur:

- **Natürlicher Zucker:** In der Natur kommt Zucker nicht isoliert vor, sondern ist Teil eines komplexen Verbundes von Ballaststoffen, Vitaminen, Mineralien und Phytonährstoffen. Zum Beispiel enthalten Früchte nicht nur Fruktose, sondern auch Ballaststoffe, die die Verdauung beeinflussen.
- **Isolierter Zucker:** Industriell hergestellter Zucker, sei es raffinierter weißer Zucker oder High-Fructose Corn Syrup (HFCS), wird in einem chemischen Prozess isoliert und von den ursprünglichen Nährstoffen getrennt.

2. Verarbeitung in der Industrie:

- **Natürlicher Zucker:** Zucker in Obst wird von unserem Körper aufgrund seiner natürlichen Verpackung und Kombination mit anderen Nährstoffen langsamer aufgenommen.
- **Isolierter Zucker:** Isolierter Zucker wird in Lebensmitteln häufig als Zusatzstoff verwendet und kann zu schnellen Blutzuckerspitzen führen, da er ohne die begleitenden Ballaststoffe und Nährstoffe schnell vom Körper aufgenommen wird.

3. Geschmack und Suchtverhalten:

- **Natürlicher Zucker:** Der Zucker in Obst wird von anderen Geschmacksstoffen, beispielsweise Fruchtsäuren, begleitet, was einen ausgewogenen und vielschichtigen Geschmack ergibt.
- **Isolierter Zucker:** Die übermäßige Zugabe von isoliertem Zucker kann eine Überstimulation der Geschmacksknospen nach sich ziehen. Dies kann zu einem Verlangen nach immer süßeren Lebensmitteln und einer generell gesteigerten Präferenz für Süßes führen.

4. Verarbeitung im Körper:

- **Natürlicher Zucker:** Der Zucker in Obst wird von den natürlichen Fasern verlangsamt, was zu einer kontrollierten Freisetzung von Glukose führt und den Blutzuckerspiegel stabilisiert.
- **Isolierter Zucker:** Ohne die Verzögerung durch Ballaststoffe wird isolierter Zucker schnell im Körper verarbeitet und kann zu Blutzuckerspitzen führen, die möglicherweise negative Auswirkungen auf den Energiestoffwechsel haben und langfristig eine Insulinresistenz (Diabetes Typ 2) bewirken können.[141]

Fazit: Natürlicher Zucker in Lebensmitteln wie Obst wird von der Natur in einem ausgewogenen Verhältnis von Nährstoffen präsentiert, was eine gesunde Ernährung fördert. Isolierter Zucker hingegen, der häufig in industriell verarbeiteten Lebensmitteln vorkommt, kann zu übermäßigem Konsum, Blutzuckerschwankungen und einer Reihe von gesundheitlichen Problemen beitragen. Daher ist es wichtig, bewusst zu wählen und den Fokus auf eine vielfältige, ausgewogene Ernährung zu legen, die auf natürlichen Nahrungsquellen basiert.

Natürliche Lebensmittel als süße Alternativen:

Wenn es um das Süßen von Speisen geht, sind natürliche Lebensmittel eine köstliche und gesunde Wahl. Hier sind einige beliebte Optionen, die nicht nur süßen Geschmack bieten, sondern auch Nährstoffe liefern:

1. Datteln:

- **Vorteile:** Reich an Ballaststoffen, Mineralstoffen und Antioxidantien. Ihr natürlicher Zuckergehalt macht sie zu einer süßen und klebrigen Köstlichkeit.
- **Verwendung:** In Smoothies, als Snack oder in Desserts und Backwaren.

2. Bananen:

- **Vorteile:** Enthalten natürlichen Fruchtzucker, Kalium und Vitamin B6. Sie verleihen Süße und eine cremige Konsistenz.
- **Verwendung:** In Smoothies, Müsli, als natürlicher Süßstoff in Backrezepten.

3. Apfelmark:

- **Vorteile:** Ballaststoffe und Vitamine. Apfelmus bietet eine natürliche Süße.
- **Verwendung:** Als Ersatz für Zucker in Backrezepten, auf Haferflocken oder als süßer Brotaufstrich.

ACHTUNG BEIM KAUF: Kaufe Apfelmark, da hier, im Gegensatz zu Apfelmus, kein zusätzlicher Zucker eingesetzt wird.

4. Beeren:

- **Vorteile:** Geringer Zuckergehalt, reich an Antioxidantien, Ballaststoffen und Vitaminen.
- **Verwendung:** Frisch als Snack, in Smoothies oder als Topping für Joghurt und Desserts.

Insgesamt eignen sich natürliche Lebensmittel perfekt zum Süßen von Gerichten und sind eine gesunde Alternative zu raffiniertem Zucker oder künstlichen Süßstoffen. Durch ihre Vielseitigkeit können sie in zahlreichen Rezepten verwendet werden, um den süßen Zahn zu befriedigen, ohne auf Geschmack und Gesundheit verzichten zu müssen.

Zuckeralkohole -
Die süßen Täuscher in unserer Ernährung

illkommen zu einem weiteren Abenteuer im Dschungel der Süßstoffe! Jetzt nehmen wir die faszinierende Welt der Zuckeralkohole unter die Lupe. Diese kleinen chemischen Helferlein versprechen uns süßen Geschmack ohne die Kalorienlast von traditionellem Zucker. Aber seien wir ehrlich, ist das nicht wirklich zu schön, um wahr zu sein? Wir werfen einen ersten Blick auf die Zuckeralkohole, ihre Herkunft, Vor- und Nachteile.

Pro und Contra von Zuckeralkoholen:

Pro:

- **Niedrigerer Blutzuckereinfluss:** Geeignet für Diabetiker und Menschen, die ihren Blutzuckerspiegel regulieren müssen.

Zuckeralkohol	Herkunft	Pro	Contra
Xylit (Birkenzucker)	Natürlich in vielen Obst- und Gemüsesorten, wird aber auch aus Holzfasern gewonnen.	Geringer Einfluss auf den Blutzuckerspiegel, unterstützt die Zahngesundheit	In großen Mengen konsumiert kann es zu Magenproblemen führen. Giftig für Hunde!
Erythrit	Natürlich in einigen Früchten, wird aber meist aus Glukose fermentiert.	Kalorienfrei, beeinflusst den Blutzuckerspiegel kaum.	In übermäßigen Mengen kann es abführend wirken.
Sorbit	Natürlich in vielen Früchten, wird aber auch synthetisch hergestellt.	Geringerer Einfluss auf den Blutzuckerspiegel, geringere Kalorien	Kann abführend wirken, hoher Kaloriengehalt im Vergleich zu anderen Zuckeralkoholen
Maltit	Wird aus Maltose, einem Abbauprodukt von Stärke, hergestellt.	Geringerer Blutzuckereinfluss im Vergleich zu Zucker	Hoher Kaloriengehalt. Kann Verdauungsprobleme verursachen.
Isomalt	Synthetisch hergestellt, oft aus Saccharose gewonnen	Geringer Einfluss auf den Blutzuckerspiegel, zahnfreundlich	Kann in großen Mengen abführend wirken.

- **Zahnfreundlich:** Einige Zuckeralkohole unterstützen die Zahngesundheit.
- **Kalorienreduziert:** Im Vergleich zu traditionellem Zucker haben viele Zuckeralkohole einen geringeren Kaloriengehalt.

Contra:

- **Mögliche Verdauungsprobleme:** In großen Mengen konsumiert können Zuckeralkohole zu Magenbeschwerden oder abführenden Effekten führen.
- **Kaloriengehalt:** Einige Zuckeralkohole haben immer noch einen erhöhten Kaloriengehalt.
- **Synthetische Herstellung:** Einige Zuckeralkohole werden künstlich hergestellt, was bei einigen Verbrauchern zu gesundheitlichen Problemen führen kann.

Fazit: Zuckeralkohole sind faszinierende Alternativen, besonders für diejenigen, die süßen Geschmack ohne viele Kalorien genießen möchten. Doch wie bei allem im Leben kommt es auf die richtige Dosierung und bewusste Entscheidungen an. Also, wenn du dem süßen Versprechen der Zuckeralkohole folgst, denk daran, die Balance zu halten und deinen Körper auf diese zuckersüße Achterbahnfahrt vorzubereiten!

Süßungsmittel – Ein verführerischer Traum oder bittere Realität?

In einer Welt, in der uns Fitness-Influencer und Unternehmen versprechen, dass Genuss ohne Schuldgefühle möglich ist, wird es höchste Zeit, die Marketingtricks zu entzaubern und einen kritischen Blick auf die süßen Verführer zu werfen.

Die Verheißung des sündenfreien Genusses:

Oh, wie verlockend es klingt! Schlemmen ohne Sünde, süßen Genuss ohne den bitteren Beigeschmack von Kalorien. Doch halt! Bevor wir uns von diesen Versprechungen in den zuckerfreien Himmel tragen lassen, sollten wir uns bewusst machen, dass dies oft nur eine Marketingmasche ist und mit der Realität nicht viel zu tun hat.

Fitness-Influencer und Unternehmen spielen geschickt mit unseren Sehnsüchten nach einem süßen Genuss, ohne dabei auf die Figur achten zu müssen Aber, seien wir ehrlich, gibt es wirklich eine Wunderlösung, die uns Schokolade in Gemüse verwandeln lässt? Wohl eher nicht. Es wird Zeit, die süße Illusion zu durchschauen.

KAPITEL 3

Herstellung von künstlichen Süßstoffen: Hier wird's richtig chemisch!

Wenn es um künstliche Süßstoffe wie Aspartam, Sucralose, Saccharin und Cyclamat geht, steckt eine ziemlich wilde Chemie dahinter. Im Gegensatz zum Zucker, den wir von Natur aus in Obst oder Honig finden, haben diese Süßstoffe nichts Natürliches an sich. Hier ist, wie sie gemacht werden:

1 Aspartam: Stell dir vor, jemand nimmt Aminosäuren, diese winzigen Bausteine des Lebens, isoliert sie und lässt sie in einem chemischen Tanz miteinander verschmelzen. Das Ergebnis ist Aspartam. Ein Hoch auf die Wissenschaft, aber mit der Natur hat das nicht viel zu tun!
Pro: Kalorienfrei, süßer als Zucker.
Contra: Widersprüchliche Studienergebnisse zu möglichen gesundheitlichen Risiken. Verdacht, Krebs zu begünstigen oder hervorzurufen. Kann für Menschen mit der genetischen Erkrankung Phenylketonurie gefährlich sein. [142]

2 Sucralose: Hier wird der gute alte Zucker, den du im Kaffee hast, zu einem Süßstoff-Monster verwandelt. Wie? Man schmeißt Chlor hinzu! Ja, richtig gelesen, Chlor – das Zeug aus dem Schwimmbad. Diese chemische Verwandlung macht Sucralose zu einem Super-Süßstoff, der aber mit einem künstlichen Touch kommt.
Pro: Kalorienfrei, hitzebeständig, süßer als Zucker.
Contra: Einige Studien deuten auf mögliche negative Auswirkungen auf die Darmflora hin, der Geschmack kann als künstlich empfunden werden.[143]

3 Saccharin: Saccharin ist ein echtes Laborbaby. Es wird durch einen bunten Reigen von chemischen Experimenten erschaffen, bei dem Anthranilsäure, Phosgen und Chloramin-T die Hauptdarsteller sind. Klingt kompliziert, oder? Genau! Das hat nicht viel mit dem süßen Apfel auf deinem Teller zu tun.
Pro: Kalorienfrei, intensiv süß.
Contra: Studien verbinden Saccharin mit einem erhöhten Blasenkrebsrisiko bei Ratten (nicht eindeutig auf den Menschen übertragbar).[144]

4 Cyclamat: Cyclamat ist wie ein Chemiefeuerwerk. Es entsteht durch die Hochzeit von Cyclohexylamin und Sulfamidsäure. Klingt romantisch, ist aber eine ziemlich technische Angelegenheit. Dieser künstliche Süßstoff wird in einigen Ländern sogar wegen möglicher Krebsgefahr verbannt.[145]
Pro: Kalorienfrei, geschmacksneutral.

Contra: In einigen Ländern (z. B. der USA) aufgrund potenzieller Krebsgefahr verboten. In Deutschland weiterhin erlaubt.

5 Acesulfam-K: Die Grundzutaten sind nichts anderes als Stickstoff, Schwefeldioxid, Essigsäure und eine Prise Kaliumsalz. Diese werden in einem chemischen Hexenkessel zusammengerührt. Nachdem der Zauber vollbracht ist, wird das entstandene Acesulfam-K aus dem Hexenkessel gefiltert und getrocknet. Es kommt als feines Pulver heraus, bereit, seine süße Magie zu verbreiten.
Pro: Kalorienfrei und sehr süß.
Contra: Umstritten in Bezug auf mögliche gesundheitliche Auswirkungen wie die Erhöhung des Krebsrisikos. Der leichte metallische Nachgeschmack kann als störend empfunden werden.[146]
Es fehlt die Natürlichkeit, die viele Menschen bei Süßstoffen suchen.

6 Stevia: Stevia wird oft als das „natürliche" Süßungsmittel angepriesen, aber die Realität ist komplexer, als das Marketing uns glauben machen möchte. Die Herstellung von Stevia-Extrakten erfordert einen hochtechnologisierten Prozess, der weit von der Vorstellung eines einfachen Blatts auf dem Feld entfernt ist.

Hier ein Bild des Stevia-Herstellungsprozesses:[147]

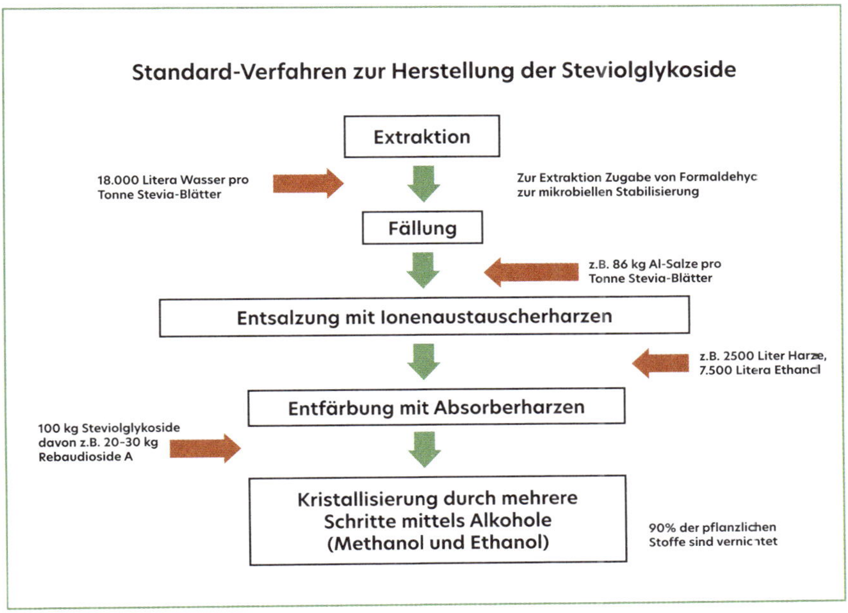

Dieses Bild soll verdeutlichen, dass der Weg vom Stevia-Blatt zum Stevia-Extrakt alles andere als natürlich ist. Ein komplexer chemischer Prozess, der mit Pflücken und Trocknen wenig zu tun hat. Dies bedeutet nicht zwangsläufig, dass Stevia gefährlich ist, aber es macht deutlich, dass der als „natürlich" vermarktete Süßstoff durch einen technologisch anspruchsvollen Herstellungsprozess geht.
Pro: Kalorienfrei. Natürliche Ausgangsbasis.
Contra: Mögliche hormonelle Auswirkungen sind Gegenstand weiterer Forschung.[148] Der bittere Nachgeschmack kann für manche Menschen störend sein. Die Natürlichkeit wird durch den komplexen Herstellungsprozess infrage gestellt.

Im Supermarkt ist reines Stevia selten zu finden, da es aufgrund seines bitteren Geschmacks oft mit anderen Süßungsmitteln kombiniert wird. Diese Mischungen sollen den bitteren Nachgeschmack mildern und die Akzeptanz bei Verbrauchern erhöhen. Achte auf die Zutatenliste, um festzustellen, ob zusätzliche Süßstoffe enthalten sind, wenn du Stevia kaufen möchtest.

Sowohl bei Stevia als auch bei allen anderen Süßstoffen sind die gesundheitlichen Auswirkungen noch nicht ausreichend erforscht. Studien deuten auf mögliche Risiken hin, aber die endgültige Bewertung steht noch aus. Einige Forschungen legen nahe, dass künstliche Süßstoffe, trotz ihrer vermeintlichen Kalorienfreiheit, nicht die harmlosen Zauberer sind, für die sie sich ausgeben. Die Auswirkungen auf die Darmflora und mögliche Verbindungen zu Diabetes sind dabei besonders ins Visier geraten.[149] Schlemmen ohne Sünde mag in den Werbungen strahlend glänzen, aber die Realität kann durchaus trübe sein. Angesichts dieser Unsicherheiten und meiner persönlichen Bedenken nehme ich persönlich von Süßstoffen Abstand. Die vermeintlichen Vorteile der Kalorienfreiheit wiegen für mich nicht schwer genug, um die potenziellen Risiken einzugehen. Stattdessen setze ich lieber auf natürliche Zuckeralternativen, deren Auswirkungen auf die Gesundheit besser erforscht sind.

Fazit: Bevor wir uns von der Illusion des schuldlosen Genusses verführen lassen, sollten wir die süßen Verheißungen kritisch hinterfragen. Diese künstlichen Süßstoffe sind echte Chemie-Kunststücke, die in Labors gezaubert werden. Sie haben mit der Natürlichkeit von Zucker aus Früchten oder Honig wenig zu tun. Ein bewusster Umgang mit Süßungsmitteln, sei es natürlich oder künstlich, bleibt entscheidend. Es geht nicht darum, den süßen Genuss komplett zu verbannen, sondern die Marketingzauberei zu durchschauen und die Balance zwischen dem Verlangen nach Süße und der Gesundheit zu finden. Schließlich ist ein bisschen Skepsis die beste Zutat in jedem süßen Rezept des Lebens.

Also, wenn du nach einer süßen Note suchst, könnten der gute alte Apfel oder ein Löffel Honig eine bessere Wahl sein. Es schadet nie, dem Körper ab und zu etwas Natürliches zu gönnen!

SALZ, GEMÜSEBRÜHE UND GEWÜRZMISCHUNGEN: GESUNDE GESCHMACKSEXPLOSION?

Salz: Zwischen Zusatzstoffen und Natürlichkeit – Umweltbedenken inklusive

Der Blick auf die Salzlandschaft offenbart nicht nur die Vielfalt der Sorten, sondern auch die Veränderungen durch industrielle Prozesse und Zusatzstoffe. Industriell hergestelltes Salz unterliegt oft einem aufwendigen Verarbeitungsprozess, bei dem Zusatzstoffe wie Rieselhilfen hinzugefügt werden, um die Konsistenz zu verbessern.

Kochsalz: Ein Blick hinter die Kulissen der Salzverarbeitung
Kochsalz, allgemein als Speisesalz bekannt, durchläuft einen anspruchsvollen Verarbeitungsprozess. Es wird industriell gebleicht, bei hohen Temperaturen gesiedet und gereinigt – ein echter Raffinationsprozess. Gesetzlich ist vorgeschrieben, dass am Ende nur noch Natriumchlorid übrig bleibt, und die natürlichen Begleiter wie Kalium, Magnesium, Selen, Silizium und Zink dabei entfernt werden müssen.

Zusatzstoffe im Blickpunkt
Während der Raffination können dem Kochsalz Zusatzstoffe beigemischt werden, darunter Rieselhilfen wie Aluminiumverbindungen oder Kaliumhexacyanoferrat. Zudem werden oft Jod- und Fluorverbindungen hinzugefügt. Jodiertes Salz ist eine häufige Methode, um Jod in die Ernährung einzubringen, weil Jod eine elementare Rolle bei der Schilddrüsengesundheit spielt. Die Idee dahinter ist, dass die Menschen regelmäßig Salz verwenden und somit auch regelmäßig Jod aufnehmen. Die Deutsche Gesellschaft für Ernährung und andere Ernährungsexperten befürworten daher den Einsatz von jodiertem Salz.

Die Jodzufuhr sollte nicht nur über Salz erfolgen, sondern über eine Vielfalt an vollwertigen Lebensmitteln, die natürlicherweise Jod enthalten, wie Meeresprodukte, bestimmte Gemüsesorten und Milchprodukte. In einigen Wurstwaren findet sich auch Natriumnitrit, besser bekannt als Pökelsalz.

Warum die Raffination?
Die Frage, warum Kochsalz in der Lebensmittelindustrie hauptsächlich raffiniert wird, lässt sich auf ungünstige Eigenschaften der natürlichen Form zurückführen. Magnesium und Kalium, die in naturbelassenem Salz enthalten sind, verleihen einen intensiveren, leicht bitteren Geschmack und verstärken die Eigenschaft, Wasser anzuziehen, was die Lagerfähigkeit beeinträchtigen könnte. Um diese Herausforderungen zu überwinden, werden Magnesium und Kalium entfernt. Wenn Rückstände von Tonerden vorhanden sind, werden diese auch entfernt, obwohl sie eigentlich nicht schädlich sind und sogar eine mögliche entgiftende Wirkung[150] haben können.

Für diejenigen, die herkömmliches Speisesalz meiden möchten, gibt es Alternativen.

Meersalz: Zwischen Natürlichkeit und Belastung
Meersalz, obwohl aus den Tiefen der Ozeane gewonnen, ist oft mit Schwermetallen oder Mineralölen verunreinigt. Stiftung Warentest fand in 9 von 14 getesteten Meersalzen Auffälligkeiten. Auch ist die Belastung mit Mikroplastik im Meersalz am höchsten, gefolgt von Salz, das aus anderen Seen stammt und schließlich Steinsalz. In 90 % aller Proben wurde Mikroplastik gefunden.[151]

Steinsalz: Eine Zeitreise durch die Meere bis zu uns
Stell dir vor, das Salz in deiner Küche hat eine ziemlich faszinierende Geschichte! Steinsalz war einmal Teil eines riesigen Ozeans. Als der Ozean austrocknete, ruhte sich das Salz Millionen von Jahre im Boden aus – komplett unberührt von Umweltbelastungen oder Schadstoffen. Es wird oft als das gesündeste Salz betrachtet, da es in der Regel keinen industriellen Verarbeitungsprozessen unterzogen wird und frei von Zusatzstoffen bleibt. Zu erkennen ist es an einer gräulichen Farbe, weil es nicht gebleicht oder gereinigt wurde. Das zeigt, dass es so ist, wie es die Natur gemacht hat, ohne viel Schnickschnack.

Himalayasalz stammt speziell aus dem Himalaya-Gebirge und hat seine charakteristische rosa Farbe durch Mineralien. Aufgrund seiner exotischen Herkunft wird Himalayasalz oft als hochwertiger und natürlicher betrachtet.

Es ist aber wichtig, zu bedenken, dass Himalayasalz einen weiten Transportweg hinter sich hat. Naturbelassenes Steinsalz aus der Region ist vor diesem Hintergrund die bessere Wahl.

Fazit: Auf der Suche nach dem gesündesten Salz erhebt sich Steinsalz als eine vielversprechende Option, frei von industriellen Zusätzen und Umweltbelastungen. Es lohnt sich, über den Tellerrand zu schauen und die Herkunft sowie die Verarbeitung des Salzes zu berücksichtigen, um die beste Wahl für unsere Gesundheit und die Umwelt treffen zu können.

Gemüsebrühe, Würzmischungen und Tütensuppen

Wir alle haben sie schon gekauft: die verlockenden Gemüsebrühwürfel und mysteriösen Würzmischungen, die versprechen, unsere Gerichte auf ein neues Level zu heben. Doch wie viel Gemüse steckt wirklich in der Brühe, und welche geheimen Zutaten verstecken sich in den Würzmischungen?

ZUTATEN: pflanzliches Eiweiß, biologisch aufgeschlossen (Wasser, WEIZENPROTEIN, Salz), Wasser, Aromen (mit WEIZEN), Geschmacksverstärker (Mononatriumglutamat, Dinatriuminosinat), Salz, Zucker.

Ich bin mir sicher, dass du dieses Produkt zum Würzen aus der kleinen braunen Flasche kennst. Leider darf ich aus rechtlichen Gründen keine Namen nennen. Siehst du, wir hier keinerlei natürliche Gewürze haben. Uns wird ein Geschmack vorgetäuscht, der leider nur aus Aromen, Geschmacksverstärkern, Salz und Zucker besteht. Ein echtes Flop-Produkt!

Zeit, unsere Detektivausrüstung herauszuholen und die Etiketten zu entziffern!

In der Welt der Gewürzmischungen, Tütensuppen und fertigen Brühen ist besondere Vorsicht geboten, denn viele konventionelle Produkte sind regelrecht überladen mit Zusatzstoffen. Die Vorstellung von natürlichem Geschmack verblasst oft, wenn man die lange Liste an künstlichen Bestandteilen genauer betrachtet. Werbeslogans wie „Natürlichkeit" sollten uns nicht blenden, denn selbst Erdöl ist natürlich, und das sagt wohl kaum etwas über den Geschmack aus.

In vielen Würzmischungen, sei es für Fleischbrühe oder Gemüsebrühe, versteckt sich häufig mehr als nur der verlockende Geschmack. Ein besonders häufiger Übeltäter: der extrem hohe Salzgehalt. Doch damit nicht genug, denn auch Geschmacksverstärker wie Glutamat findet man oft in diesen

ZUTATEN: jodiertes Speisesalz, Geschmacksverstärker (Mononatriumglutamat, Dinatriumguanylat, Dinatriuminosinat), Palmöl, Aromen, Hefeextrakt, Speisesalz, 1,5% Zwiebeln[2], 0,6% Karotten[2], 0,4% Tomaten[2], 0,3% KNOLLENSELLERIE[2], Muskat, SELLERIESAMEN, Petersilie[2], Liebstöckel[2], Gemüsesaftkonzentrat (Zwiebel[2], Steckrübe, Wirsing), Maltodextrin, Sonnenblumenöl. Kann glutenhaltige Getreide, Milch, Ei, Soja und Senf enthalten. [2] Aus nachhaltigem Anbau

Delikatess Brühe - das hört sich doch lecker an. Aber bei einem genauen Blick auf die Zutatenliste, läuft es mir eiskalt den Rücken runter. Wir haben hier eine bunte Mischung aus Salz, Geschmacksverstärkern, Aromen und Öl. Der Gemüseanteil liegt gerade mal bei unter 3,5%. Das geht besser!

Mischungen. Warum ist das problematisch?

Geschmacksverstärker wie Glutamat beeinflussen unsere Geschmacksknospen negativ, wie auch Aromen, die künstlich im Labor hergestellt werden, uns einen ähnlichen Streich spielen. Sie täuschen unsere Geschmacksknospen, und wir laufen Gefahr, uns langfristig darauf zu konditionieren, nur noch Lebensmittel zu mögen, die mit Zusatzstoffen versehen sind.

Die Devise lautet daher: Zutatenliste kritisch betrachten. Wenn Geschmacksverstärker oder Aromen auftauchen, ist Vorsicht geboten.

Selbst bei vermeintlich kinderfreundlichen Tütensuppen, die mit dem Versprechen ausschließlich natürlicher Zutaten locken, lohnt sich ein genauer Blick auf die Zutatenliste. Beliebte Produkte enthalten häufig versteckte Übeltäter wie Palmöl, Maltodextrin (eine Zuckerart), Aromen, die die Geschmacksknospen der Kleinen von Anfang an negativ beeinflussen können – und nicht zuletzt Sonnenblumenöl. Letzteres, in geringen Mengen unbedenklich, weist jedoch ein ungünstiges Omega-6-zu-Omega-3-Verhältnis auf, was entzündungsfördernd sein kann. Ein Grund, diesem Öl möglichst aus dem Weg zu gehen.

ZUTATEN: 81% Nudeln(HARTWEIZENGRIESS), jodiertes Speisesalz, Stärke, Hefeextrakt, Palmöl, Kaliumchlorid, Speisesalz, Sojasaucenpulver (Maltodextrin, Speisesalz, Sojasauce (SOJABOHNEN, WEIZEN)), Zwiebeln, Karotten, SELLERIESAMEN, Muskatnuss, Kurkuma, Knoblauch, Pfeffer, Petersilie, Aromen, Zwiebelsaftkonzentrat, Sonnenblumenöl.

Auch Kinderprodukte sind nicht automatisch besser. Auch hier verstecken sich gerne minderwertige Öle, Zusatzstoffe, Aromen und vor allem versteckter Zucker.

Statt zu Tütensuppen zu greifen, empfehle ich den Kauf von kleinen Nudeln und das einfache Aufkochen in einer Gemüsebrühe ohne

Zusatzstoffe. Das ist mindestens genauso schnell, aber ohne die negativen Begleiter.

Ein besonders kritischer Blick lohnt sich bei Tütensuppen, denn dort ist der Gemüseanteil oft verschwindend gering.

Ein Beispiel verdeutlicht das Dilemma: die verlockende Spargelcremesuppe mit gerade mal 3,9 % Spargelpulver. Hinter der vermeintlichen Gemüsevielfalt verstecken sich Zucker, Aromen und weitere Zuckerarten. Das Tückische: Man denkt, man genießt eine gesunde Gemüsesuppe, dabei ist der Gemüseanteil minimal, und der verarbeitete Spargel bietet kaum noch Nährstoffe. Persönlich mache ich mittlerweile einen großen Bogen um Tütensuppen – und entscheide mich für bewussten Genuss ohne versteckte Tücken!

Zutatenliste der Spargelcremesuppe

ZUTATEN: Palmöl, Stärke, **Weizenmehl**, jodiertes Speisesalz, Zucker, 3,9 % Spargelpulver, Hefeextrakt, Glukosesirup, **Milcheiweiß**, Kaliumchlorid, Aromen, Zitronensaftpulver, Speisesalz, Schnittlauch, Kurkuma.

Doch bevor wir die Hoffnung ganz aufgeben: Es gibt durchaus Varianten, zu denen man greifen kann. Bioprodukte sind hier oft eine gute Wahl, da auf viele Zusatzstoffe verzichtet wird. Jedoch ist auch hier Vorsicht geboten, da sich in manchen Bioprodukten heimliche Übeltäter wie Palmöl, Glucosesirup und weitere Zuckerarten verstecken können. Die gute Nachricht: Die Welt der natürlichen Gewürze bietet eine Fülle an Alternativen, die unsere Geschmacksknospen nicht nur nicht belasten, sondern sogar positiv stimulieren.

Reine Gewürze wie Majoran, Thymian und Co kommen in der Regel ohne Zusatzstoffe aus. Ein kleiner Tipp: Bei der Lagerung von Gewürzen darauf achten, dass sie dunkel und fest verschlossen aufbewahrt werden, um Feuchtigkeitseintritt zu vermeiden. Bei der Zubereitung von Soßen oder anderen Gerichten ist es ratsam, die Gewürze nicht direkt über dampfenden Töpfen zu verwenden, um Schimmelbildung oder Nährstoffverluste zu verhindern. Ein kleiner Aufwand für den großen Geschmack ohne unliebsame Überraschungen!

Damit ihr nicht im Etiketten-Dschungel nicht verloren geht, habe ich eine Liste mit empfehlenswerten Produkten zusammengestellt. Denn bewusster Konsum sollte nicht kompliziert sein!

nataliegrahl.de/downloads

PESTO, KETCHUP UND CO: SOSSEN AUF DEM PRÜFSTAND

Pesto-Zauber im Supermarkt: Zwischen italienischem Flair und versteckten Überraschungen!

Wer kennt es nicht? Vorbei am Pestoregal im Supermarkt, wo uns italienischer Charme förmlich entgegenschlägt. Die hübschen Verpackungen, frische Balsamico-Blätter auf dem Pesto Genovese – da läuft einem das Wasser im Mund zusammen. Doch Vorsicht, hinter dieser mediterranen Idylle verstecken sich oft weniger appetitliche Überraschungen. Pesto, das vermeintlich nach Mamas italienischer Küche schmeckt, kann schnell zur Enttäuschung werden.

In einem der bekanntesten Pestos in Deutschland ist die erste Zutat nicht das erwartete Olivenöl, sondern Sonnenblumenöl. Zucker und natürliche Aromen gesellen sich dazu. Nicht gerade das, was man sich unter authentischem Genuss aus Bella Italia vorstellt.

Aber halt! Beim Pestokauf gibt es einen simplen Trick: Bio-Pesto.

Zutatenliste konventionelles Pesto Rosso

ZUTATEN: Tomatenfruchtfleisch 37 %, Sonnenblumenöl, Tomatenmarkkonzentrat 15 %, Grana Padano-Käse g.U. (**Milch**, Lysozym aus **Ei**), **Cashewkerne**, Zucker, Salz, Basilikum, Balsamico-Essig aus Modena „Aceto Balsamico di Modena g.g.A." 2 % (Weinessig, gekochter Traubenmost), Molkenpulver (**Milch**), Pecorino Romano Käse g.U. (Schafs**milch**), Reisstärke, Knoblauch, Säureregulator: Milchsäure, natürliches Aroma (**Milch**).

Zutatenliste Bio-Pesto Rosso

ZUTATEN: Sonnengetrocknete Tomaten* 72 %, natives Olivenöl extra* 17 %, Basilikum* 10 %, Speisesalz, Apfelessig*, Zitronensaft*.

* aus kontrolliert biologischem Anbau

In fast allen von mir im Supermarkt untersuchten Bio-Pestos konnte ich keine Zusatzstoffe finden. Stattdessen kommen sie mit hochwertigem nativem Olivenöl extra daher – eine echte Empfehlung für alle, die Lust auf Dolce Vita haben, ohne versteckte Tücken.

Senf im Supermarkt: Die scharfe Ausnahme in den Regalen!

Mitten im Supermarktregal gibt es eine positive Überraschung, und sie hört auf den Namen Senf. Egal ob Bio-Senf oder die konventionelle Variante – bei meinen Untersuchungen habe ich so gut wie keine Zusatzstoffe gefunden. Das ist wahrlich erfreulich und bringt einen Hauch von Einfachheit zurück in die Welt der Lebensmittel.

Ein spannendes Detail: Fast alle Senfprodukte haben einen Zuckerzusatz. Hier lohnt es sich, genauer hinzusehen, denn es gibt Senfvarianten, ob bio oder konventionell, die ganz ohne Zucker auskommen. Es ist beruhigend zu wissen, dass selbst in einem so einfachen Produkt wie Senf die Möglichkeit besteht, auf zusätzlichen Zucker zu verzichten. Ein kleiner, aber geschmackvoller Schritt in Richtung bewussteren Konsums.

Mayonnaise, Remoulade und Salatcremes: Ein Blick hinter die Etiketten

In der Welt von Mayonnaise, Remoulade und Salatcreme fällt grundsätzlich auf: Hier wird mit so gut wie keinen Zusatzstoffen jongliert, unabhängig davon, ob es sich um konventionelle oder Bio-Varianten handelt. Doch auch wenn die Etiketten nicht vor Zusatzstoffen strotzen, ist uns allen bewusst, dass es sich hier nicht um nährstoffreiche Superfoods handelt. Öl und Zucker dominieren die Zutatenliste.

Mein Tipp: Solange man sich dessen bewusst ist und in Maßen genießt, besteht keine Gefahr. Ein interessanter Aspekt ist, dass in manchen Produkten ein Antioxidationsmittel namens Calcium-Dinatrium-EDTA (E 385) verwendet wird. Bisher sind jedoch keine gesundheitsschädlichen Auswirkungen bekannt.

Beim Kauf kann man zusätzlich darauf achten, dass die Eier aus Freilandhaltung stammen. Oder noch besser, beim Griff zu Bioprodukten sind die Eier automatisch aus Biohaltung. Insgesamt lässt sich festhalten: Hier trifft man auf keine gesundheitsgefährdenden Zusatzstoffe. Eine kleine Portion Genuss ist erlaubt!

Mehlschwitze und Soßenbinder: Auf den Spuren von Geschmack und Farbe

Ein kleiner Abstecher in die Welt von Mehlschwitze und Soßenbindern offenbart interessante Details. Bei konventionellen Produkten fällt auf, dass neben Kartoffelstärke oft auch Zucker zum Einsatz kommt. Besonders bei Soßenbindern für dunkle Soßen gesellt sich noch der Farbstoff E 150 C hinzu, auch bekannt als Ammoniak-Zuckerkulör.

Die gesundheitlichen Auswirkungen dieses Farbstoffs auf den Menschen sind noch nicht gut erforscht. Um die damit verbundenen Unsicherheiten und Risiken zu vermeiden, empfehle ich Produkte mit reinen Stärken wie Kartoffelstärke, Maisstärke oder sogar Flohsamenschalen, die zusätzlich gut für die Darmgesundheit sind.

Es gibt auch eine Fülle von Soßenbindern ohne jegliche Zusatzstoffe, und deshalb würde meine Wahl klar in diese Richtung gehen. Ein kleiner Schritt für die Gesundheit, ein großer Geschmack für die Gerichte!

Ketchup: Zwischen süßer Verführung und versteckten Überraschungen

Ketchup, die beliebte Begleitung zu Pommes und Co, ist zweifellos eine Zuckerbombe. Doch hier kommt eine gute Nachricht: In der Regel enthält Ketchup keine Zusatzstoffe, was den Genuss etwas versüßt. Doch Vorsicht ist geboten, denn es gibt auch Ketchup-Varianten mit dem verführerischen Werbeslogan „weniger Zucker". Klingt gut, oder?

Leider wird dieser Zucker oft durch Süßungsmittel ersetzt, was die vermeintlich bessere Variante nicht immer zu einer gesunden Wahl macht. Öko-Test hat Ketchup genauer unter die Lupe genommen und dabei fiel der bekannteste und beliebteste Ketchup in Deutschland durch – mit einer Note 6, wegen einer bedenklichen Menge von Schimmelpilzgiften.[152]

Überraschenderweise schnitten einige Ketchup-Produkte, sowohl konventionell als auch bio, mit der Note „sehr gut" ab. Sogar der Ketchup vom Discounter erwies sich als weitaus besser als der der bekannten Kultmarke. Es gibt auch verschiedene Ketchup-Sorten, die weniger Zucker enthalten.

Um die besten Ketchup-Optionen zu finden, scanne am Ende den QR-Code für eine Liste meiner persönlichen Produktempfehlungen. Denn auch beim Ketchup ist es wichtig, die Etiketten zu studieren und bewusst zu wählen.

Grillsoßen-Enttäuschung: Zwischen Geschmack und versteckten Zuckerbomben

Wenn es um Grillsoßen wie Salsa, Barbecue, Burgersoßen oder Süßsauersoßen geht, trügt der erste Geschmackseindruck oft. Zwar ist die süße Note verlockend, doch beim Blick auf die Inhaltsstoffe wird die Enttäuschung groß. Zucker, und das in Massen, findet sich in vielen Soßen, auch wenn sie nicht unbedingt süß schmecken. Die Vielfalt an verschiedenen Zuckerarten – und nicht zu vergessen, die reichhaltige Zugabe von Aromen – überrascht oft mehr als gedacht.

Besonders in der Grillzeit, wenn die Soßen auf dem Tisch landen, ist ein kritischer Blick auf die Zutatenliste unerlässlich. Meide Produkte mit Aromen, einschließlich natürlicher Aromen, und auch solche mit dem Säuerungsmittel Zitronensäure. Hier gilt wie bei allen Soßen: Weniger ist mehr. Denn die meisten Grillsoßen bestehen hauptsächlich aus Fett, Zucker, Salz und Aromen, und bieten ernährungsphysiologisch keinen Mehrwert. Also, genieße bewusst und in Maßen!

Tomatensoßen-Enthüllungen: Natur vs. Labor

Fertige Tomatensoßen – vermeintlich schnell und einfach. Aber werfen wir einen Blick auf die Zutatenliste. Viele konventionelle Soßen überraschen mit einem übermäßigen Zusatz von Aromen, die den fruchtigen Geschmack nicht durch echte Tomaten, sondern aus dem Labor zaubern. Ein Punkt, den es zu beachten gilt.

Zusätzlich findet sich in so gut wie allen Produkten ein Zuckerzusatz und häufig auch Sonnenblumenöl. Doch es gibt auch Lichtblicke: Produkte mit wirklich cleanen Zutaten, die nur aus Tomaten, Gemüse, nativem Olivenöl extra, Zitronensaft und einer Prise Salz bestehen. Wer es noch einfacher und günstiger mag, greift zu passierten Tomaten. Hier gibt es bis auf Tomaten und Speisesalz keine weiteren Zutaten. Zu Hause kann man die Soße nach Belieben mit frischen Gewürzen verfeinern.

Zutatenliste konventionelle Tomatensoße

ZUTATEN: Tomatenfruchtfleisch 66 %, Tomatenmarkkonzentrat 10 %, Zwiebeln 7 %, Wasser, Karotten 3,5 %, pflanzliche Öle (Olive, Sonnenblume), Zucker, Salz, Knoblauch 0,5 %, Thymian 0,4 %, Schnittlauch 0,2 %, Aromen, schwarzer Pfeffer.

Zutatenliste Bio-Tomatensoße

ZUTATEN: Italienische Tomaten* (74 %) (Tomatenfruchtfleisch*, Tomatenmark*), Karotten*, Zwiebeln*, Basilikum* (4 %), natives Olivenöl extra*, Zitronensaft*, Meersalz.

* aus biologischem Anbau

Ein leckerer Genuss ohne Zuckerzusatz und Aromen ist also durchaus möglich und zudem budgetfreundlich. Denn manchmal steckt die wahre Magie im Einfachen.

Auch bei fertigen Soßen wie Hollandaise, Carbonara oder Bratensoße kommt nicht nur häufig Sonnenblumenöl zum Einsatz, sondern nicht selten auch Aro-

Zutatenliste Carbonara Soße

ZUTATEN: Trinkwasser, 11 % geräucherter Speck (Schweinebauch, Speisesalz, Stabilisator Natriumisoascorbat, Pfeffer, Rauch), 6,7 % **Schlagsahne**, Rapsöl, modifizierte Stärke, **Schmelzkäse**, jodiertes Speisesalz, Zwiebeln, Emulgator Mono- und Diacetylweinsäureester von Mono- und Diglyceriden von Speisefettsäuren, Zucker, Hefeextrakt, Stabilisatoren (Natriumphosphate, Polyphosphate), Verdickungsmittel (Xanthan, Guarkernmehl), Gewürze (Muskatnuss, schwarzer Pfeffer, Knoblauch, Curcuma), **Eigelb**, Karottensaft, Säureregulator Natriumhydrogencarbonat, natürliche Aromen, Speisesalz, Petersilie.

men. Bevor man zur vermeintlich schnellen Lösung aus dem Glas, der Dose oder dem Tetrapack greift, ist ein kritischer Blick auf die Zutatenliste entscheidend. Einige Produkte enthalten beispielsweise Phosphate, deren potenzielle gesundheitliche Auswirkungen bereits im Teil 1 erwähnt wurden.

Hier wird uns eine bunte Mischung aus dem Labor serviert, und es ist wichtig, sich nicht von Versprechungen auf der Verpackung und dem leckeren Aussehen täuschen zu lassen. Genuss sollte nicht auf Kosten der Gesundheit gehen!

Mitten im Soßen-Universum gibt es einen erfreulichen Lichtblick: Sojasoße. Bei meinen Untersuchungen ist mir kein Produkt mit Zusatzstoffen aufgefallen. Die meisten Sojasoßen bestehen schlicht aus Wasser, Sojabohnen, Weizen und Speisesalz. Eine erfrischende Einfachheit in der Welt der Soßen.

Hier zeigt sich, dass dunkle Eleganz auch ohne versteckte Überraschungen möglich ist. Ein positives Beispiel dafür, dass bewusster Genuss nicht immer kompliziert sein muss. So bleibt der authentische Geschmack im Vordergrund, ohne von fragwürdigen Zusätzen überlagert zu werden.

FERTIGGERICHTE, KONSERVEN UND TIEFKÜHLPRODUKTE: WAS STECKT WIRKLICH DRIN?

Verlockende Bequemlichkeit, gesundheitlicher Kompromiss: Die Wahrheit über Fertiggerichte

In der heutigen schnelllebigen Zeit greifen viele von uns aus Bequemlichkeit zu Fertig- und Mikrowellengerichten. Schnell zubereitet, verlockende Verpackung – aber wie gesund sind sie wirklich? Die Realität sieht oft weniger rosig aus. Fertiggerichte mögen zwar zeitsparend sein, doch ihre gesundheitlichen Nachteile sind nicht zu übersehen.

Fertiggerichte, ob für die Mikrowelle oder aus der Dose, enthalten meist eine Fülle von Zusatzstoffen. Aromen, Geschmacksverstärker, Säuerungsmittel, Stabilisatoren, Emulgatoren – die Liste der künstlichen Begleiter ist lang. Das Problem bei diesen scheinbar praktischen Mahlzeiten ist, dass sie kaum Vitalstoffe enthalten. Die Rohstoffe, aus denen sie gemacht werden, sind nicht frisch, sondern meist hochverarbeitet, lang gelagert und dementsprechend vitalstoffarm.

Denken wir darüber nach, wie lange ein Fertiggericht im Supermarktregal schlummern muss. Hier entstehen weitere Nährstoffverluste. Hinzu kommt, dass viele Fertiggerichte aus kostengünstigen Rohstoffen hergestellt werden. Die Verwendung von Lebensmittelchemikalien aus dem Laborkasten ermöglicht zwar ein ansprechendes Aussehen, ein verlockendes Aroma und einen guten Geschmack, doch diese Tricks kaschieren oft minderwertige Zutaten.

Hier siehst du die Zutatenliste eines Hacksteaks in Sauce mit Kartoffelpüree und Gemüse (Erbsen und Möhren). Vergeht dir beim Anblick der Zutatenliste nicht auch der Appetit?

ZUTATEN: Wasser, Kartoffelpüree 23 % (Wasser, Kartoffeln, Rapsöl, Speisesalz, Emulgator: Mono- und Diglyceride von Speisefettsäuren, Stabilisator: Diphosphate, Antioxidationsmittel: **Natriummetabisulfit**, Ascorbinsäure, Gewürze), Hacksteaks 14 % (Schweinefleisch, z. T. fein zerkleinert, Zwiebeln, **Paniermehl (Weizenmehl (Gluten)**, Wasser, Speisesalz, Hefe), Speisesalz, **Magermilchpulver**, Hefeextrakt, Dextrose, natürliches Aroma (enthält **Soja**), Zucker, Gewürzextrakt, Rapsöl), Erbsen 11 %, Möhren 9 %, Zwiebeln, **Senf** (Wasser, **Senfsaaten**, Branntweinessig, Speisesalz, Gewürze), Zucker, Tomatenmark, modifizierte Stärke, Rapsöl, Speisesalz, Petersilie, Gewürze, Verdickungsmittel: Cellulosegummi und Guarkernmehl, karamellisierter Zucker, **Sahne**, Branntweinessig, Hefeextrakt, geräucherte Maltodextrin-Salz-Zubereitung (Maltodextrin, Salz, Rauch), Antioxidationsmittel: Ascorbinsäure.

Eine Schale enthält 1 Portion à 480 g

Nährwertinformationen	Pro 100 g	Pro Portion 480 g	(%*)
Energie	387 kJ 93 kcal	1858 kJ 446 kcal	22 % 22 %
Fett davon gesättigte Fettsäuren	4,0 g 1,5 g	19 g 7,2 g	27 % 36 %
Kohlenhydrate davon Zucker	9,0 g 3,1 g	43, g 15 g	17 % 17 %
Eiweiß	3,9 g	19 g	37 %
Salz	0,95 g	4,6 g	76 %

*** Referenzmenge für einen durchschnittlichen Erwachsenen (8.400 kJ/2.000 kcal)**

Der Salzgehalt dieser einen Portion deckt schon 76% der empfohlenen Tageshöchstmenge

Die vermeintliche Zeitersparnis bei der Zubereitung kann sich somit langfristig als teurer Deal für die Gesundheit erweisen. Die Frage, die sich stellt, ist: Wie viel Kompromiss sind wir bereit einzugehen, wenn es um unsere Ernährung geht?

In der scheinbar unendlichen Welt der Fertiggerichte verbergen sich nicht nur praktische Lösungen für den Hunger, sondern auch eine unerwartete Vielfalt an ungesunden Zutaten. Zucker, ein heimlicher Gast in vielen Gerichten, versteckt sich selbst in Speisen, wo man ihn am wenigsten vermuten würde – und das in beträchtlichen Mengen. Sein süßer Geschmack verleitet dazu, mehr zu essen, als eigentlich nötig ist.

Billiges Fett ist ein weiterer Akteur in dieser Fast-Food-Saga. Neben seiner konservierenden Wirkung dient es als perfekter Geschmacksträger und Kalorienlieferant. Doch nicht alle Fette sind gleich – Qualität spielt hier eine entscheidende Rolle.

Salz, Süßstoffe, Konservierungsstoffe und Antioxidationsmittel fügen sich zu einem unsichtbaren Cocktail zusammen, der den Fertiggerichten eine lange Haltbarkeit verschafft. Doch die negativen gesundheitlichen Folgen, die einige dieser Zusatzstoffe hervorrufen können, sind bereits bekannt.

Die Verpackung mag uns mit dem Hinweis „ohne Konservierungsstoffe" beruhigen, doch oft werden konservierende Antioxidationsmittel als Ersatz eingesetzt, nicht immer harmloser, aber in der Wirkung verschleiert sind.

Damit die Optik nicht auf der Strecke bleibt, werden Farbstoffe als Retter in der Not hinzugefügt. Die natürlichen Farben der Rohstoffe gehen durch die Verarbeitung verloren. Farbstoffe übernehmen diese Aufgabe, um den Schein der Frische zu wahren. Ein Täuschungsmanöver, dem bewusste Konsumenten nicht aufsitzen sollten.

Um den Geschmack ihrer Produkte zu intensivieren, greifen Fertiggericht-Hersteller gern auf Zusatzstoffe wie Glutamat und Aromen zurück. Diese künstlichen Geschmacksverstärker täuschen einen Gaumenschmaus vor, der in der Realität nicht existiert. Die Liste der Zusatzstoffe, die in diesen vermeintlichen Zeitersparnissen steckt, ist oft ziemlich lang.

Phosphat-Verbindungen, die sich in einigen Fertiggerichten verbergen, haben bereits den Ruf, langfristig schädlich für die Knochen zu sein. Die genauen Auswirkungen auf die Gesundheit sind jedoch noch nicht ausreichend erforscht. Die Palette der eingesetzten Zusatzstoffe reicht weiter – von technischen Hilfsstoffen in der Produktion bis hin zu Verpackungen aus Plastik oder beschichteten

Dosen, die mit Chemikalien in Kontakt kommen.

Im Kühlregal finden sich praktische Produkte wie Maultaschen, Tortellini und fertige Spätzle. Meine Recherchen ergaben, dass diese oft wenig schädliche Zusatzstoffe enthalten, jedoch hauptsächlich minderwertiges, raffiniertes Weizenmehl, Sonnenblumenöl und verschiedene Zuckerformen verwendet werden. Wenn es schnell gehen muss, kann man sich ab und zu an solchen Produkten bedienen, solange man sonst auf eine nährstoffreiche Ernährung achtet. Es ist eine praktische Option für den Zeitmangel, aber die bewusste Auswahl bleibt entscheidend für eine ausgewogene Ernährung.

Trotz der bedenklichen Mehrheit an Zusatzstoffen in Fertiggerichten gibt es erfreulicherweise Ausnahmen. In meiner Forschung bin ich auf Produkte gestoßen, die sich als wahre Perlen in der Welt der Fertigprodukte herausgestellt haben. Mit reinen, unverfälschten Zutaten, frei von jeglichen Zusatzstoffen, verwenden diese Produkte sogar hochwertiges natives Olivenöl extra anstelle von billigen Fetten. Sie punkten mit einem hohen Gemüseanteil und sind dabei noch verzehrfertig und zeitsparend.

Im letzten Kapitel habe ich meine schnellen Lieblingsprodukte aus dem Kühlregal hinzugefügt. Diese ermöglichen eine zügige Zubereitung, während ich weiterhin darauf achte, eine nährstoffreiche Ernährung beizubehalten.

Fazit: Fertigprodukte können nicht pauschal verurteilt werden. Jedes Produkt verdient eine individuelle Betrachtung, um die beste und gesündeste Wahl für den eigenen Bedarf zu treffen. Ein aufmerksamer Blick auf die Zutatenliste kann dabei den Unterschied zwischen einem bedenklichen Snack und einer gesunden Mahlzeit ausmachen. Aromen, übermäßiger Zucker, hoher Salzgehalt und zahlreiche Zusatzstoffe sollten als Alarmsignale dienen – denn jeder Einkaufszettel ist auch eine Abstimmung für unsere Gesundheit.

Konserven im Check: Praktisch, aber aufgepasst auf versteckten Zucker und die richtige Wahl

Konserven sind zweifelsohne ein bequemer Begleiter in der Küche, sei es in Glasform, der klassischer Dose oder den modernen abgepackten Beuteln. Die lange Haltbarkeit und die Vielfalt an Optionen machen sie zu einem beliebten Lebensmittel.

Doch ein kritischer Blick lohnt sich nicht nur bei Obst- und Gemüse-, sondern auch bei Fischkonserven, denn hier versteckt sich oft mehr Zucker, als man erwarten würde – selbst in vermeintlich unschuldigen Erbsen und Möhrchen. In einigen Rotkohlgläsern lassen sich sogar mehrere Zuckerarten entdecken. Eine erfreuliche Erkenntnis ist jedoch, dass Zusatzstoffe in Konserven, sei es in Bio- oder konventioneller Qualität, kaum zu finden sind.

Zutatenliste Rotkohl aus dem Glas

ZUTATEN: Rotkohl (80 %), Wasser, Branntweinessig, Glukose-Fruktose-Sirup, Zucker, modifizierte Stärke, Salz

Besonders wichtig für Sauerkraut-Liebhaber: Ungekühltes Sauerkraut ist nicht mehr lebendig, da die probiotischen Milchsäurebakterien durch die Erhitzung absterben. Für eine optimale Darmgesundheit empfiehlt sich daher frisches, gekühltes Sauerkraut, sofern verfügbar.

Wusstest du, wie Dosenmandarinen hergestellt werden? Die Mandarinenstücke werden zuerst in eine hoch ätzende Salz-Säure-Lösung und dann in eine Natronlauge gelegt, um die Haut zu entfernen. Obwohl die Hersteller behaupten, dass im Endprodukt keine Rückstände mehr vorhanden sind, klingt es vielleicht nicht besonders appetitlich. Konservenobst hat auch in den meisten Fällen einen extrem hohen Zuckeranteil, deshalb würde ich hier immer zur frischen oder Tiefkühlvarianten raten.

Beim Kauf von Dosenfisch lohnt es sich, nicht nur auf die Fischart, die Fangmethode und das Fanggebiet zu achten, sondern auch einen genaueren Blick auf die Zutatenliste zu werfen. Ob Bratheringsfilet, Makrelenfilet oder andere Fischkonserven in Soße, häufig findet man zugesetzten Zucker und je nach Produkt auch Zusatzstoffe. Beim Erkunden der Fischkonserven im Supermarkt zeigt sich, dass die Zusatzstoffe in den meisten Produkten als eher unbedenklich gelten. Dennoch ist Vorsicht geboten, denn in manchen Fischkonserven versteckt sich Zitronensäure, die nur in minimalen Mengen, wenn überhaupt, konsumiert werden sollte.

Besonders beim beliebten Thunfisch ist die Auswahl entscheidend. Viele Thunfischfilets sind in Sonnenblumenöl eingelegt, welches aufgrund des ungünstigen Omega-6-zu-3-Verhältnisses eher vermieden werden sollte, wie wir im vorherigen Kapitel besprochen haben. Zudem gibt es Thunfisch in Olivenöl, bei dem jedoch die Herausforderung besteht, die Qualität des Öls zu kennen. Durch die lange Lagerung gehen oft viele gesunde Fettsäuren verloren. Daher empfiehlt es sich, wenn man zu Thunfisch greift, auf Thunfisch im eigenen Saft zurückzugreifen. Thunfisch im eigenen Saft besteht meistens nur aus Fisch, Wasser und Salz.

Zusätzlich lässt sich sagen, dass ich während meiner Supermarkt-Recherche kaum bedenkliche Zusatzstoffe in Fischkonserven fand. Dennoch fällt auf, dass fast alle Produkte Zucker enthalten. Bei der Auswahl sollte daher bewusst auf den Zuckergehalt geachtet werden, um eine gesunde Wahl treffen zu können. Genieße Meereskost aus der Dose mit Bedacht und entdecke bewussten Genuss ohne versteckte Zusatzstoffe.

Beim Kauf von Konserven lohnt es sich, auf Bio-Qualität zu setzen, insbesondere wenn das Rohprodukt zwischen konventionellem und Bio-Anbau Unterschiede aufweist. Bei Obst, Gemüse und Fisch gibt es, je nach Anbauweise, erhebliche Qualitätsunterschiede.

Zusätzlich ist es ratsam, in Glas konservierte Produkte vorzuziehen, da Dosen einige Tücken aufweisen können. Die Verbraucherzentrale Bayern warnt davor, angebrochene Konservendosen direkt im Kühlschrank aufzubewahren.[153] Stattdessen empfiehlt es sich, den verbleibenden Inhalt in einen luftdicht verschließbaren Glas- oder Kunststoffbehälter umzufüllen.

Dieser Ratschlag basiert auf der Tatsache, dass viele Konservendosen im Inneren mit einem Schutzlack beschichtet sind. Beim Öffnen mit einem Dosenöffner oder anderen Werkzeugen wie Gabeln besteht die Gefahr, dass diese Schutzschicht beschädigt wird, wodurch Sauerstoff eindringen kann. Insbesondere bei Dosen aus Zinnmaterial kann dies zur Freisetzung von Zinn in die Lebensmittel führen, was bei erhöhtem Verzehr die Nieren belasten kann.

Ein weiteres Problem liegt darin, dass viele Konservendosen mit Bisphenol A (BPA) beschichtet sind. Dieser Stoff kann in den Lebensmittelinhalt übergehen und bei Verzehr von uns aufgenommen werden. Da BPA gesundheitsschädlich ist und in den Hormonhaushalt eingreifen kann[154], ist es empfehlenswert, auf Glasbehälter zurückzugreifen. Die Verwendung von Glas minimiert potenzielle gesundheitliche Risiken und trägt zu einer bewussteren Lagerung von Lebensmitteln bei.

Zudem ist der Griff zu konservierten Produkten in Glasverpackungen ratsam, um mögliche Aluminiumbestandteile aus Konservendosen zu umgehen. Langzeitlagerung oder saure Produkte können Aluminium in die Lebensmittel übertragen, was gesundheitlich bedenklich ist. Viele Dosen sind heutzutage aber auch aus Weißblech.

Als abschließendes Fazit bleibt festzuhalten: Konserven können eine gute Option sein, doch achte auf versteckten Zucker, bevorzuge Bio-Qualität und greife idealerweise zu Lebensmitteln in Glasverpackungen.

Eisig lecker:
Navigieren durch die Vielfalt der Tiefkühlprodukte im Supermarkt

In der Welt der Tiefkühlprodukte eröffnet sich im Supermarkt eine eindrucksvolle Bandbreite – von Tiefkühlgemüse über Pizza, Baguettes, Backwaren, Fertiggerichte, Eis, Tiefkühlfisch, Fleisch, Obst bis hin zu Kräutern oder Pommes. Diese riesige Auswahl bietet sowohl praktische Alltagshelfer als auch Produkte, von denen man besser Abstand nehmen sollte.

Die Vorteile liegen auf der Hand: Tiefkühlprodukte sind oft länger haltbar und können in vielen Situationen Zeit sparen. Doch die Unterschiede zwischen den Produkten sind riesig. Einige sind reich an Nährstoffen und qualitativ hochwertig, während andere eher mit Zusatzstoffen beladen und ernährungsphysiologisch wertlos sind.

In diesem Abschnitt werfen wir einen genauen Blick auf die Welt der Tiefkühlprodukte, um herauszufinden, welche den Einkauf wert sind und von welchen man besser die Finger lassen sollte. Tauchen wir gemeinsam ein in diese eisigen Leckereien des Supermarkts!

Eiskalt und gesund: Tiefkühlobst und -kräuter im Supermarkt-Check

Im Dschungel der Tiefkühlprodukte stechen Tiefkühlobst- und -kräuter als wahre Perlen heraus. Während meiner Supermarkt-Recherche fand ich kein Produkt dieser Kategorie, das mit Zusatzstoffen oder anderen unerwünschten Zutaten belastet war. Tiefkühlobst präsentiert sich als hervorragende Option, da es direkt nach der Ernte schockgefrostet wird, wodurch viele Nährstoffe erhalten bleiben.

In meinem eigenen Tiefkühlfach haben Tiefkühlfrüchte und auch Tiefkühlkräuter immer einen festen Platz. Ein kleiner Geheimtipp: Statt zu Kulturheidelbeeren zu greifen, probiere doch einmal Wildheidelbeeren. Sie haben nicht nur eine höhere Nährstoffdichte, sondern sind auch ausgesprochen gesund. Ein eiskalter Genuss mit Mehrwert!

Tiefkühlgemüse – Clevere Tipps für eine bewusste Auswahl

Tiefkühlgemüse bietet eine breite Palette von gesunden Optionen, doch der genaue Blick lohnt sich. Einige Sorten überzeugen mit reinem Gemüse, während andere, wie etwa Rahmgemüse, häufig Sonnenblumenöl und Zucker enthalten. Das Pfannengemüse, eine tiefgekühlte Fertiggericht-Variante, zeigt sich ebenfalls als schmackhafte Wahl, trotz des gelegentlichen Zuckereinsatzes und minderwertiger Öle.

Dennoch kann ich versichern, dass ich im Supermarkt keine gesundheitlich bedenklichen Tiefkühlgemüseprodukte finden konnte. Generell ist Tiefkühlgemüse eine ausgezeichnete Option, da es reich an Nährstoffen ist, oft bereits praktisch geschnitten und somit ideal für die schnelle Zubereitung köstlicher Gerichte geeignet. Also, greif beherzt zu und genieß die kühle Frische!

Frittierte Überraschung: Supermarkt-Pommes im Check – Zucker, Zusatzstoffe und das versteckte Sonnenblumenöl

Pommes frites aus dem Supermarkt – ein vermeintlich einfaches Produkt, das bei genauerem Hinsehen so manche Überraschung bereithält. Meine Recherche brachte ans Licht, dass nahezu alle Produkte einige Zusatzstoffe enthalten, darunter Stabilisatoren und sogar Zucker – eine Zutat, die man bei Pommes nicht unbedingt erwartet. Hinzu kommt häufig der Einsatz von entzündungsförderndem Sonnenblumenöl.

Besonders schockierend war der Blick auf Süßkartoffelpommes einer Eigenmarke. Auf den ersten Blick könnte man meinen, dies sei eine gesündere Alternative.

Doch die Realität sieht anders aus: Neben Zucker finden sich hier auch Phosphate und Verdickungsmittel. Insgesamt ergibt sich bei diesem vermeintlich gesunden Produkt eine Liste von vier Zusatzstoffen – eine Tatsache, die mich durchaus überrascht hat.

Hier ist also Vorsicht geboten – Augen auf und die Zutatenliste genau unter die Lupe nehmen. Selbst bei vermeintlich gesunden Produkten wie Süßkartoffelpommes sollte man sich nicht täuschen lassen. Die Bio-Variante überzeugt hier oft mehr. Zwar wird auch hier Sonnenblumenöl verwendet, doch die Zutatenliste beschränkt sich in der Regel auf das Wesentliche: Kartoffeln. Daher lautet der klare Rat: Sei wachsam, überprüfe die Zutaten und greife nach Möglichkeit zu Bio-Produkten.

Zutatenliste Süßkartoffelpommes

ZUTATEN: Süßkartoffeln 89 %, Sonnenblumenöl, Würzung 4 % (modifizierte Stärke, Reismehl, Dextrin, Speisesalz, Gewürze (Paprika, schwarzer Pfeffer), Knoblauchpulver, Zwiebelpulver, Backtriebmittel (Diphosphate, Natriumcarbonate), Verdickungsmittel (Xanthan), Paprikaextrakt). Zusatzstoffe. E 1414, E 415, E 450, E 500

Unten im Meer – Tiefkühlfisch

Beim Blick auf Tiefkühlfisch offenbart sich eine vielfältige Auswahl mit unterschiedlichen Bereichen. Zum einen haben wir die reinen, tiefgekühlten Filets oder Garnelen ohne Zusatzstoffe. In keinem der überprüften Produkte konnte ich unerwünschten Zusätze finden. Das ist doch mal eine wirklich positive Nachricht!

Dennoch gelten für Tiefkühlfisch dieselben Überlegungen wie für frischen Fisch. Es ist entscheidend, die Aspekte im Hinterkopf zu behalten, die wir bereits im vorherigen Kapitel genauer beleuchtet haben. Also betrachten wir aufmerksam die für uns bedeutenden Aspekte: Fischart, Fangmethode und Fanggebiet. Der Markt bietet im Tiefkühlfischbereich die Möglichkeit, zu hochwertigen, sauber produzierten Fischprodukten ohne bedenkliche Zusatzstoffe zu greifen.

Knusprig paniert, aber aufgepasst: Der Faktencheck zu Fischstäbchen im Supermarkt

Bei genauer Betrachtung von Fischstäbchen zeigt sich eine etwas komplexere Situation. Zwar enthalten Fischstäbchen immer Fischfilet, doch dieses ist oft von einer Hülle umgeben, die vorwiegend aus Weizenmehl und Fett besteht. Die Vielfalt der Produkte reicht von solchen mit Rapsöl bis hin zu solchen mit Sonnenblumenöl. Die Qualität des verwendeten Öls bleibt dabei meist im Dunkeln.

Ein auffälliges Muster zeigt sich bei Fischstäbchen hinsichtlich der Zusatzstoffe. Hierbei sind Phosphate häufig vertreten. Besonders kritisch ist, dass mehr als die Hälfte der Fischstäbchen, bio und auch konventionell, laut einem aktuellen Test von Öko-Test mit krebsverdächtigen Fettschadstoffen belastet ist.[155] Diese Schadstoffe entstehen beim rund 30-sekündigen Frittieren der panierten Fischstäbchen. Angesichts dieser Erkenntnisse ist besondere Vorsicht geboten, wenn es um den Kauf und die Zubereitung von Fischstäbchen geht.

Zutatenliste Fischstäbchen

ZUTATEN: Alaska Seelachs (49 %), Wasser, Rapsöl, Paniermehl (WEIZENMEHL, Wasser, Hefe, Salz), **Weizenmehl**, Stärke, Maismehl, Salz, Backpulver (Säuerungsmittel: Diphosphate, Backtriebmittel: Natriumcarbonate), **Magermilchpulver**, **Senfpulver**, Knoblauchpulver.

Neben den bekannten Fettschadstoffen, die beim Frittieren von Fischstäbchen entstehen können, gibt es eine weitere gesundheitliche Facette. Die pflanzlichen Frittierfette bilden Fettsäureester, für die die Europäische Behörde für Lebensmittelsicherheit eine maximale Tagesdosis festgelegt hat.[156]

Interessanterweise genügt bereits der Verzehr von 5 belasteten Fischstäbchen für eine Person mit einem Gewicht von etwa 30 Kilo – etwa einem Kind im Alter von 7 bis 8 Jahren –, um mehr als die

Hälfte der maximalen Tagesdosis dieser Fettsäureester auszuschöpfen. Diese Erkenntnis unterstreicht die Notwendigkeit eines bewussten Umgangs mit Fischstäbchen, besonders wenn sie bei Kindern auf dem Speiseplan stehen.

Für den optimalen Fischgenuss ist es ratsam, auf unverarbeitete Fischfilets zurückzugreifen und diese selbst zu panieren, wenn man sichergehen möchte, keine unerwünschten Zusatzstoffe zu konsumieren. Alternativ bieten sich Testsiegerprodukte an, die im dritten Teil meines Buches ausführlich vorgestellt werden. Denn auch bei Fischstäbchen und Tiefkühlfisch gilt es, bewusste Entscheidungen für die eigene Gesundheit und die der Familie zu treffen.

Schlemmerfilet: Blick auf die Zutatenliste lohnt sich!

Beim Schlemmervergnügen ist es entscheidend, auf das individuelle Produkt zu achten. Während einige Schlemmerfilets unbedenkliche Zutatenlisten aufweisen, gibt es auch Produkte mit minderwertigen Fetten und Zuckerzusätzen. Insgesamt konnte ich jedoch in meinen Recherchen keine Schlemmerfilets mit bedenklichen Zusatzstoffen finden. Bei der Auswahl lohnt es sich, auf eine Zutatenliste ohne zusätzlichen Zucker und mit hochwertigeren Ölen zu setzen – für eine proteinreiche Genussvariante.

Tiefkühlfleisch-Qualität im Fokus: Auf Dextrose und Zusatzstoffe achten

Beim Kauf von Tiefkühlfleisch steht die Qualität im Vordergrund, insbesondere bei konventionellen Fleischprodukten, bei deren Produktion problematische Tierhaltungsbedingungen und minderwertige Futtermittel leider noch immer weiter verbreitet sind, als sich der Duchschnittsverbraucher eingestehen möchte. Positiv ist jedoch festzuhalten, dass viele unverarbeitete Tiefkühlfleischprodukte auf besorgniserregende Zusatzstoffe verzichten, darunter auch Natriumnitrit.

In der Welt der Tiefkühlfleischprodukte gibt es Licht und Schatten. Positiv ist anzumerken, dass z. B. Burgerpattys und unverarbeitete Fleischsorten wie Hähnchen oder Ente meist keine Zusatzstoffe enthalten. Burgerpattys bestehen oft nur aus Fleisch, Salz und Gewürzen. Diese transparente Zutatenliste macht es einfacher, sich bewusst dafür zu entscheiden.

Ein häufiger Bestandteil vieler verarbeiteter Tiefkühlfleischprodukte, z. B. Cordon Bleu, ist jedoch Dextrose – eine Form von Zucker. Dextrose wird oft als Geschmacksverstärker, Texturgeber oder auch zur Verbesserung der Haltbarkeit eingesetzt. Hier können auch weitere Zusatzstoffe ins Spiel kommen, leider auch Natriumnitrit. Deshalb lohnt sich der Griff zu möglichst naturbelassenen Fleischprodukten.

Insgesamt sollte der Fleischkonsum jedoch sehr überlegt und qualitätsorientiert erfolgen. Häufige Verfügbarkeit von Fleischprodukten bedeutet oft Abstriche in der Qualität, sei es durch problematische Tierhaltungsbedingungen oder minderwertige Futtermittel. Das Fazit lautet daher: Wenn möglich zu Bio-Optionen greifen - nicht nur zum eigenen Wohl, sondern auch im Interesse der Tiere und der Umwelt. Qualität sollte stets vor Quantität stehen.

Zutatenliste Hähnchen Cordon Blue (tiefkühl)

ZUTATEN: Hähnchenbrustfilet 49 %, **Weizenmehl**, Wasser, Rapsöl, Formfleischputenkochschinken aus Putenfleischstückchen zusammengefügt 8 % (Putenfleisch, Wasser, Nitrit-Pökelsalz (Speisesalz, Konservierungsstoff Natriumnitrit), Speisesalz, Dextrose, Gewürzextrakt, Gewürz), **Gouda** 8 %, Stärke, Speisesalz, Dextrose, Reisgrieß, Hefe, Gewürze.

Eiskalt: Bewusste Eis-Auswahl für den süßen Moment

Sommerzeit ist Eiszeit (bei mir gern auch im Winter) und während wir uns bewusst sind, dass Eis nicht unbedingt ein Gesundheitswunder ist, können wir dennoch darauf achten, eine leckere Erfrischung zu wählen, die nicht unnötig mit Zusatzstoffen beladen ist.

Ein Vergleich zwischen konventionellem Schokoladeneis und Bio-Schokoladeneis zeigt, dass weniger oft mehr ist. Wenige, hochwertige Zutaten können ein ebenso köstliches Eis hervorbringen, ohne den Körper mit überflüssigen Zusatzstoffen zu belasten. Genieße dein Eis bewusst und wähle Optionen, die dir nicht nur schmecken, sondern auch die Zutatenliste im Zaum halten.

Beispiel konventionelles Schokoladeneis:

ZUTATEN: Entrahmte **Milch**, Glukosesirup, Zucker, Kokosfett, fettarmes Kakaopulver 4,5 %, Kakaomasse 4,5 %, Glukose-Fruktose-Sirup, **Molkenerzeugnis**, **Magermilchpulver**, Emulgatoren (Mono- und Diglyceride von Speisefettsäuren, Ammoniumphosphate), **Vollmilchpulver**, Kakaobutter, Stabilisatoren (Johannisbrotkernmehl, Guarkernmehl), natürliches Aroma.

Beispiel Bio-Schokoladeneis:

ZUTATEN: Entrahmte **Milch***, **Sahne*** 34 %, Rohrohrzucker*, **Hühnereigelb***, fettarmes Kakaopulver* 3,5 %, Glukosesirup*, Stabilisator (Johannisbrotkernmehl*).

*aus biologischer Landwirtschaft

Tiefkühl-Fertiggerichte im Blick: Gesunde Optionen für eilige Momente

Fertiggerichte aus der Tiefkühltruhe sind besonders praktisch. Ob es der Makkaroni-Auflauf ist, die Lasagne Bolognese oder doch Bami Goreng, praktisch sind sie allemal. Doch wie gesund sind diese eiligen Mahlzeiten wirklich? Werfen wir einen genaueren Blick auf Tiefkühl-Fertiggerichte und entdecken, welche Optionen sich für eine bewusste Ernährung in hektischen Momenten eignen.

In der Welt der Fertiggerichte bietet die Tiefkühlabteilung oft eine qualitativ hochwertigere Auswahl im Vergleich zu ungekühlten Varianten. Dies liegt vor allem daran, dass Tiefkühl-Fertigprodukte, besonders jene mit Gemüse, mehr Nährstoffe bewahren können.[157] Trotzdem sind hier auch die üblichen Verdächtigen wie minderwertige Öle und Zucker präsent. Wenn jedoch zu Fertigprodukten gegriffen werden soll, weil es schnell gehen muss, ist die Tiefkühlvariante in der Regel die gesündere Wahl im Vergleich zu Mikrowellengerichten oder nicht gekühlten Fertigprodukten.

Pizza und Baguette: Schnell, aber wenig Nährwert, viel Zusatzkram

Okay, wir alle lieben die Bequemlichkeit von Tiefkühlpizza und -baguette. Praktisch, einfach in den Ofen schieben, und schwupps, fertiges Essen, oder? Aber lasst uns mal ehrlich sein – diese scheinbar günstigen Optionen sind wie Wölfe im Schafspelz. Hauptakteur ist immer Weizenmehl, oft im Kombipack mit einer Horde von Zuckerarten.

Auch, wenn viele Pizzen und Baguettes vielleicht behaupten, sie wären durch die Tiefküh ung

Hier siehst du die Zutatenliste einer Salami Pizza. Wir haben hier eine Fülle an bedenklichen Zusatzstoffen, darunter Phosphate und Nitrit, sowie versteckten Zucker. Welchen Mehrwert soll das unserem Körper bringen?

ZUTATEN: Weizenmehl, Wasser, **Edamer Käse** 10 %, Tomatenkonzentrat 9,5 %, passierte Tomaten 5,6 %, Zwiebeln 4,8 %, Champignons 4,0 %, gekochter Hinterschinken 4,0 % (Schweinefleisch, Wasser, Salz, Dextrose, Stabilisatoren (Natriumnitrit, Diphosphate Triphosphate), Antioxidationsmittel (Natriumascorbat), Gewürzextrakt, Raucharoma), Pepperoni-Salami 4,0 % (Schweinefleisch, Speck, Salz, Gewürze, Dextrose, Knoblauchpulver, Zwiebelpulver, Gewürzextrakte, Stabilisator (Natriumnitrit), Antioxidationsmittel (Extrakt aus Rosmarin), Rauch), Rapsöl, Salz, Backhefe, modifizierte Stärke, Zucker, Emulgator (Mono- und Diglyceride von Speisefettsäuren), Knoblauch, Dextrose, Pfeffer, Oregano, Basilikum.

frisch und munter – sobald du die Zutatenliste checkst, kommt die Wahrheit ans Licht. Dort tauchen Zusatzstoffe auf, die man nicht wirklich auf seinem Teller haben möchte. Natriumnitrit (häufig in Sorten mit Wurst), Antioxidationsmittel, Konservierungsstoffe, Stabilisatoren – das klingt nicht nach einem leckeren Dinner, oder? Diese ganzen chemischen Beigaben haben weniger mit dem Geschmack als mit Haltbarkeit und Optik zu tun.

Diese Zusatzstoffe dienen nicht nur dazu, die Haltbarkeit zu verlängern, sondern sollen auch die Optik, den Geschmack und die Konsistenz verbessern. Doch was auf den ersten Blick appetitlich erscheint, kann auf den zweiten Blick als ernährungsphysiologisches Fiasko entlarvt werden. Denn diese Produkte sind, ernährungstechnisch betrachtet, mehr ein Kompromiss als eine richtige Mahlzeit. Sie füllen vielleicht den Magen, aber der Körper bekommt nur wenige bis gar keine wertvollen Nährstoffe.

Solche Tiefkühlprodukte sollten in einer ausgewogenen und gesunden Ernährung stark reduziert oder gänzlich vermieden werden. Die Verwendung von raffiniertem Weizenmehl, begleitet von verschiedenen Zuckerarten und einem Cocktail von Zusatzstoffen, macht diese Produkte zu wenig empfehlenswerten Optionen. Aber auch hier gibt es auch Hoffnung! Wenn das Pizzaverlangen zu groß ist, kann man auf die Bio-Variante zurückgreifen. Bio-Pizzen verzichten oft auf Zusatzstoffe und bieten damit eine etwas gesündere Alternative. Wenn du also nicht widerstehen kannst, gönne dir ab und zu mal eine Bio-Pizza. In meiner Liste der Produktempfehlungen zeige ich auch Alternativen, zu denen man hin und wieder mal greifen kann.

Die beste Wahl ist aber der Gang zu einem authentischen italienischen Restaurant – oder die häusliche Zubereitung ohne Zusatzstoffe. Hier kann man die Qualität der Zutaten selbst kontrollieren und sicherstellen, dass die Mahlzeit nicht nur schmackhaft, sondern auch nährstoffreich ist.

PARADIESCREME, GÖTTERSPEISE UND CO: BACKMISCHUNGEN UND DESSERTPULVER UNTER DER LUPE

Backmischungen und Backzutaten, wie auch besonders Dessertpulver, können auf den ersten Blick wie eine süße Verlockung aus Omas Backstube wirken, doch bei genauerer Betrachtung offenbaren sich häufig unerwünschte Zusatzstoffe. Diese Produkte sind oft reich an künstlichen Aromen, die im Labor hergestellt werden und wenig mit natürlichen Geschmacksquellen zu tun haben. Die süßen Bilder auf den Verpackungen suggerieren einen hausgemachten Geschmack, doch in Wirklichkeit verbergen sich darin oft billiger Zucker, minderwertige Öle, Emulgatoren, Stabilisatoren und Geliermittel wie das umstrittene Carrageen.

Ein genauer Blick auf die Zutatenliste vieler Dessertpulver zeigt, dass sie trotz ihrer paradiesisch klingenden Namen nicht immer so himmlisch sind. Selbst in vermeintlich traditionellen Produkten wie Vanillesoße findet sich häufig keine echte Vanille, sondern lediglich der Geschmack durch künstliche Aromen. Der Hinweis „Geschmack" auf der Verpackung ist ein Indiz für den Einsatz von Aromen, die nicht zwangsläufig aus dem jeweiligen Lebensmittel stammen.

Hier siehst du die Zutatenliste einer Dessert Soße Vanille Geschmack ohne Kochen. Hast du die Vanille schon gefunden? Nein? Ich auch nicht.

ZUTATEN: Zucker, modifizierte Stärke, Glukosesirup, pflanzliche Öle (Palmkern, Palm), Aroma (enthält Milch), Emulgator (E 472b), Salz, Farbstoff (Carotin), **Milcheiweiß**.

Bei der Analyse konventioneller Produkte habe ich festgestellt, dass darin oft viele bedenkliche Zusatzstoffe enthalten sind, was es schwer macht, sie mit gutem Gewissen zu empfehlen. Bioprodukte schneiden tendenziell besser ab, da sie häufig auf Zusatzstoffe verzichten, aber sie enthalten dennoch oft preisgünstige Zucker- und Ölsorten.

Insgesamt lässt sich festhalten, dass bei Dessertpulvern Vorsicht geboten ist. Trotz der paradiesischen Optik der Verpackung entsprechen sie nicht immer den Erwartungen an eine hochwertige und natürliche Nachspeise. Selbst Produkte wie der scheinbar handgerührte Lieblingsmilchreis können durch genaue Prüfung der Inhaltsstoffe zur Enttäuschung werden. Daher ist es ratsam, Alternativen zu suchen, die auf natürlichere und hochwertigere Zutaten setzen.

Bei Backmischungen zeigt sich ein ähnliches Bild, und leider muss ich auch hier sagen, dass sie nicht unbedingt empfehlenswert sind.

Liest sich die Zutatenliste der Classic Muffins mit Schokostückchen nicht alles andere als Zuckersüß?

ZUTATEN: Weizenmehl, Zucker, Schokolade 21 % (Zucker, Kakaomasse, Kakaobutter, Emulgator (Lecithine (**Soja**))), Stärke (**Weizen**),

KAPITEL 3

Oligofruktose, Dextrose, Backtriebmittel (Diphosphate, Natriumcarbonate), Verdickungsmittel (Guarkernmehl, Xanthan), Aroma Vanillin, Emulgatoren (E 475, E 471).

Es lohnt sich, die zusätzlichen fünf Minuten zu investieren und den Kuchen selbst zu backen. Dies ermöglicht nicht nur die Kontrolle über die Qualität des Zuckers, sondern auch die Wahl gesünderer Alternativen, wie z. B., den Kuchen ganz oder teilweise mit Vollkornmehl zu backen.

Betrachten wir nun das Backpulver. Es gibt zwei Haupttypen: das klassische Backpulver und das sogenannte Reinweinsteinbackpulver. Der Unterschied liegt in den Inhaltsstoffen.

Klassisches Backpulver enthält Natriumcarbonat und Diphosphate (E 450), wobei Letztere als gesundheitlich bedenklich gelten. Reinweinsteinbackpulver hingegen verzichtet auf Phosphate, weshalb es eine bessere Wahl ist. Obwohl dies als eine kleine Nuance erscheinen mag, summiert sich die Wirkung dieser Kleinigkeiten. Reinweinsteinbackpulver kann problemlos im Verhältnis eins zu eins als Ersatz für klassisches Backpulver verwendet werden.

Beispiel konventionelles Backpulver mit Phosphaten

ZUTATEN: Backtriebmittel (Diphosphate (E 450), Natriumcarbonate (E 500)), Stärke.

Beispiel Reinweinsteinbackpulver auf Basis von unbedenklichen Kaliumtartraten

ZUTATEN: Säuerungsmittel 56 % (Kaliumtarttrate (E 336)), Backtriebmittel (Natriumcarbonate (E 500)), Stärke.

SPECIAL: PFLANZLICHE ERSATZPRODUKTE – DIE ZUKUNFT AUF DEM TELLER?

Pflanzliche Ernährung liegt im Trend und viele suchen nach Alternativen zu Milchprodukten, Fisch und Fleisch. Doch bevor wir diesem Hype folgen, werfen wir einen genaueren Blick auf pflanzliche Optionen – und warum diese trotz ihrer Beliebtheit nicht zwangsläufig gesünder sind.

1 Pflanzliche Milchersatzprodukte: Warum sie beliebt sind: Hafermilch, Mandelmilch, Sojamilch – die Auswahl ist riesig. Pflanzliche

Milchprodukte gelten oft als leicht verdaulich und sind für Veganer oder Menschen mit Laktoseintoleranz eine willkommene Alternative.

Der Haken: Viele der im Supermarkt erhältlichen Pflanzenmilchprodukte enthalten zugesetzten Zucker, Verdickungsmittel, billige Öle und Aromen. Einige haben nicht die natürlichen Nährstoffe, die in Kuhmilch vorkommen. Schauen wir uns die Milchalternativen mal genauer an.

Sorte	Herstellung	Vor- und Nachteile
Sojamilch	Sojabohnen werden eingeweicht, püriert und dann ausgepresst. Die Flüssigkeit wird filtriert und durch Erhitzen behandelt.	Sojamilch ist reich an Proteinen, enthält viele Nährstoffe und ist vielseitig einsetzbar. Es besteht jedoch der Verdacht, dass der hohe Gehalt an Phytoöstrogenen den Hormonhaushalt beeinflussen könnte.[176]
Mandelmilch	Mandeln werden gemahlen und mit Wasser gemischt. Die Mischung muss mehrere Stunden ziehen und wird schließlich gefiltert.	Mandelmilch hat einen milden Geschmack und ist kalorienarm, enthält jedoch weniger Eiweiß als Kuhmilch.
Hafermilch	Hafer wird eingeweicht und püriert. Enzyme wie Amylase können zugesetzt werden, um den natürlichen Zucker im Hafer zu spalten. Die Mischung wird dann gefiltert.	Hafermilch ist cremig und enthält Ballaststoffe, kann aber aufgrund von Enzymen einen hohen natürlichen Zuckergehalt haben. Das kann den Blutzuckerspiegel negativ beeinflussen.
Kokosmilch	Das Fleisch der Kokosnuss wird gepresst und mit Wasser gemischt. Die Mischung wird gefiltert.	Kokosmilch hat einen intensiven Geschmack und einen höheren Fettgehalt. Sie eignet sich gut für bestimmte Gerichte, kann aber auch kalorienreich sein.
Reismilch	Reismilch wird aus gemahlenem Volkkornreis und Wasser hergestellt. Die Mischung wird gekocht, vermaischt, fermentiert und gefiltert. Abschließend wird das Filtrat mit Pflanzenöl versetzt und emulgiert.	Sie ist natursüß und leicht verdaulich, enthält jedoch weniger Proteine als andere Alternativen.

Sorte	Herstellung	Vor- und Nachteile
Erbsenmilch	Gewonnen aus gelben, pürierten Erbsen, Wasser und Pflanzenöl. Den meisten Produkten werden auch Zucker und Aromen zugesetzt.	Erbsenmilch bietet eine gute Proteinquelle, deren Nährstoffprofil dem von Kuhmilch ähnelt. Bisher gibt es nur wenige Hersteller und die Produkte sind oft voller Zusatzstoffe.

Es gibt noch viele weitere Milchalternativen wie Cashewmilch, Haselnussmilch und Dinkelmilch, um nur einige zu nennen. Variation in der Wahl der Milchalternativen ist ratsam, um von den verschiedenen Nährstoffprofilen zu profitieren. Dennoch sollte beachtet werden, dass viele dieser Produkte stark verarbeitet sind und oft Zusatzstoffe enthalten.

Hier siehst du einen Vergleich von einem Eistee und einer Bio-Hafermilch. Achte dabei auf den Zuckergehalt. Deshalb achte beim Kauf von Milchalternativen unbedingt auf die Zuckermenge und lasse dich von „ohne Zuckerzusatz" nicht täuschen.

Durchschnittliche Nährwerte	Unzubereitet pro 100 ml
Energie	116 kJ
Energie	27 kcal
Fett	< 0,5 g
Fett, davon gesättigte Fettsäuren	<0,1 g
Kohlenhydrate	6,6 g
Kohlenhydrate, davon Zucker	6,5 g
Eiweiß	< 0,5 g
Salz	0,05 g

Nährwerttabelle eines Eistee

Zutatenliste einer beliebten Erbsenmilch

ZUTATEN: Wasser, Rapsöl, Erbsenprotein 2,5 %, fermentierter Reis, Säureregulator: Kaliumphosphat, Calciumcarbonat, Zitrusfasern, Meersalz, natürliche Aromen, Kaliumiodat, Natriumselenat, Vitamin D3, Vitamin B12.

Es ist entscheidend, bei pflanzlichen Milchalternativen und allen anderen pflanzlichen Milchersatzprodukten, z. B. Sahneersatz, auf zugesetzten Zucker, zugesetzte Öle und mögliche Zusatzstoffe zu

Durchschnittliche Nährwerte	Unzubereitet pro 100 ml
Energie	168 kJ
Energie	40 kcal
Fett	1,4 g
Fett, davon gesättigte Fettsäuren	0,2 g
Kohlenhydrate	6 g
Kohlenhydrate, davon Zucker	5,2 g
Ballaststoffe	0,5 g
Eiweiß	0,6 g
Salz	0,13 g

Nährwerttabelle einer Bio-Hafermilch

achten. Bei Hafermilch sollte der Zuckergehalt nicht über 2 Gramm pro 100 Milliliter liegen. Das ist wichtig, um den Blutzuckerspiegel nicht zu belasten und eine wirklich gesunde Alternative wählen zu können.

Die beste Option bleibt die Herstellung von Milchalternativen zu Hause, wenn die Zeit es erlaubt. Hierbei kann man die Zutaten kontrollieren und auf Zusatzstoffe verzichten. Trotzdem habe ich für jede Milchalternative die besten Produkte ausgewählt, die auf der Produktempfehlungen-Liste zu finden sind. Es ist wichtig zu betonen, dass die Entscheidung für Milchalternativen individuell ist und dass man stets auf die Qualität und Zusammensetzung der Produkte achten sollte.

2. Pflanzliche Alternativen zu Fleisch und Fisch:
In der modernen Ernährungswelt gewinnen pflanzliche Fleisch- und Fischalternativen zunehmend an Bedeutung. Diese Produkte wurden speziell entwickelt, um nicht nur die visuelle Konsistenz, sondern auch den Geschmack von Fleisch und Fisch nachzuahmen. Im Fokus stehen hier nicht die Alternativen aus reinem Gemüse, sondern vielmehr Produkte, die auf pflanzlicher Basis hergestellt werden und den Genuss von Fleisch oder Fisch simulieren sollen. Diese innovativen Erzeugnisse werden vor allem auf der Basis von Tofu, Tempeh, Seitan und Erbsenprotein hergestellt, als pflanzliche Alternativen zu traditionellen tierischen Lebensmitteln. Doch wie gesund sind sie wirklich? Wir werfen einen genaueren Blick auf ihre Nährstoffprofile und die damit verbundenen Gesundheitsaspekte, um fundierte Entscheidungen bei ihrer Integration in unsere Ernährung treffen zu können.

Warum sie beliebt sind: Vegane Fleischalternativen boomen, da sie nicht nur ethisch besser vertretbar scheinen, sondern auch als gesündere Option angesehen werden. Mit steigendem Umweltbewusstsein suchen viele Menschen auch nach pflanzlichen Alternativen zu Fisch, um die Überfischung der Meere zu reduzieren.

Der Haken: Viele Fleischersatzprodukte basieren auf isolierten Pflanzeneiweißen und enthalten oft Soja-, Weizen- oder Erbsenproteine. Einige dieser Produkte können reich an gesättigten Fettsäuren, Salz und zusätzlichem Zucker sein. Zudem sind sie oft stark verarbeitet, um die fleischähnliche Konsistenz zu erreichen. Einige Fischersatzprodukte können hohe Mengen an Salz, Zusatzstoffen und Konservierungsmitteln enthalten. Auch bieten sie möglicherweise nicht den gleichen

Zutatenliste einer veganen Schinken Wurst. Hier finden sich unter anderem Zucker, Carrageen und Aromen

ZUTATEN: Trinkwasser, Rapsöl, Paprika 6 %, Verdickungsmittel: Carrageen, Tarakernmehl, Konjak; Bambusfasern, Gewürzextrakte, Sonnenblumenprotein 2 %, Kochsalz, Traubenzucker, natürliches Aroma, Zitrusfasern, Gewürze, Kartoffelprotein, Farbstoffe: Anthocyane, Carotine.

Gehalt an Omega-3-Fettsäuren wie echter Fisch.

Pflanzliche Fleisch- und Fischalternativen sind vielfältig und werden oft als gesündere Option betrachtet. Doch es gibt einige Aspekte zu beachten:

1. **Proteingehalt:** Pflanzliche Fleischalternativen wie Tofu, Tempeh und Seitan können einen hohen Proteingehalt haben. Der Einsatz von Erbsenprotein ist auch bei vielen Produkten üblich, was eine gute Proteinquelle darstellt.
2. **Zusatzstoffe:** Bei einigen Produkten sind zahlreiche Zusatzstoffe enthalten, einschließlich Konservierungsmittel, Aromen und Verdickungsmittel. Es ist wichtig, die Zutatenliste zu überprüfen und nach Optionen mit möglichst wenigen Zusätzen zu suchen.
3. **Natürliche Nährstoffe:** Pflanzliche Alternativen können weniger gesättigte Fette enthalten, was positiv für die Herzgesundheit sein kann. Einige Produkte sind auch mit Vitaminen und Mineralstoffen angereichert, um den Nährstoffgehalt zu verbessern. Hier wissen wir allerdings nichts über die Herkunft, weshalb sich die Qualität und Wirkung der zugesetzten Vitamine und Mineralstoffe nicht beurteilen lässt. Einige pflanzliche Alternativen können natürliche Nährstoffe, die in tierischen Produkten vorkommen, nicht im gleichen Maße liefern. Es ist wichtig, sicherzustellen, dass man alle notwendigen Nährstoffe aus einer ausgewogenen Ernährung bezieht.
4. **Verarbeitungsgrad:** Viele pflanzliche Fleisch- und Fischalternativen sind stark verarbeitet, um die gewünschte Textur und den gewünschten Geschmack zu erreichen. Der Grad der Verarbeitung variiert jedoch zwischen den Produkten, es gibt auch einige, die weniger stark verarbeitet sind.
5. **Allergene:** Allergene wie Soja, Weizen oder Gluten können in einigen Produkten vorkommen. Personen mit Allergien sollten die Zutaten sorgfältig überprüfen und nach allergenfreien Produkten suchen.

Es ist entscheidend, bei der Auswahl pflanzlicher Fleisch- und Fischalternativen auf Zusatzstoffe wie E407 Carrageen oder E407a Euchema Alge zu achten, da dieses Gelier- und Verdickungsmittel allergieähnliche Symptome hervorrufen kann und im Verdacht steht, schädlich für den Darm und das Immunsystem zu sein.[158] In Fällen, in denen diese Zusatzstoffe nicht enthalten sind, können pflanzliche Fleischalternativen in Maßen in die Ernährung integriert werden, sollten jedoch nicht deren täglicher Hauptbestandteil sein.[159]

Zu beurteilen, ob es gesünder ist, pflanzliche Alternativen echtem Fleisch vorzuziehen, ist nicht leicht und von vielen Faktoren abhängig. Sowohl konventionelle Fleischprodukte als auch deren pflanzliche Alternativen sollten mit Bedacht konsumiert werden, da beide oft stärker verarbeitet sind. Ein wesentlicher Vorteil pflanzlicher Produkte liegt im Verzicht auf tierische Ressourcen, was vor allem für das Tierwohl von Bedeutung ist.

Möglichst wenig verarbeitete Produkte zu konsumieren, ist gut für die Umwelt und unsere Gesundheit. Pflanzliche Fleischalternativen sind jedoch häufig stark verarbeitet, daher ist es ratsam, dabei bewusst nach weniger stark verarbeiteten Produkten zu suchen.

Eine vollwertige pflanzliche Ernährung, die auf unverarbeiteten pflanzlichen Lebensmitteln basiert, wird als vorteilhaft betrachtet. Wenn du Lust auf einen Burger hast, könnte zum Beispiel ein Gemüsepatty anstelle von stark verarbeiteten Fleischalternativen positive Auswirkungen auf die Gesundheit haben. Insgesamt ist Vielfalt in der Ernährung entscheidend, und eine bewusste Auswahl, unter Berücksichtigung der individuellen Gesundheitsziele, kann zu einer ausgewogenen Ernährung beitragen.

Fazit: Pflanzliche Alternativen zu Milchprodukten, Fisch und Fleisch können eine großartige Ergänzung zu einer ausgewogenen Ernährung sein, besonders für Menschen mit speziellen Ernährungsbedürfnissen. Trotzdem ist es wichtig, zu beachten, dass pflanzliche Fleisch- und Fischalternativen nicht zwangsläufig gesünder sind, nur weil sie pflanzlich sind. Wie bei jedem Nahrungsmittel ist die Qualität der Zutaten entscheidend.

Deshalb: Wachsam sein und Etiketten lesen, um sicherzustellen, dass die pflanzlichen Varianten nicht mit übermäßig vielen Zusätzen und starker Verarbeitung einhergehen. Eine ausgewogene Ernährung, die auf frischen, unverarbeiteten Lebensmitteln basiert bleibt der Schlüssel zu einem gesunden Lebensstil.

KAPITEL 4

SNACK-ATTACK
ALLES ÜBER NASCHEN UND KNABBERN

KNUSPRIGE VERSUCHUNGEN:
CHIPS, ERDNUSSFLIPS UND ANDERE KNABBEREIEN

Jetzt nehmen wir gemeinsam Chips, Erdnussflips und allerlei Knabbereien unter die Lupe, um herauszufinden, was sich hinter dem knusprigen Genuss verbirgt. Zwischen den altbewährten Favoriten und den neuen Alternativen gibt es eine bunte Palette von Optionen – von den traditionellen frittierten Klassikern bis zu den proteinreichen Erbsenflips. Wir werden nicht nur die üblichen Verdächtigen prüfen, sondern auch einige gesündere und natürlichere Alternativen vorstellen, um dir die Wahl bei deinen knusprigen Snacks zu erleichtern. Lass uns gemeinsam in die Welt des Crunch-Faktors eintauchen und herausfinden, welche knusprigen Versuchungen deine Geschmacksnerven ohne Reue befriedigen können.

Der Snackmarkt erlebt einen Wandel, mit einer Vielzahl alternativer Knabberprodukte, darunter Gemüse- und Hülsenfruchtchips und Chips aus dem Kessel, die alle als gesündere Optionen im Vergleich zu traditionellen Kartoffelchips gelten. Doch wie gesund sind diese neuen Produkte wirklich?

Hülsenfruchtchips werden oft als „weniger fettreich" beworben, was jedoch nicht automatisch bedeutet, dass sie weniger Kalorien haben. Im Durchschnitt haben Hülsenfruchtchips etwa 17 % weniger Kalorien als Kartoffelchips.[160] Was das eigentliche Problem ist: Einige Hülsenfruchtprodukte weisen einen alarmierend hohen Salzgehalt auf. Die Deutsche Gesellschaft für Ernährung empfiehlt nicht mehr als 6 Gramm Salz pro Tag.[161] 100 g Kartoffelchips und einige Hülsenfruchtprodukte enthalten einen Salzgehalt von 1,5 Gramm oder mehr pro 100g, ein Viertel der täglichen empfohlenen Menge.

Gemüsechips, obwohl sie auf den ersten Blick als gesündere Alternative erscheinen, können tückisch sein. Oftmals weisen sie einen extrem hohen Zuckergehalt auf. Überraschenderweise sind Gemüsechips nicht zwangsläufig gesünder als ihre Kartoffel-Pendants. Durch das Frittieren gehen viele ihrer natürlichen Nährstoffe verloren. Sie können deshalb nicht unbedingt als eine gesunde Alternative zu klassischen Kartoffelchips gesehen werden.

Was sind Kesselchips? Und sind sie eine bessere Wahl?

Der Hauptunterschied zwischen herkömmlichen Chips und Kesselchips liegt in ihrer Herstellung und Textur.

Chips werden oft durch Schneiden von Kartoffeln in dünne Scheiben, Frittieren und anschließendes Würzen hergestellt und haben meist einen höheren Fettgehalt. Kesselchips werden in einem offenen Kessel oder Topf gekocht. Die Kartoffelscheiben werden bei höheren Temperaturen und in kleineren Mengen in Öl oder Fett gekocht.

Chips haben tendenziell eine dünnere und knusprigere Textur. Kesselchips sind oft dicker und haben eine robustere, knusprige Textur mit einer intensiveren Kartoffelnote.

Aufgrund der dünnen Textur können Chips leichter mit verschiedenen Gewürzen und Aromen bedeckt werden. Kesselchips haben oft eine einfachere Würzung und einen intensiveren Kartoffelgeschmack.

Die Wahl zwischen Chips und Kesselchips hängt von persönlichen Vorlieben ab. Obwohl Kesselchips tendenziell etwas dicker sind und möglicherweise einen geringfügig niedrigeren Fettgehalt aufweisen, ist der Unterschied in Bezug auf die Gesundheit eher marginal.

Wenn du Lust auf Chips hast, könnten Ofenchips eine überlegenswerte Option sein. Im Gegensatz zu frittierten Chips haben sie einen deutlich geringeren Fettgehalt, da sie gebacken werden. Eine weitere interessante Alternative sind gepoppte Chips, die im Vergleich zu frittierten Varianten ebenfalls weniger Fett enthalten. Gepuffte Chips werden durch ein Verfahren namens Extrusion hergestellt, bei dem eine Zutatenmischung unter hohem Druck und Temperatur durch eine Düse gepresst wird, um sie aufquellen zu lassen. Anschließend werden sie geformt, getrocknet und mit Geschmackszusätzen versehen. Diese Optionen machen das Snacken nicht nur genussvoller, sondern ermöglichen auch eine bewusstere Wahl bei der Auswahl von Knabbereien.

In der Welt der Knabbereien gibt es mittlerweile auch Alterna-

KAPITEL 4

tiven mit höherem Proteinanteil. Wenn du mehr Protein zu dir nehmen möchtest, kannst du beispielsweise von herkömmlichen Erdnussflips auf Erbsenflips umsteigen.

Fazit: Knabberein aus alternativen Zutaten tragen nicht automatisch zu einer gesünderen Ernährung bei. Hersteller geben oft Nährwerte für kleine Portionsgrößen an, aber Verbraucher essen häufig mehr als angegeben. Der Kaloriengehalt ist in den meisten Fällen kaum geringer, und der Salzgehalt kann bedenklich hoch sein. Unabhängig von der Basis (Kartoffel, Gemüse oder Hülsenfrüchte) sollten Knabberwaren in Maßen genossen und als „Extras" gemäß der Ernährungspyramide betrachtet werden.

Achte beim Kauf darauf, dass möglichst wenig Sonnenblumenöl oder Palmöl verwendet wird. Es kann eine Herausforderung sein, Produkte ohne Sonnenblumenöl zu finden. Wenn du jedoch bewusst genießt und zusätzlich mehr Omega-3-Fettsäuren zu dir nimmst, kannst du auch ohne schlechtes Gewissen ab und zu und in kleinen Mengen naschen.

In salzigen Knabbereien haben Aromen sowie Zucker nichts zu suchen – manchmal verbirgt sich Zucker auch hinter Begriffen wie Dextrose. Wenn du diese Kriterien beachtest, kannst du hin und wieder zu Chips und Co greifen.

Hier gibts ein einfaches Rezept für selbstgemachte Gemüsechips: Gesund und lecker!

Zutaten:

- Verschiedenes Gemüse (Süßkartoffeln, Rote Bete, Möhren, Pastinaken, Zucchini)
- Olivenöl oder Rapsöl
- Gewürze nach Geschmack (Pfeffer, Thymian, Paprika, Knoblauchpulver, oder nach persönlicher Vorliebe)

Anleitung:

1. Gemüse vorbereiten:
Wasche und schäle das Gemüse gründlich. Je nach Gemüsesorte kannst du es in hauchdünne Scheiben schneiden oder mit einem Gemüsehobel gleichmäßig hobeln.

2. Marinade zubereiten:
Mische in einer Schüssel Olivenöl mit den gewünschten Gewürzen. Hier kannst du kreativ sein und nach Belieben variieren. Pfeffer, Thymian und Paprika verleihen den Chips einen würzigen Geschmack.

3. Gemüse marinieren:
Gib die Gemüsescheiben in die Schüssel mit der Gewürzmischung. Sorge dafür, dass die Scheiben gut mit der Marinade bedeckt sind. Lass sie einige Minuten darin ziehen, damit die Aromen gut aufgenommen werden.

4. Backofen vorheizen:
Heize deinen Ofen auf 140 bis 160 Grad Celsius Umluft vor.

5. Chips verteilen:
Lege ein Backblech mit Backpapier aus. Verteile die marinierten Gemüsescheiben gleichmäßig auf dem Blech. Achte darauf, dass sie nicht zu eng liegen, damit sie knusprig werden können.

6. Backen:
Backe die Gemüsechips im vorgeheizten Ofen für etwa 30 Minuten oder bis sie knusprig sind. Öffne alle 5 Minuten kurz die Ofentür, damit die Feuchtigkeit entweichen kann.

7. Abkühlen lassen:
Lass die fertigen Chips im Ofen bei offener Tür abkühlen. Dies hilft, die Knusprigkeit zu bewahren.

8. Genießen:
Sobald die Gemüsechips abgekühlt sind, kannst du sie in einer Schale anrichten und nach Belieben genießen. Sie eignen sich perfekt als gesunde Snack-Alternative.

Experimentiere mit verschiedenen Gemüsesorten und Gewürzkombinationen, um deinen individuellen Geschmack zu treffen. Gemüsechips sind nicht nur köstlich, sondern auch eine gesunde Option im Vergleich zu herkömmlichen Snacks.

Verführung im Trockenformat: Trockenfrüchte als Snack - süße Sünde im gesunden Gewand?

Die vermeintlich gesunde Alternative zu frischem Obst: Trockenfrüchte. In den Regalen glänzen sie in bunten Verpackungen und suggerieren, eine gesunde Naschere zu sein. Doch Vorsicht ist geboten, denn hinter dieser süßen Fassade verbergen sich wahre Zuckerbomben.

Trockenfrüchte werden durch Entzug von Wasser hergestellt, um eine längere Haltbarkeit zu gewährleisten. Klingt praktisch, birgt aber eine Tücke: Der Wasserverlust führt zu konzentriertem Fruchtzucker. So landen schnell mehr Kalorien und Zucker in unserem Mund, als wir es von frischem Obst gewohnt sind.

Ein weiteres Problem ist die Portionskontrolle. Da das Was-

Durchschnittliche Nährwerte	Unzubereitet pro 100 m
Energie	1.355 kj
Energie	320 kcal
Fett	1,3 g
Fett, davon gesättigte Fettsäuren	0,3 g
Kohlenhydrate	70 g
Kohlenhydrate, davon Zucker	60 g
Ballaststoffe	8,4 g
Eiweiß	2,6 g
Salz	< 0,1 g

Diese getrocknete Mango besteht zu 60 % aus Zucker!

ser entzogen wurde, sind Trockenfrüchte deutlich kleiner und leichter. Das verleitet dazu, größere Mengen zu verzehren und dabei ungewollt Unmengen an Zucker aufzunehmen.

Aber nicht alles ist düster. Trockenfrüchte haben durchaus ihre Vorzüge, besonders wenn man sie als gelegentlichen Snack betrachtet. Ihr hoher Ballaststoffgehalt kann die Verdauung unterstützen, und sie enthalten viele wichtige Nährstoffe. Doch wie so oft liegt die Magie in der Dosis. In Maßen genossen können Trockenfrüchte eine leckere und gesunde Bereicherung sein. Beim Naschen sollte jedoch der Blick auf die Portionsgröße gerichtet sein, um nicht unbeabsichtigt in die Zuckerfalle zu tappen.

SCHOKOLADE, FRUCHTGUMMI, LUTSCHER, KAUGUMMI UND CO AUF DEM PRÜFSTAND

Tauchen wir ein in die Welt von Schokolade, Fruchtgummi, Lutscher, Kaugummi und Co und starten mit einem Augenzwinkern beim Thema Schokolade. Beim Durchstreifen der Supermarktregale wird schnell klar: Hier sind es nicht die Nobelzutaten, die im Mittelpunkt stehen, sondern eher ein fröhliches Zusammentreffen von günstigen Zutaten in einer süßen Verkleidung. Klar, Schokolade wird nicht plötzlich zum Superfood, aber in dieser Süßigkeitenwelt geht es darum, die besten Optionen herauszupicken, wenn das Verlangen nach Süßem zu groß wird.

Schokolade, vollgepackt mit billigem Palmöl, Aromen und einer ordentlichen Portion Zucker - das ist leider der Normalfall. Aber wenn die Schokogelüste anklopfen, kann man sich durchaus einen Happen gönnen. Empfehlung: Schokolade mit einem Kakaoanteil von mindestens 70 %. Und hey, es gibt mittlerweile Alternativen ohne den klassischen Industriezucker, gesüßt mit Dattelsüße oder anderen „schicken" Varianten.

Zutatenliste einer „zuckerfreien" Schokolade

ZUTATEN: Pflanzliche Ballaststoffe (aus Agave, Zichorie, Mais), Weizenmehl, Kakaobutter, Süßungsmitel: Erythrit; Vollmilchpulver, Kakaomasse, Kokosfett, Butterreinfett, Füllstoff: Polydextrose; Magermilchpulver, Emulgator: Lecithine (Soja); Backtriebmitte: Natriumhydrogencarbonat, Ammoniumhydrogencarbonat; Salz, Aromen, Überzugsmittel: Maltit 0,3 %, Gummi Arabicum, pflanzliches Öl, Schellack; Süßungsmittel: Sucralose.

Auch hier ist bei der Angabe „ohne Zucker" Vorsicht geboten. Denn dahinter verstecken sich gern künstlich hergestellte Süßungsmittel. Die sind sozusagen die Geheimagenten des Süßwarenregals - mit noch nicht vollständig erforschten Auswirkungen auf die Gesundheit. Also, wenn du Lust auf Schokolade hast, wage einen Blick auf Zartbitter mit mindestens 70 % Kakaoanteil. Idealerweise mit einer natürlichen Süße wie Dattelsüße - der kleine Schokoladen-Rebell unter den Naschereien.

In der süßen Welt von Fruchtgummis werden wir oft von fragwürdigen Zutaten überrascht. Hier dominieren häufig verschiedene preiswerte Zuckerarten, Zitronensäure, Palmöl, Aromen, Antioxidationsmittel - eine Mischung, die wenig Raum für natürliche Rohstoffe oder Lebensmittel lässt. Stattdessen präsentieren sich Fruchtgummis oft als bloße Kombination aus Zucker, Aromen und einer Vielzahl von Zusatzstoffen.

Zutatenliste der Balla Stix.

ZUTATEN: Zucker; Glukosesirup; Weizenmehl; Wasser; Weizenstärke; Palmfett; Dextrose; Säuerungsmittel: Zitronensäure; Säureregulator: Trinatriumcitrat; Emulgatoren: Mono- und Diglyceride von Speisefettsäuren, Zitronensäureester von Mono- und Diglyceriden von Speisefettsäuren; Geliermittel: Carrageen; Sonnenblumenöl; Aroma; Frucht- und Pflanzenkonzentrate: Schwarze Johannisbeere, Holunderbeere, Aronia, Traube; Holunderbeerextrakt; Farbstoff: Indigotin; Überzugsmittel: Bienenwachs weiß und gelb.

Der kritische Blick sollte ebenso auf Bonbons und Lutscher gerichtet werden, die überwiegend aus einer Mischung von Zucker, Aromen und weiteren bedenklichen Zusatzstoffen bestehen. Diese Kategorie von Süßigkeiten steht daher bei uns persönlich auf der Vermeidungsliste.

Zutatenliste eines Lutscher

ZUTATEN: Zucker, Glukosesirup, Aromen, Farbstoffe: E 100, E 120, E 133.
Zutaten flüssige Süßware: Glukosesirup, Wasser, Säuerungsmittel: Zitronensäure, Apfelsäure, Feuchthaltemittel: Magnesiumstearat; Aroma, Farbstoffe: E 100, E 120, E 133.

Auch bei Kaugummis ist Vorsicht geboten. Hier findet man oft eine Vielzahl von Süßungsmitteln, Phosphaten, Aromen, Säurungsmitteln wie Zitronensäure, Antioxidationsmitteln, Farbstoffen und Säureregulatoren. Einige Kaugummis enthalten sogar lebensmittelgeeignete Polymere, sprich

Kunststoffe, die weder biologisch abbaubar noch für den regelmäßigen Verzehr geeignet sind.[162]

Zutatenliste eines Professional White Citrus Kaugummi

ZUTATEN: Süßungsmittel (Xylit, Sorbit), Kaumasse, Verdickungsmittel (Gummi Arabicum), Aromen, Feuchthaltemittel (Glycerin), Füllstoff (Calciumphosphate), Süßungsmittel (Sorbitsirup, Mannit), Emulgator (Sojalecithin), Säuerungsmittel (Zitronensäure, Apfelsäure), Süßungsmittel (Acesulfam-K, Aspartam, Sucralose), Säuerungsmittel (Fumarsäure), Säureregulator (Natriumhydrogencarbonat), Überzugsmittel (Carnaubawachs), Antioxidationsmittel (Bha), Darbstoff (E 133).

Es gibt jedoch einen erfreulichen Ausweg – natürliche Kaugummis auf pflanzlicher Basis, die unbedingt bevorzugt werden sollten. Detaillierte Empfehlungen zu diesen finden sich in meiner Produktempfehlungen-Liste.

Immer wieder stolpern wir über verlockende Angebote in der Welt der Süßwaren, insbesondere bei Keksen, die oft für Kinder bestimmt sind. Agavendicksaft wird dabei gern als *das* Wundermittel angepriesen, eine vermeintlich gesündere Alternative zu Zucker. Doch wie wir bereits gelernt haben, ist Agavendicksaft alles andere als eine gesunde Wahl, da er einen hohen Anteil an Fruktose enthält.

Warum ist Fruktose nicht unbedingt gesund? Nun, im Gegensatz zu Glukose, die vom gesamten Körper aufgenommen wird, wird Fruktose hauptsächlich von der Leber metabolisiert. Ein übermäßiger Verzehr von Fruktose, insbesondere in isolierter Form, kann zu Leberproblemen, Insulinresistenz und anderen gesundheitlichen Komplikationen führen.[163]

Deshalb sollten wir uns nicht täuschen lassen, wenn auf Kinderkeksen groß angepriesen wird: „gesüßt mit Agavendicksaft" oder weniger Zucker". Ein Beispiel: Beliebte Kekse in Tierfomen. Der Aufdruck „minus 30 % Zucker", hört sich erst einmal super an. Doch was steckt wirklich dahinter? Drei verschiedene Zuckerarten und zusätzliche Aromen.

Ein weiteres Beispiel sind Kinderkekse für Kinder ab 8. Monaten. Meiner Meinung nach sind diese Kekse nicht für Kleinkinder geeignet, da sie ernährungsphysiologisch wenig Mehrwert bieten.

Zutatenliste beliebter Zoo-Tier-Kekse

ZUTATEN: Weizenmehl 72 %, Oligofruktose, Zucker, Butter 9,1 %, Maismehl, Hühner-Volleipulver, Invertzuckersirup, Molkenerzeugnis (Milch), Backtriebmittel: Natriumcarbonate, Ammoniumcarbonate; Emulgator: Lecithine; Salz, Aromen (Milch).

Das Problem liegt oft im Marketing, besonders wenn es um Kinderprodukte geht. Es vermittelt uns den Eindruck, dass diese Produkte relativ kinderfreundlich sind. Jedoch sollten wir die Augen offenhalten, denn vielen Herstellern geht es nicht primär um unsere Gesundheit, sondern darum, dass wir ihre Produkte möglichst oft kaufen. Durch Produkte mit Zusatzstoffen können sich schon im Kindesalter die Geschmacksvorlieben auf Süßes und künstliche Aromen lenken, wodurch natürliche Geschmacksrichtungen als weniger gut schmeckend empfunden werden. Daher gilt es, skeptisch zu sein und bewusst durch die Supermarktregale zu gehen.

Als Mama von drei Kindern weiß ich, dass der Umgang mit Süßigkeiten eine Herausforderung ist, besonders wenn es um die Kleinen geht. Doch keine Sorge, dieser Abschnitt ist voller praktischer Tipps, um den Zuckerkonsum von Kindern zu managen, ohne den Genuss zu beeinträchtigen. Von alternativen Belohnungen bis hin zu bewusstem Einkaufen – hier erfährst du, wie du auf spielerische Weise eine gesunde Einstellung zu Süßigkeiten fördern kannst. Tauche ein in die Welt der süßen Verlockungen und entdecke, wie eine ausgewogene Ernährung auch mit Naschereien harmonieren kann.

Die Zutatenliste eines Kinderkeks ab 8. Monaten. Sonnenblumenöl und Aromen halte ich für eher ungeeignet für Babies

ZUTATEN: Weizenmehl 81 %, Zucker, Sonnenblumenöl, Butter, Backtriebmittel: Ammoniumcarbonate, Natriumhydrogencarbonat, Kaliumtarttrate, natürliche Aromen, Thiamin.

1. **Belohnungen ohne Süßigkeiten:** Ersetze Süßigkeiten als Belohnung durch alternative Leckerbissen oder zusätzliche Spielzeit. Dies fördert eine positive Einstellung zum Essen.
2. **Verzicht auf Drohungen, Süßes zu verweigern:** Vermeide es, Kindern zu sagen, dass sie heute keine Süßigkeiten bekommen, wenn sie eine bestimmte Aufgabe nicht erledigen. Stattdessen kannst du alternative, positive Anreize setzen.
3. **Natürliche Süßungsarten:** Gewöhne die Kleinen frühzeitig an natürliche Süßungsarten wie Bananen oder Apfelmark. Dies unterstützt nicht nur die Vorliebe für natürlichen Geschmack, sondern macht auch Spaß.
4. **Zuckerreduktion in Rezepten:** Reduziere den Zucker in Rezepten schrittweise. Kinder passen sich oft leichter an den weniger süßen Geschmack an, wenn er behutsam eingeführt wird.

KAPITEL 4

5 Kein isolierter Zucker für Babys: Integriere keine Lebensmittel mit isoliertem Zucker in die Ernährung von Babys und Kleinkindern. Dies fördert eine gesunde Geschmacksvorliebe von Anfang an.

6 Bewusster Einkauf: Nimm dir Zeit beim Einkaufen, um die Zutatenlisten genau zu lesen. Entscheide dich für Produkte mit weniger zugesetztem Zucker oder wähle Alternativen mit natürlicher Süße.

7 Selbstgemachte Snacks: Kreiere zusammen mit den Kindern köstliche Snacks zu Hause. Frisches Obst, Gemüsesticks oder selbstgemachte Müsliriegel sind nicht nur gesund, sondern machen auch Spaß beim Zubereiten.

8 Vorbild sein: Sei ein positives Vorbild. Kinder lernen viel durch Nachahmung. Wenn sie sehen, dass Eltern bewusste Essensentscheidungen treffen, neigen sie eher dazu, diese auch zu treffen.

9 Sensibilisierung für Süße: Zeige den Kleinen die Vielfalt von süßen Geschmacksrichtungen in natürlichen Lebensmitteln. Lass sie verschiedene Früchte entdecken und die angenehme Süße dieser genießen.

10 Gemeinsames Kochen: Beziehe die Kids ins Kochgeschehen ein. Gemeinsames Kochen fördert nicht nur ihre Neugier für gesunde Lebensmittel, sondern macht auch jede Mahlzeit zu einem unterhaltsamen Erlebnis.

11 Entspannt bei sozialen Ereignissen: Erlaube den Kleinen, auf Kindergeburtstagen oder bei Freunden auch mal Naschereien zu genießen. Ein gelegentlicher süßer Genuss in sozialen Situationen fördert ein entspanntes Verhältnis zu Süßigkeiten.

12 Du bist der Boss: Behalte die Kontrolle über die Ernährung deiner Kinder. Wenn Großeltern oder andere Verwandte großzügig mit Süßigkeiten umgehen möchten, sei klar in deiner Kommunikation. Es sind deine Kinder, und du entscheidest über ihre Ernährungsgewohnheiten. Deine Grenzen sind wichtig und verdienen Respekt.

Durch eine behutsame Umstellung und eine positive Atmosphäre können Kinder eine gesunde Beziehung zum Essen entwickeln, ohne dabei auf süße Leckereien verzichten zu müssen.

Müsli und Cerealien: Gesundes Frühstück oder versteckter Zucker?

Willkommen in der scheinbar gesunden Welt von Müsli und Cerealien – jenen Frühstückshelden, die oft mit verführerischen Versprechungen daherkommen. Doch halt, bevor du fröhlich die Schachtel aufreißt und dir eine große Portion in die Schüssel schüttest, sollten wir einen Blick hinter die Kulissen werfen. Denn was uns als gesunde Frühstücksoption verkauft wird, entpuppt sich manchmal als hinterlistige Zuckerfalle. Bereit, den versteckten Zucker zu entlarven?

Ja, zugegebenerweise gehen ein Müsli oder Cornflakes schnell, sind praktisch und schmecken richtig lecker. Aber letztendlich ist es doch so: Wir starten dann schon mit hochverarbeiteten Produkten in den Tag, die wenig Nährstoffe bieten und unseren Blutzuckerspiegel sofort in die Höhe schnellen lassen können. Und dann wundern wir uns, warum wir schnell wieder hungrig sind, warum wir vielleicht sogar Heißhunger haben. Und können uns nicht erklären, woher das kommt.

Wenn man aber mal die Produkte genau unter die Lupe nimmt, zum Beispiel die süßen kleinen Zimtkissen, sieht man, woran das liegt. Die Hersteller werben mit einem Vollkornanteil und das gibt uns ein gutes Gefühl.

Aber letztendlich kommen die meisten Nährstoffe nicht aus dem Lebensmittel selbst, sondern sie werden ergänzend hinzugefügt. Wobei die Quelle nicht ersichtlich ist und wir auch nicht wissen, wie die Qualität dieser zugesetzten Stoffe ist.

Zutatenliste von Mini Zimtkissen

ZUTATEN: Vollkornweizenmehl 34,1 %, Reismehl 30,3 %, Zucker, Glukosesirup, Palmöl, Füllstoff (Calciumcarbonat), Weizenstärke, Salz, Zimt 0,4 %, natürliche Aromen, Emulgator (Lecithine), Antioxidationsmittel (stark tocopherolhaltige Extrakte), geröstetes Gerstenmalzextrakt, Farbstoff (Annatto Norbixin), Eisen, Niacin, Pantothensäure, Vitamin D, Vitamin B6, Thiamin (Vit. B1), Riboflavin (Vit. B12), Folsäure.

Ein Start in den Tag mit einem Frühstück, das aus verschiedenen Zuckerarten, Palmöl und Aromen besteht. Was soll das unserem Körper geben? Wie soll unsere Maschine am Laufen gehalten werden, wenn wir ihr nichts als Kalorien geben und die Nährstoffe einfach fehlen?

Wenn man beachtet, dass in 100 Gramm der beliebten Zimtkissen 24,9 Gramm Zucker sind, dann ist das schon eine Menge – und 100 Gramm sind nicht viel. Ein erwachsener Körper kann das vielleicht noch verarbeiten, aber für einen Kinderkörper ist das fast schon die Gesamtmenge an Zucker, die für den ganzen Tag empfehlenswert ist.

Wir dürfen uns auch nicht vom Nutri-Score beeinflussen lassen. Hier haben wir ein Produkt, die

Nähwerttabelle der Mini Zimtkissen	
Durchschnittliche Nährwerte	**Unzubereitet pro 100 ml**
Energie	1.754 kj
Energie	416 kcal
Fett	9,4 g
Fett, davon gesättigte Fettsäuren	3,9 g
Kohlenhydrate	75 g
Kohlenhydrate, davon Zucker	24,9 g
Ballaststoffe	5 g
Eiweiß	6,2 g
Salz	0,85 g
Vitamin D	3 µg
Thiamin	1 mg
Riboflavin	1,3 mg
Niacin	14 mg
Folsäure	169 µg
Pantothensäure	5,1 mg
Eisen	7,4 mg
Vitamin B6	1,1 mg

beliebten Schokokugeln, mit Nutri-Score A.

Der Hersteller wirbt mit Vollkorn, mit verschiedenen Vitaminen und Eisen. Aber dreimal darfst du raten: Wir haben hier wieder einen Haufen Zucker drin, Sonnenblumenöl, Palmöl, Aromen – und woher kommen die Vitamine und die Spurenelemente? Natürlich von Nahrungszusatzstoffen. Und wenn man beachtet, dass 100 Gramm 22,4 Gramm Zucker enthalten und dass das den Nutri-Score A hat, muss man sich schon fragen, was da eigentlich schiefläuft.

Zutatenliste der Schokobällchen mit Nutri-Score A

ZUTATEN: Vollkornweizenmehl 53,1 %, Zucker, Maisgrieß 17,2 %, Glukosesirup, fettarmer Kakao 5,6 %, Calciumcarbonat, enthält Sonnenblumenöl und/oder Palmöl, Salz, natürliche Aromen, Eisen, Niacin, Pantothensäure, Vitamin D, Vitamin B6, Thiamin (Vit. B1), Riboflavin (Vit. B2), Folsäure.

Nährwerttabelle der Schokobällchen mit Nutri Score A	
Durchschnittliche Nährwerte	**Unzubereitet pro 100 ml**
Energie	1.595 kj
Energie	377 kcal
Fett	2,8 g
Fett, davon gesättigte Fettsäuren	1,1 g
Kohlenhydrate	75,2 g
Kohlenhydrate, davon Zucker	22,4 g
Ballaststoffe	8,6 g
Eiweiß	8,5 g
Salz	0,22 g
Vitamin D	2,5 µg
Thiamin	1,1 mg
Riboflavin	1,5 mg
Niacin	15 mg
Folsäure	200 µg
Pantothensäure	6,2 mg
Calcium	461 mg
Eisen	11 mg
Vitamin B6	1,4 mg

Genauso sieht es auch beim vermeintlich gesunden Knusper-Honig-Nuss-Müsli aus oder beim Knusper-Früchte-Müsli. All das sind versteckte Zuckerbomben, die man nicht als Mahlzeit sehen sollte, sondern wirklich als Süßigkeit. Das Gleiche gilt für Müsli-Riegel.

Willst du dem langweiligen, zuckerüberladenen Müsli aus dem Supermarkt Lebewohl sagen und stattdessen in die Welt der selbstkomponierten Supermüslis eintauchen? Dann schnall dich an, denn hier geht es um mehr als nur Haferflocken.

Morgens schnell, süß und gesund – das scheint oft ein Widerspruch zu sein, besonders wenn es um Frühstück geht. Doch wer sagt, dass man auf leckere Süße verzichten muss, um ein nährstoffreiches Frühstück zu genießen? Hier sind einige einfache und köstliche süße Frühstücksrezepte, die nicht nur deine Geschmacksknospen verwöhnen, sondern auch reich an natürlichen Proteinen sind. Diese Rezepte garantieren nicht nur einen guten Start in den Tag, sondern helfen auch, Heißhungerattacken zu minimieren. Gönn dir eine süße Versuchung, die deinem Körper genau das gibt, was er braucht!

Fruchtiges Proteinpaket

Zutaten:

- Griechischer Joghurt oder pflanzliche Joghurtalternative
- Frische Beeren (z. B. Erdbeeren, Blaubeeren, Himbeeren)
- Honig oder Ahornsirup zum Süßen
- Mandeln oder Walnüsse für Crunch

Zubereitung:

1. Joghurt in eine Schüssel geben.
2. Frische Beeren darauf verteilen.
3. Mit Honig oder Ahornsirup nach Geschmack süßen.
4. Mit gehackten Mandeln oder Walnüssen bestreuen.

Protein-Booster-Chia-Pudding

Zutaten:

- Chiasamen
- Milch oder pflanzliche Milchalternative
- Vanilleextrakt
- Frische Früchte zum Garnieren

Zubereitung:

1. Chiasamen mit Milch und Vanilleextrakt mischen.
2. Über Nacht im Kühlschrank quellen lassen.
3. Mit frischen Früchten garnieren.

Peanut Butter Banana Toast

Zutaten:

- Vollkorn- oder Dinkeltoast
- Erdnussbutter (100 % Erdnüsse)
- Bananenscheiben
- Honig (optional)

Zubereitung:

1. Toast rösten.
2. Großzügig mit Erdnussbutter bestreichen.
3. Bananenscheiben darauflegen.
4. Mit Honig beträufeln, wenn gewünscht.

Proteinreiche Smoothie-Bowl

Zutaten:

- Griechischer Joghurt oder pflanzliche Joghurtalternative
- Gefrorene Beerenmischung
- Banane
- Proteinpulver (nach Wahl)

Zubereitung:

1. Joghurt, Beeren, Banane und Proteinpulver im Mixer pürieren.
2. In einer Schüssel anrichten und nach Belieben mit Nüssen oder Samen toppen.

Diese süßen Frühstücksrezepte sind nicht nur lecker, sondern auch proteinreich und versorgen dich mit Energie für einen großartigen Start in den Tag!

Es müssen auch nicht immer Haferflocken sein. In Supermärkten finden sich zahlreiche Getreideflocken, die Abwechslung und Gesundheit auf den Frühstückstisch bringen. Quinoa-Flocken, Hirse-Flocken, Reis-Flocken, Emmer-Flocken, Dinkelflocken, Buchweizen-Flocken - die Auswahl ist riesig. Damit kannst du dein Porridge individuell gestalten. Auch für Overnight Oats sind diese Flocken ideal und sorgen für eine nährstoffreiche Basis. Aus Naturjoghurt oder pflanzlichen Alternativen kannst du verschiedene Proteinquellen wählen. Wenn du Probleme damit hast, deinen Proteinbedarf zu decken, kannst du ergänzend auch zu Proteinpulver oder Presslingen greifen. Aber Achtung: Die meisten Produkte enthalten eine Menge Zusatzstoffe, Aromen und Süßungsmittel. Deshalb achte beim Kauf darauf! Empfehlungen findest du wie immer in der Produktempfehlungen-Liste. Mehr Infos gibt's auch noch in unserem Special in diesem Kapitel. Pimpe dein Frühstück mit gesunden Fetten durch Saaten und Nüsse. Gewürze wie Bourbon-Vanille, Zimt oder Kurkuma verleihen den letzten Pfiff. Dieses vollwertige Frühstück hält lange satt und minimiert Heißhungerattacken. Heißhunger entsteht oft durch schwankenden Blutzucker. Dieser entsteht durch schnelle Kohlenhydrate und Zucker, die den Blutzuckerspiegel auf und ab jagen. Ein eiweißreiches Frühstück ist also ein kluger Schachzug gegen Heißhunger im Laufe des Tages. Fröhliches Schlemmen!

MARMELADE, NUSS-NOUGAT-CREME, HONIG UND AUFSTRICHE: SÜSSE UND SALZIGE VERLOCKUNGEN IM GLAS

Stell dir vor, du wanderst durch die Supermarktregale, und überall strahlen dich diese unwiderstehlichen Gläser an - von fruchtiger Marmelade über schokoladige Nougat-Creme bis hin zu goldenem Honig und pikanten Aufstrichen. Sie sind die Rockstars unter den Brotaufstrichen, aber welche Geheimnisse verbergen sich in diesen verlockenden Gläsern? Tauchen wir ein und erkunden die süßen und salzigen Versuchungen, die uns da aus dem Glas anlächeln.

Honigkauf: So findest du den perfekten Honig!

Ein entspanntes Sonntagsfrühstück mit frischem Brötchen und Honig - ein unschlagbares Duo. Doch beim Honigkauf gibt es einiges zu beachten. Regional oder importiert? Günstig oder qualitativ hochwertig? Die Vielfalt an Honigsorten wirft Fragen auf, die wir klären wollen.

Die Honigverordnung von 2004[164] definiert Honig als natursüßen Stoff, den Honigbienen durch die Verarbeitung von Nektar oder Honigtau erzeugen. Dabei gibt es Blütenhonig und Honigtauhonig, beide mit zahlreichen Sorten wie Akazienhonig, Kirschblütenhonig oder Waldhonig.

Die Entscheidung zwischen regionalem und importiertem Honig hängt oft von Preisüberlegungen ab. Doch der Griff zu Importware birgt das Risiko von gefälschtem Honig. Laut dem internationalen Verband der Bienenzüchtervereinigungen ist der Anteil gefälschten Honigs besorgniserregend hoch - bei 37 %. Zudem belasten lange Transportwege die Ökobilanz des Importhonigs im Vergleich zu regionalem Honig.

Gefälschter Honig bezieht sich auf Produkte, die als Honig verkauft werden, aber nicht ausschließlich die reinen, natürlichen Inhaltsstoffe von echtem Honig enthalten.

Woher kommt der Honig im Supermarkt?

Schau auf die Honigverpackungen im Supermarkt. Dort steht drauf, aus welchen Ländern der Honig kommt - aus der EU und von außerhalb. Aber nur 30 % bis 40 % des in Deutschland konsumierten Honigs stammen aus Deutschland, der Rest wird aus Ländern wie Argentinien oder Mexiko importiert.

KAPITEL 4

Über den Tisch ziehen mit Honig - leicht gemacht, schwer zu beweisen

Honig besteht hauptsächlich aus Glukose und Fruktose, den Hauptbestandteilen von Zuckersirup. Diese zu unterscheiden, ist schwer, deshalb wird oft geschummelt. Etwa 40 % des in Europa verkauften Honigs sollen gefälscht sein.[165] Obwohl es Analysemethoden gibt, gibt es bisher keine verpflichtende und regelmäßige Kontrolle.

Erkennen von gefälschtem Honig

Der Preis gibt oft einen Hinweis. Wenn du ein 500-Gramm-Glas Honig für drei Euro siehst, sei skeptisch. Das deutet auf minderwertige Ware hin. Auch die Konsistenz kann auf Verfälschungen hindeuten. Natürlicher Honig sollte spätestens nach dem Winter vollständig kristallisiert sein. Gefälschter Honig bleibt dünnflüssig oder fest. Ein Tipp besagt, dass sich echter Honig im Wasser auflöst, während der falsche am Löffel haften bleibt. Das ist leider nur ein Gerücht, denn echter Honig kann, je nach Sorte und Alter, unterschiedliche Konsistenzen haben.

Wie du auf Nummer sicher gehst

Honig aus Nicht-EU-Ländern lässt oft im Dunkeln, woher er wirklich kommt und wie er hergestellt wurde. Wenn du aber Honig direkt beim Imker aus deiner Region kaufst, ist die Chance größer, echten, unverfälschten Honig zu bekommen. Das unterstützt nicht nur den Schutz der Artenvielfalt, sondern macht auch dein Leben ein bisschen besser. Glasverpackungen sind zu bevorzugen, da Plastik nicht nur die Umwelt belastet, sondern auch die Honigqualität beeinträchtigen kann.

Nährstoffverlust durch Verarbeitung:

Bei industriell hergestelltem Honig werden oft Pollen, Wachs und andere Bestandteile durch Erwärmung entfernt, um den Honig klar zu machen. Dieser Prozess kann jedoch den Verlust von essenziellen Nährstoffen bedeuten. Natürlicher, wenig verarbeiteter Honig neigt dazu, im Laufe der Zeit zu kristallisieren und fest zu werden. Dies ist ein natürlicher Vorgang und deutet auf einen hochwertigen Honig hin. Flüssig bleibender Honig hingegen wurde vor der Abfüllung erhitzt, wodurch er seine Konsistenz behält, aber auch Nährstoffe einbüßt.

Die Auswahl hochwertigen Honigs kann herausfordernd sein, aber die Berücksichtigung von Herkunft, Qualitätsmerkmalen und die Vermeidung extrem günstiger Produkte sind entscheidend. Regionaler Honig, Bio-Qualität und der direkte Kauf beim Imker bieten oft die besten Garantien für einen genussvollen Honig.

Geheimnisse im Glas: Fruchtaufstriche, Marmeladen, Gelees und Konfitüren auf dem Prüfstand

Ein Blick auf das Frühstücksbrot verspricht oft puren Genuss: leckeres Brot mit verführerisch süßem Aufstrich. Doch Moment mal, ist das wirklich Marmelade? Oder handelt es sich um eine Konfitüre? Und gibt es überhaupt Erdbeermarmelade?

Beim Stöbern im Supermarkt haben wir oft die Qual der Wahl zwischen Marmeladen, Konfitüren, Gelees und Fruchtaufstrichen. Aber was steckt eigentlich dahinter? In Deutschland werden oft alle süßen Aufstriche als „Marmelade“ bezeichnet, egal ob es sich um Marmelade, Konfitüre oder Fruchtaufstrich handelt. Es gibt aber einige spannende Unterschiede, die wir jetzt genauer durchleuchten.

Marmelade: Umgangssprachlich nennen wir fast alle süßen Fruchtaufstriche „Marmelade“. Aber laut Konfitürenverordnung[166] darf Marmelade nur mit Zitrusfrüchten hergestellt werden. Erdbeermarmelade gibt es also gar nicht. Eine Marmelade muss mindestens 20 % Frucht enthalten.

Konfitüre: Konfitüre ist eine Mischung aus anderen Früchten. Bei Erdbeerkonfitüre sind mindestens 35 % Frucht vorgeschrieben. Der Zusatz "Extra" auf der Verpackung bedeutet, dass noch mehr Frucht enthalten ist: mindestens 45 %.

Gelee: Wird aus Fruchtsaft hergestellt und ist ohne Fruchtstücke.

Fruchtaufstrich: Hier gibt es keine gesetzliche Definition. Die Konfitürenverordnung ist mehr als nur eine Liste von Regeln für den Fruchtgehalt. Sie gibt genau vor, welche Zuckerarten erlaubt sind, welche Qualität die Früchte haben müssen und welche Zusatzstoffe, wie Öle, Fette und Gewürze, verwendet werden dürfen. Alles, was nicht in dieses Regelwerk passt, landet als Fruchtaufstrich im Supermarktregal. Ausnahmen bestätigen die Regel! Wenn du selbstgemachte Köstlichkeiten auf dem Bauern- oder Wochenmarkt präsentierst, darfst du diese, unabhängig von den verwendeten Früchten, als Marmelade bezeichnen. Das gilt natürlich auch für die Liebe in Gläsern, die du nur für dich selbst zubereitest oder großzügig mit Freunden und Familie teilst.

Eine süße Zusatzinfo: Der Gesamtzuckergehalt von Konfitüren, Gelee und Marmeladen muss mindestens 55 % betragen. Das bedeutet, der Zucker stammt direkt aus den Früchten und wird je nach Geschmack mit klassischem Haushaltszucker, braunem Zucker oder auch Honig ergänzt.

Tipps für den nächsten Supermarktbesuch:
Achte beim Kauf von süßen Aufstrichen auf Produkte mit einem höheren Fruchtgehalt, idealerweise ab ca. 70 %. Achte auch darauf, dass Zitronensaft oder Zitronensaftkonzentrate anstelle von Zitronensäure verwendet werden. Hierdurch wird der Geschmack unterstützt, ohne auf unnötige Zusatzstoffe zurückzugreifen. Vermeide Gelee, da es oft nur hochkonzentrierten Fruchtsaft enthält. Marmeladen und Konfitüren aus ökologisch angebauten Früchten mit wenig Zutaten sind eine gute Wahl. So schaffst du es, nicht nur deinen süßen Zahn zu befriedigen, sondern beim Einkauf auch bewusste Entscheidungen für hochwertige Produkte zu treffen.

Süße Verführungen im Glas: Die Welt der Schoko- und Nussaufstriche

Herzlich willkommen in der himmlischen Welt der Nuss- und Schokoaufstriche! Wir gehen im Supermarkt gemeinsam auf Spurensuche, um herauszufinden, welche süßen Geheimnisse sich hier verbergen. Stell dir vor, du stehst vor den Regalen, verlockende Gläser umgeben dich, und wir nehmen gemeinsam jedes Etikett genau unter die Lupe. Bereit für ein süßes Abenteuer?

In den Regalen der Supermärkte fällt bei vielen Schoko- und Nussaufstrichen zunächst der hohe Zuckeranteil auf. Begleitet von preiswerten Ölen und Aromen, scheinen viele Produkte mehr Süße als Qualität zu versprechen. Doch ein genauer Blick lohnt sich.

Der Zuckeranteil im Fokus

Beim Betrachten der Zutatenliste wird schnell klar, dass Zucker in vielen dieser Aufstriche die Hauptrolle spielt. Als erste Zutat gelistet, übersteigt sein Anteil oft den eigentlichen Kakaoanteil, der manchmal verschwindend gering ausfällt. Dieser Zuckergehalt und die Verwendung von günstigen Ölen und Aromen lassen viele Schoko- und Nussaufstriche als süße, aber weniger hochwertige Leckereien erscheinen.

Die gute Nachricht: Mittlerweile gibt es auf dem Markt Alternativen, die einen höheren Kakaoanteil aufweisen, mit Dattelsüße gesüßt sind und Nüsse als Hauptbestandteil haben. Diese Produkte setzen auf Qualität und verzichten auf den Zusatz von raffiniertem Öl. Bei der Auswahl lohnt es sich, einen Blick auf die Zutatenliste zu werfen.

Nussmus vs. Nusscreme: Auf die Bezeichnung kommt es an

Beim Kauf von Nussmusen sollte man weiterhin zu reinem Nussmus greifen, um den Zusatz von Zucker zu vermeiden. Bei Nusscremes ist hingegen Vorsicht geboten, da viele dieser Produkte einen hohen Zuckeranteil enthalten. Die Bezeichnung „Creme“ deutet oft auf zusätzlichen Zucker hin.

Die süße Ausnahme mit Bedacht genießen

Den süßen Nussgenuss kann man sich ab und zu durchaus gönnen, solange man clever einkauft und auf die Zutatenliste achtet. Es gilt, bewusste Entscheidungen zu treffen und Optionen zu wählen, die nicht nur süß, sondern auch qualitativ hochwertig sind. Meine persönlichen Empfehlungen findest du wie immer in der Produktempfehlungen-Liste.

SPECIAL: HIGH-PROTEIN-PRODUKTE: WIE GESUND SIND PULVER UND RIEGEL?

In der Welt der Fitnessprodukte scheint der Hype um High-Protein-Produkte nicht abzureißen. Proteinshakes, Riegel und Pulver werden als wahre Wundermittel für Muskelaufbau und Leistungsfähigkeit angepriesen. Doch beim genaueren Blick auf die Inhaltsstoffe offenbaren sich oft bedenkliche Wahrheiten.

Der Mythos der High-Protein-Produkte

Viele der sogenannten High-Protein-Produkte entpuppen sich als Mogelpackungen. Hinter dem vermeintlichen Proteinreichtum verstecken sich häufig fragwürdige Süßungsmittel und Zusatzstoffe. Die Liste der Inhaltsstoffe liest sich wie ein Chemielexikon, und der eigentliche Nutzen für die Gesundheit rückt in den Hintergrund.

Die Zutatenliste eines High Protein Caramel Style Pudding. Besonders negativ fallen die Aromen, Carrageen und die synthetischen Süßungsmittel auf.

ZUTATEN: Entrahmte Milch, Milcheiweiß 8,5 %, Sahne, modifizierte Stärke, natürliches Aroma, Verdickungsmittel (Carrageen, E 466), Farbstoffe (Carotin, E 150d), Laktase, Salz, Süßungsmittel (Acesulfam-K, Sucralose).

Die Verpackung des Proteinpulver Blueberry Cupcake verspricht einen leckeren Shake mit frischen Heidelbeeren. Die Zutatenliste ist aber leider ein flop! Gerade einmal 1% Blaubeere sind enthalten- hier wird also gespart. Dafür wird aber mit Aromen, Zucker, Palmfett und Süßungsmittel richtig geprotzt!

ZUTATEN: Milcheiweiß 88 % ((Molkenproteinkonzentrat, Emulgator (Lecithine (Sonnenblume, Soja))), Calciumcaseinat), Aroma, Keksstückchen 4 % (Weizenmehl, Zucker, Palmfett, Glucose-Fructose-Sirup, Quinoamehl, Bourbon Vanille Extrakt, Backtriebmittel (Ammoniumhydrogencarbonat, Natriumhydrogencarbonat), Salz), Blaubeerfruchtstückchen 1 %, Salz, Heidelbeerpulver 0,5 %, Laktase, Süßungsmittel (Sucralose, Steviolglycoside aus Stevia).

Diese Produkte sind nicht nur teuer, sondern oft auch eine Irreführung des Verbrauchers, der hochwertige Proteinquellen erwartet.

Die Suche nach den Guten: Cleane Produkte auf dem Markt

Inmitten des Dschungels von High-Protein-Produkten gibt es jedoch positive Ausnahmen. Cleane Produkte mit transparenter Zutatenliste und hochwertigen Inhaltsstoffen sind die wahren Stars. Diese verstecken sich oft im Schatten der Mainstream-Angebote, aber die Suche nach ihnen kann sich lohnen.

Seinen Proteinbedarf zu decken, muss nicht bedeuten, sich durch fragwürdige Produkte zu wühlen. Qualitativ hochwertige Optionen existieren, auch wenn sie oft schwer zu finden sind. Indem wir bewusste Entscheidungen treffen und cleane Produkte aufspüren, können wir sicherstellen, dass unsere Proteinversorgung nicht nur quantitativ, sondern auch qualitativ den höchsten Standard erfüllt. Denn am Ende des Tages zeigt sich, dass Qualität über Masse siegt.

Um dir die Suche zu erleichtern, habe ich die Mühe auf mich genommen und cleane Produkte herausgesucht. Diese Schätze habe ich auf meiner persönlichen Produktempfehlungsliste verewigt, um anderen dabei zu helfen, hochwertige Alternativen zu entdecken.

Veganes vs. Whey-Protein:
Pflanzlich oder tierisch? Du hast die Wahl.

Wenn es um Proteinversorgung geht, stehen uns heute mehr Optionen zur Verfügung als je zuvor. Zwischen veganem Eiweiß und Whey-Protein zu wählen, kann verwirrend sein. Lass uns einen Blick darauf werfen, was wirklich in diesen beiden Verpackungen steckt und was davon besser zu deinen persönlichen Bedürfnissen passen könnte.

Whey-Protein vs. veganes Protein: Vor- und Nachteile

Essenzielle Aminosäuren: Warum sie wichtig sind

Essenzielle Aminosäuren sind besonders wichtig, da der Körper sie nicht selbst produzieren kann. Sie müssen über die Nahrung aufgenommen werden, um sicherzustellen, dass alle Funktionen des Körpers optimal ablaufen. Tierisches Eiweiß bietet oft eine reichhaltige Quelle essenzieller Aminosäuren, während bei pflanzlicher Ernährung auf eine vielfältige Auswahl geachtet werden sollte, um sicherzustellen, dass alle notwendigen Aminosäuren enthalten sind.

Fazit: Die Wahl ist individuell

Beide Proteinarten haben ihre eigenen Vor- und Nachteile, und die Wahl zwischen Whey-Protein und veganem Protein hängt von indivi-

	Whey-Protein	Veganes Protein
Vorteile	1. Vollständiges Protein: Whey-Protein ist ein vollständiges Protein, das alle essenziellen Aminosäuren in ausreichender Menge liefert. Besonders reich an Leucin, spielt es eine Schlüsselrolle im Muskelaufbau. 2. Schnelle Absorption: Die schnelle Verdauung und Aufnahme von Whey-Protein machen es zu einer idealen Wahl nach dem Training, um die Muskelregeneration zu unterstützen. 3. Vielseitigkeit: Whey-Protein kann leicht in Shakes und Smoothies integriert werden, und es gibt eine Vielzahl von Geschmacksrichtungen zur Auswahl.	1. Pflanzliche Herkunft: Veganes Protein wird aus pflanzlichen Quellen wie Erbsen, Reis oder Hanf hergestellt, was es auch für Veganer und Menschen mit Milchallergien geeignet macht. 2. Ballaststoffreich: Vegane Proteinpulver enthalten oft mehr Ballaststoffe und weniger Kalorien und Fett im Vergleich zu Whey-Protein. 3. Umweltfreundlich: Die Produktion von pflanzlichem Protein hat in der Regel eine geringere Umweltauswirkung als die von tierischem Protein, insbesondere wenn nachhaltige Quellen gewählt werden.

	Whey-Protein	Veganes Protein
Nachteile	1. Milchallergene: Personen mit Laktoseintoleranz oder Milchallergien sollten Whey-Protein vermeiden, da es aus Milch gewonnen wird. 2. Tierische Herkunft: Für Menschen mit veganer oder pflanzlicher Ernährung ist Whey-Protein keine geeignete Option.	1. Pflanzliches Eiweiß, das in veganen Proteinquellen zu finden ist, wird oft als „unvollständig" betrachtet, da es nicht alle essenziellen Aminosäuren in ausreichender Menge bereitstellt. Jedoch kann durch die geschickte Kombination verschiedener pflanzlicher Quellen die Proteinqualität derart verbessert werden, dass alle notwendigen Aminosäuren enthalten sind. 2. Geschmack: Einige Menschen finden den Geschmack von rein pflanzlichem Protein weniger ansprechend als den von Whey-Protein. Es gibt jedoch viele Geschmacksrichtungen auf dem Markt.

duellen Bedürfnissen, Ernährungspräferenzen und ethischen Überlegungen ab. Zusätzlich zu Pulvern gibt es mittlerweile essenzielle Aminosäuren in Kapselform oder Presslingen ohne Zusatzstoffe – eine weitere spannende Quelle zur Proteinergänzung. Jeder kann die für seinen Geschmack und Bedarf passende Proteinquelle nutzen.

Warum natürliche Nahrung die beste Wahl ist

Die natürliche Nahrung bietet eine Fülle von hochwertigen Proteinen. Hähnchenbrust, Fisch, Hülsenfrüchte, Eier und Milchprodukte sind nur einige Beispiele für proteinreiche Lebensmittel. Der Versuch, den Proteinbedarf ausschließlich über künstliche Produkte zu decken, birgt Risiken. Hochwertige Proteinquellen in Form von Pulvern, Riegeln oder Kapseln sollten nur als Ergänzung betrachtet werden und keinesfalls die Vielfalt und Qualität der natürlichen Nahrungsmittel ersetzen.

In der Welt der Fitness und Ernährung ist es wichtig, kluge Entscheidungen zu treffen. Anstatt auf scheinbare Wundermittel zu setzen, sollten wir darauf achten, unseren Proteinbedarf durch eine ausgewogene Ernährung mit natürlichen Lebensmitteln zu decken. Der Fokus sollte auf Qualität und Vielfalt liegen, um langfristig von den positiven Effekten hochwertiger Proteinzufuhr zu profitieren. Denn wahre Stärke kommt nicht aus Pulver oder Riegeln, sondern aus der bewussten Auswahl von natürlichen Nahrungsmitteln.

KAPITEL 5

DER GETRÄNKE-INSPEKTOR
VON WASSER BIS ENERGYDRINKS

Bereit für eine spritzige Reise durch die Welt der Getränke? Hier beim Getränke-Inspektor packen wir Durst, Geschmack und jede Menge Wissen in eine Flasche und schütteln kräftig durch. Versprochen, es sprudelt nicht nur, sondern wird auch noch verdammt aufschlussreich.

Zuerst nehmen wir Leitungswasser und Flaschenwasser ins Kreuzverhör. Welches hat die besten Inhaltsstoffe und welches die umweltfreundlichere Flasche? Wir decken auf, was diese beiden Kandidaten wirklich draufhaben.

Dann wird's heiß – Kaffee, Tee und Kakao treten zum ultimativen Wettkampf an. Welche dieser heißen Nummern macht nicht nur wach, sondern auch den besten Eindruck in Sachen Gesundheit? Hier gibt es die Antworten, heiß und frisch aufgebrüht.

Schwelge mit uns in der Vielfalt von Durstlöschern, von Orangensaft bis Cola. Wir werfen einen Blick hinter die Etiketten und entdecken, was diese bunte Bandbreite an Flüssigkeiten so mit sich bringt. Glaub mir, das wird erfrischend anders.

Aufgeputscht geht's weiter! Energydrinks und Vitaminwasser stehen im Rampenlicht. Sind sie wirklich der Turbo für deinen Tag oder nur süße Blender? Wir knöpfen uns die Versprechungen vor und lassen nichts ungesagt.

Cheers, auf Genuss und Verantwortung! Der Blick auf alkoholische Getränke verrät, wie viel Spaß und Risiko in einer Flasche stecken kann. Aber keine Sorge, wir nehmen nur einen Schluck und nicht zu viel!

Und als krönender Abschluss: Vitamine, Mineralstoffe im Co – unser Einkaufsguide für Supplements. Welche bringen wirklich den Extra-Kick und welche sind nur Verpackung? Wir entschlüsseln den Code.

Bist du bereit für die prickelnde Wahrheit hinter deinem Durst? Dann schnapp dir deinen Becher und begleite uns auf dieser *Tour de Geschmack!* Es wird spritzig, garantiert!

WASSERDUELL: LEITUNGSWASSER VS. FLASCHENWASSER

Wasser ist nicht nur ein Durstlöscher – es spielt eine entscheidende Rolle für unser tägliches Wohlbefinden. Unser Körper ist auf diese klare Flüssigkeit angewiesen, nicht nur für die Hydration, sondern auch für reibungslose körperliche Funktionen. Schauen wir uns an, warum Wasser weit mehr ist als nur ein einfaches Getränk und warum es die treibende Kraft hinter unserer Gesundheit ist.

Warum ist Wasser so wichtig?

Unser Körper besteht zu einem erheblichen Teil aus Wasser – rund 60 % unseres Körpergewichts, um genau zu sein. Jede Zelle, jedes Organ, jedes Gewebe ist auf ausreichende Wasserzufuhr angewiesen, um optimal funktionieren zu können. Wasser spielt eine Schlüsselrolle bei der Temperaturregulierung, Nährstoffaufnahme, Verdauung und vielen anderen physiologischen Prozessen.

Zellen, die Bausteine des Lebens, benötigen sauberes und reines Wasser, um ihre Aufgaben erfüllen zu können. Verunreinigungen oder schädliche Zusatzstoffe können die Zellfunktionen beeinträchtigen und langfristig zu gesundheitlichen Problemen führen. Daher ist die Qualität des Wassers, das wir konsumieren, von entscheidender Bedeutung für das reibungslose Zusammenspiel unserer Zellen.

Wasser trinken: Wie viel ist wirklich notwendig?

Die Debatte über die richtige Menge Wasser, die man täglich trinken sollte, hat viele Aspekte. Eine einfache Faustregel besagt, dass 30 ml – 35 ml Wasser pro kg Körpergewicht täglich getrunken werden sollten.[167] Doch der Wasserbedarf ist von Person zu Person unterschiedlich. Klar, es gibt einige allgemeine Faustregeln – aber auch andere Faktoren spielen eine Rolle. Dein Lebensstil, körperliche Aktivität, Klima und sogar deine Ernährung beeinflussen deinen Wasserbedarf.

Dein Körper signalisiert dir normalerweise ziemlich deutlich, wenn er Durst hat. Das Ignorieren dieses Signals kann zu Dehydrierung führen, aber zwanghaftes Wassertrinken ist auch keine Lösung.

Ein praktischer Ansatz besteht darin, auf deinen Körper zu hören und regelmäßig kleine Schlucke Wasser über den Tag zu verteilen. Wenn du aktiver bist oder in einem heißen Klima lebst, musst du vielleicht mehr trinken. Auch Lebensmittel wie Obst und Gemüse tragen zu deiner Flüssigkeitszufuhr bei.

Kurz gesagt, es gibt keinen Einheitsansatz für den Wasserkonsum. Finde heraus, was für dich und deinen Lebensstil funktioniert. Ein bewusster Umgang mit Durstsignalen und eine ausgewogene Flüssigkeitszufuhr werden dir helfen, deinen Wasserkonsum im Griff zu behalten, ohne dabei die Lust am Trinken zu verlieren.

Nachdem wir die entscheidende Bedeutung von Wasser für unseren Körper und die empfohlene Trinkmenge beleuchtet haben, richten wir nun den Fokus auf die Auswahl des besten Wassers. Lass uns klären, welche Wasserquelle die optimale Wahl für unsere Gesundheit darstellt. Wir sprechen darüber, worauf beim Kauf von Flaschenwasser zu achten ist. Wir werden die Überlegung einbeziehen, ob das vertraute Leitungswasser eine ebenso gesunde und nachhaltige Option bietet. Also, lass uns gemeinsam einen Blick darauf werfen, wie wir die Qualität unseres Wassers sicherstellen können, um den Motor unseres Körpers in Bestform zu halten.

Worauf du beim Kauf von Wasser achten kannst

Im Supermarkt stehen wir vor einer riesigen Auswahl an Wassersorten, und es mag auf den ersten Blick schwierig erscheinen, die richtige Entscheidung zu treffen. Doch bei genauerem Hinsehen lohnt es sich, besonders auf die Art der Verpackung zu achten. Hier sind einige Gründe, warum die Wahl von Wasser in Glas- anstelle von Plastikflaschen sinnvoll ist:

1. **Umweltfreundlichkeit:** Plastikflaschen tragen zur weltweiten Plastikverschmutzung bei und haben eine lange Zersetzungsdauer. Glasflaschen sind umweltfreundlicher, da sie recycelbar und wiederverwendbar sind und sich leichter in den natürlichen Kreislauf integrieren lassen.
2. **Chemikalien:** Plastikflaschen können schädliche Chemikalien enthalten, die in das Wasser übergehen können. Glasflaschen sind geschmacksneutral und geben keine schädlichen Substanzen an das Wasser ab.
3. **Geschmack und Frische:** Wasser in Glasflaschen behält länger seinen frischen Geschmack, da Glas keine Aromen absorbiert oder abgibt. Plastikflaschen können dem Wasser einen plastikartigen Beigeschmack verleihen.

4 Gesundheitliche Bedenken: Insbesondere bei längerer Lagerung können sich aus Plastikflaschen Mikroplastikpartikel lösen und in das Wasser gelangen. Glasflaschen bieten hier eine sicherere Option.

5 Hitzebeständigkeit: Plastikflaschen können bei Erwärmung gesundheitsschädliche Chemikalien freisetzen. Glasflaschen sind hitzebeständiger und bleiben eine unbedenkliche Wahl, auch bei ungünstigeren Lagerbedingungen.

Die Wahl von Wasser in Glasflaschen bietet somit nicht nur Umweltvorteile, sondern minimiert auch mögliche gesundheitliche Risiken im Zusammenhang mit der Verwendung von Plastikflaschen.

Trinkst du lieber Wasser mit oder ohne Kohlensäure?

Wähle das Wasser, sei es mit oder ohne Kohlensäure, das für dich persönlich angenehm ist. Wenn stilles Wasser dein Ding ist und es dir dabei gut geht, perfekt – bleib dabei! Ein Wechsel zu kohlensäurehaltigem Wasser ist nicht notwendig.

Liegt dir hingegen kohlensäurehaltiges Wasser mehr und du fühlst dich dabei wohl, gibt es ebenfalls keinen Grund, darauf zu verzichten. Solltest du jedoch nach dem Trinken von Sprudelwasser Magenbeschwerden haben, wäre es vielleicht einen Versuch wert, stilles Wasser zu probieren. Kohlensäure kann auch Beschwerden wie Durchfall verstärken.[168] In diesem Fall wäre es ratsam auf stilles Wasser oder auf darmberuhigende Tees auszuweichen.

Und was ist mit Leitungswasser?

Ich habe immer gedacht, Leitungswasser wäre die unschlagbare Nummer eins – günstig und praktisch. Jahrelang habe ich ausschließlich Leitungswasser getrunken, bis ich mich eingehender mit dem Thema beschäftigt habe und feststellen musste, dass meine Annahmen vielleicht nicht so zutreffend waren, wie ich immer dachte. Ein Wassertest, den ich durchgeführt habe, hat erschreckende Ergebnisse enthüllt, besonders im Hinblick auf den Herbizidwert, der deutlich über den tolerierbaren Grenzen gelegen hat. Herbizide? Das sind chemische Substanzen, die in der Landwirtschaft eingesetzt werden, um unerwünschtes Pflanzenwachstum zu kontrollieren.

Ich habe mir auch die Frage gestellt, ob beim Leitungswasser wirklich gewährleistet werden kann, dass sich keine Medikamentenrückstände, Mikroplastik oder Pestizide darin befinden.

Um eine bessere Wasserquelle zu finden, habe ich mich dem Flaschenwasser aus Glas zugewandt. Arktische Quelle war das Schlagwort – ich wollte es nicht nur rein, sondern auch richtig frisch. Aber das Ganze wurde mit der Zeit teuer. Also, ein Filter musste her. In meinem Fall fiel die Wahl auf eine Umkehrosmoseanlage. Aber Achtung: Der Umkehrosmose entfernt nicht nur Verunreinigungen, sondern auch wichtige Mineralstoffe.

Mineralstoffe sind für unseren Körper von entscheidender Bedeutung, und der Verlust dieser Nährstoffe kann negative Auswirkungen auf die Gesundheit haben. Deshalb habe ich mich für einen Filter entschieden, der das nun „tote" Wasser wieder mineralisiert und belebt (energetisiert). Auf diese Weise habe ich eine persönliche Lösung gefunden, die nicht nur die Reinheit meines Trinkwassers gewährleistet, sondern auch meinen Ansprüchen an Nachhaltigkeit und Gesundheit gerecht wird.

Für diejenigen, die ihr Leitungswasser genau unter die Lupe nehmen möchten, gibt es verschiedene Labore, an die man eine Wasserprobe schicken kann. Dort wird es auf unterschiedlichste Parameter untersucht. Besonders empfehlenswert für alle, die hauptsächlich Leitungswasser trinken oder es fürs Kochen nutzen.

In meiner Top-Liste der Produktempfehlungen stechen nicht nur empfehlenswerte Flaschenwasser hervor, sondern auch smarte Filtermöglichkeiten für unser gutes altes Leitungswasser daheim. Checkt, was euer Wasser braucht!

Fazit: Testet euer Leitungswasser auf seine Qualität, setzt auf Glas bei Flaschenwasser, und vergesst nicht: Genug trinken ist der Schlüssel zur Top-Gesundheit. Stay refreshed, stay healthy!

HEISS, HEISSER, AM HEISSESTEN: KAFFEE, TEE UND KAKAO IM CHECK

Du stehst im Supermarkt vor dem Kaffeeregal, und die Auswahl an Kaffeesorten überfordert dich? Espresso, Arabica, Robusta - die Möglichkeiten scheinen vielfältig. Wie triffst du die richtige Wahl? Keine Sorge, hier sind fünf Tipps, die dir helfen, beim Kaffeekauf nicht den Überblick zu verlieren.

Tipp 1: Welche Röstung passt zu dir? Die Röstung der Kaffeebohnen beeinflusst den Geschmack. Je länger und dunkler die Röstung, desto intensiver und bitterer der Kaffee. Heller gerösteter Kaffee schmeckt komplexer und fruchtiger, kann aber auch saurer sein. Wenn du Milchkaffee bevorzugst, greif zu stärker gerösteten Kaffees - die

Milch mildert die Bitterkeit. Dunkle Röstungen findet man oft bei italienischem und französischem Kaffee.

Tipp 2: Welche Geschmacksrichtung magst du?
Kaffeeverpackungen versprechen oft „schokoladige", „nussige" oder „karamellige" Noten. Sei vorsichtig, das sind subtile Nuancen. Entscheide dich nach deinen Vorlieben - schokoladig oder fruchtig. Blends kommen aus verschiedenen Regionen und ergeben eine einzigartige Mischung, während Single Origin den charakteristischen Geschmack einer speziellen Region hervorhebt.

Tipp 3: Ganze Bohne oder gemahlen?
Gemahlener Kaffee spart Zeit, aber das Aroma kann nach 24 Stunden verfliegen. Für maximale Frische bevorzuge ganze Bohnen. Die Aromen des Kaffees bleiben besser erhalten, wenn die Bohnen erst vor dem Aufbrühen gemahlen werden. Hol dir eine Kaffeemühle - schon für wenig Geld zu haben.

Tipp 4: Vor dem Kauf probieren!
Kaffee ist wie Wein, letztendlich zählt dein persönlicher Geschmack. Probier den Kaffee vor dem Kauf und hol dir kleine Portionen, um das Aroma zu bewahren und verschiedene Sorten auszuprobieren.

Tipp 5: Herkunftsland
Das Herkunftsland beeinflusst den Geschmack des Kaffees. Brasilianischer Kaffee kann süßlich und schokoladig sein, äthiopischer Kaffee hingegen blumige und fruchtige Noten bieten. Achte auf Zertifikate wie Fair Trade oder Bio, die auf nachhaltigen Anbau hinweisen. Diese helfen nicht nur der Umwelt, sondern unterstützen auch faire Arbeitsbedingungen für die Kaffeebauern.

Kaffeekauf muss nicht kompliziert sein. Mit diesen Tipps findest du leichter den perfekten Kaffee für dich. Genieße deinen Kaffeemoment, denn am Ende zählt, was dir schmeckt.

Finger weg von Instantkaffee?!

Es gibt auch noch den superpraktischen Instantkaffee, aber hier ist Vorsicht geboten. Oft wird er stark verarbeitet und hat mit richtigem Kaffee wenig gemein. Oft gehen bei der Produktion viele

Zutatenliste Instantkaffee Sticks Typ Caramel 3 in 1

ZUTATEN: Zucker 50 %, Glukosesirup, Kokosfett (ganz gehärtet), löslicher Bohnenkaffee 4,7 %, Maltodextrin, Stabilisatoren (E 340, E 452), Milcheiweiß, Salz, Emulgatoren (E 471, E 481), Trenmittel (E 551), modifizierte Stärke, Aromen (enthält Milch).

KAPITEL 5

wertvolle Nährstoffe verloren. Ein bekanntes Beispiel ist der beliebte Cappuccino-Instant-Kaffee, bei dem Kaffee erst an dritter Stelle der Zutatenliste auftaucht. Mehr Zucker und Aromen als Kaffee. Das kann den Genuss beeinträchtigen. Es gibt sogar Instant-Kaffee-Pulver-Sticks mit nur 4,7 % Kaffee; der Rest besteht aus verschiedenen Zuckerarten, Fett, Stabilisatoren, Emulgatoren, Trennmitteln und Aromen.

Wenn du zu Instantkaffee greifst, achte darauf, dass er nur aus Kaffeebohnen besteht und keine Zusätze enthält, um einer Zucker- und Zusatzstofffalle zu entgehen. Qualität zählt, auch im Instantkaffeebereich!

Teegenuss mit Bedacht: Worauf du beim Kauf achten solltest

Tee ist mehr als nur ein Getränk – er ist ein Ritual, eine Wohltat für Körper und Seele. Doch bei der Teeauswahl im Supermarkt gibt es einige Fallstricke, die es zu vermeiden gilt. Hier sind wichtige Tipps, um sicherzustellen, dass dein Teegenuss nicht nur köstlich, sondern auch gesund ist.

Beim Tee im Supermarkt ist vor allem auf den Zusatz „aromatisiert" zu achten. Fruchtige Sorten werden oft mit Aromen angereichert. Für einen bewussten Teegenuss empfiehlt es sich, zu Sorten ohne künstliche Zusätze zu greifen.

Es gibt noch weitere Aspekte, die beim Teekauf Beachtung finden sollten. Beim konventionellen Teeanbau kommen oft Pestizide zum Einsatz, die in Europa nicht mehr erlaubt sind. Im Ausland jedoch sind diese Praktiken verbreitet, was dazu führen kann, dass Tee eine hohe Konzentration von Pestiziden aufweist. Ökotest hat dies mehrfach nachgewiesen. Einige Teesorten waren sogar mit Glyphosat belastet, einem umstrittenen Unkrautvernichtungsmittel. Daher ist es ratsam, auf Bio-Tee zu setzen, um sicherzustellen, dass dein Getränk frei von schädlichen Pestiziden ist.

Bei Beuteltee ist Vorsicht geboten, denn nicht nur der Inhalt des Teebeutels zählt. Viele Industrie-Anbieter setzen auf Teebeutel mit Kunststoffanteil, um das Material stabil zu halten. Dieser Kunststoff kann ins Wasser übergehen, auch bei Bio-Teeprodukten. Um Mikroplastik zu vermeiden, greife zu Beuteln aus Zellulose, auf denen dies explizit vermerkt ist. Egal welcher Beutel, entsorge ihn am besten im Restmüll, da auch Bio-Teebeutel nicht schnell genug auf dem Kompost abgebaut werden.

Loser Tee ist eine umweltfreundliche Alternative. Bei der Lagerung ist es wichtig, den Tee trocken und dunkel zu halten. Am besten bewahrt man ihn in einer gut verschlossenen Dose auf, abseits von Gewürzen, da Tee schnell Gerüche aus der Umgebung annimmt. Zusätzlich lohnt es sich, auf das Fairtrade-Siegel zu achten, das nicht nur ökologische, sondern auch soziale Standards berücksichtigt. So kannst du deinen Teegenuss nicht nur gesund, sondern auch ethisch verantwortlich gestalten.

Kakaogenuss entlarvt: Die Wahrheit hinter den Verpackungen

Kakao – das ist nicht einfach nur ein Getränk. Es weckt Erinnerungen an einen gemütlichen Morgen und vor allem an die süße Leckerei unserer Kindheit. Doch werfen wir einen Blick auf die Verpackungen der heutigen Kakaogetränke, so wird schnell klar, dass das Bild vom schokoladigen Genuss oft trügerisch ist.

Die Werbung verspricht schokoladige Genussmomente am Morgen, mit einem Mix aus Vitaminen – klingt verlockend. Doch ein Blick auf die Zutatenliste offenbart die Realität: An erster Stelle steht oft Zucker, und der Kakaoanteil, vor allem in beliebten Marken, liegt bei bescheidenen 23 %. Der Großteil ist also nicht schokoladig, sondern süß, begleitet von Aromen.

Eine andere Marke setzt sogar auf nur 18 % Kakao, nach Zucker und gefolgt von Dextrose (Traubenzucker) als dritter Zutat, dazu Aromen.

Fazit: Hier handelt es sich eher um ein Zuckergetränk mit einem Hauch von Kakao. Das gilt erst recht für Kakaogetränke in anderen Geschmacksrichtungen.

Besonders alarmierend ist das Beispiel eines Erdbeer-Kakao-

Zutatenliste Kakaopulver

ZUTATEN: Zucker, stark entöltes Kakaopulver 18 %, Dextrose 15 %, Emulgator Lecithine (Soja), Salz, Aroma.

Zutatenliste Erdbeergetränk

ZUTATEN: Traubenzucker 66 %, Zucker, Maltodextrin, Farbstoff (Beetenrot), Erdbeeraroma, Niacin, Vitamin B6, Thiamin, Vitamin B12, Folsäure.

Getränkepulvers mit gleich drei verschiedenen Zuckerarten, Aromen und einem Mix aus verschiedenen Zusatzstoffen. Ein gelungener morgendlicher Start sieht anders aus.

Wenn du echten Kakaogenuss möchtest, achte darauf, dass der Kakaoanteil hoch ist, idealerweise über 50 %. Oder greife zu reinem Kakaopulver und mische es selbst mit einer natürlichen Süße wie Dattesüße. So bleibst du frei von der Zuckerfalle und erlebst den wahren Geschmack von Kakao.

VON ORANGENSAFT BIS COLA: DIE WELT DER „DURSTLÖSCHER"

Stell dir vor, es ist ein heißer Sommer, die Sonne brennt gnadenlos vom Himmel, und nach einem anstrengenden Arbeitstag findest du dich erschöpft zu Hause wieder. Der einzige Gedanke, der deinen müden Kopf durchzieht, ist der an ein erfrischendes Getränk, das die Durststrecke beendet. Du beeilst dich zum Kühlschrank, während dein kleiner Nachwuchs, ebenso erschöpft vom Spielplatz, aufgeregt hinterherkommt. Der perfekte Moment für eine Abkühlung ist gekommen.

Deine Wahl fällt auf eine Flasche Orangensaft - ein vermeintlich gesunder und erfrischender Genuss für Groß und Klein. Während du den eiskalten Saft trinkst beginnt dein neugieriger Geist zu wandern. Was steckt eigentlich in diesem erfrischenden Getränk? Warum schmeckt es so gut? Und was genau trinkt dein Kind da eigentlich?

Mit dieser Frage im Hinterkopf tauchst du gemeinsam mit deinem kleinen Abenteurer in die Welt der Durstlöscher ein. Von Orangensaft bis Cola - zusammen entdeckt ihr, welche Geschichten und Überraschungen sich hinter den bunten Verpackungen verbergen. Bereit für das erfrischende Abenteuer?

Fruchtsaft, Nektar und Fruchtsaftgetränke: Was steckt dahinter?

In der Saftabteilung des Supermarkts werden wir mit einer Vielzahl verlockender Optionen bombardiert - von Apfel über Multivitamin bis zu Orangensaft. Saft aus Früchten erscheint grundsätzlich als gesunde Wahl, aber bei näherer Betrachtung ze gen sich durchaus Unterschiede. Die Etiketten tragen Bezeichnungen wie Saft, Nektar oder Fruchtsaftgetränk. Lass uns einen Blick darauf werfen, was sich hinter diesen Begriffen verbirgt und wie gesund sie tatsächlich sind.

1 Fruchtsaft: Fruchtsaft ist der unverfälschte Saft, der direkt aus Früchten gewonnen wird. Er darf keine Zusatzstoffe enthalten und muss zu 100 % aus Frucht bestehen. Dabei gibt es einen Unterschied zwischen Direktsaft und einem Getränk aus Fruchtsaftkonzentrat. Direktsaft wird unmittelbar nach dem Pressen pasteurisiert und bleibt ansonsten unbehandelt. Im Handel findet man jedoch häufig Fruchtsäfte aus Konzentrat. Hier wird dem Direktsaft das Wasser entzogen, um es zu einem Konzentrat zu machen. Nach dem Transport wird dem Konzentrat dann wieder Wasser hinzugefügt. Dabei sind Konservierungsstoffe verboten, und die Haltbarkeit wird durch Pasteurisierung erreicht. Zudem dürfen Fruchtsäfte nicht gesüßt werden.

2 Nektar: Nektar enthält neben Fruchtsaft auch Wasser und Zucker. Der Fruchtanteil liegt hier meist niedriger als bei reinem Fruchtsaft. Auch wenn Nektar natürlichen Fruchtzucker enthält, sollte man auf den Zuckergehalt achten. Nektar ist süßer und weniger konzentriert als reiner Fruchtsaft. Man findet Nektare vor allem bei sauren Fruchtarten wie Sauerkirsche,

Rhabarber oder schwarze Johannisbeere sowie sehr fruchtfleischhaltigen Früchten wie Banane oder Mango. Der Fruchtgehalt in Nektaren liegt jedoch nur bei 25 % bis 50 %, der Rest besteht aus Wasser und gegebenenfalls Süßungsmitteln wie Zucker oder Honig. Die Mindestgehalte sind durch die Fruchtsaft- und Erfrischungsgetränkeverordnung festgelegt. Johannisbeer-Nektar hat z. B. mindestens 25 % Fruchtsaft oder Fruchtmark, während Aprikosen-Nektar mindestens 40 % enthalten muss. Einige Hersteller in Deutschland erzeugen sogar Nektare mit einem höheren Fruchtgehalt als vorgeschrieben. Weniger fruchtige Säfte können bis zu 20 % Zucker enthalten, um den Geschmack auszugleichen. Zusätzlich können Nektare auch Zusatzstoffe wie Ascorbinsäure, Milchsäure oder Zitronensäure enthalten, Farb- und Konservierungsstoffe sind aber nicht erlaubt.

3 **Fruchtsaftgetränke:** Fruchtsaftgetränke enthalten im Vergleich zu reinem Fruchtsaft oder Nektar deutlich weniger Frucht, nämlich in der Regel nur 6 % bis 30 %. Hier fügt der Hersteller neben Zucker und Wasser je nach Sorte auch Farbstoffe, Säuerungsmittel und verschiedene Fruchtaromen hinzu. Dies macht Fruchtsaftgetränke zu einer weniger gesunden Wahl unter den Säften.

Es stellt sich allgemein die Frage, wie gesund Säfte wirklich sind. Bei der Herstellung von Saft gehen durch Erhitzung bereits Nährstoffe verloren. Der Saft steht oft monatelang im Regal, was zu weiterem Nährstoffverlust führt. Transparente Verpackungen verstärken diesen Effekt durch Lichteinflüsse. Im Endeffekt enthält das Getränk viel Zucker, sei es in Form von Frucht- oder Traubenzucker, was in flüssiger Form besonders schädlich für den Körper ist. Ein Glas Saft enthält oft mehr Zucker, als man durch den Verzehr der natürlichen Frucht aufnehmen würde. Das Problem bei Säften ist, dass wir mehr konsumieren, als durch Früchte möglich wäre. Frisches Obst bietet nicht nur Frische, sondern auch pflanzliche Fasern und andere Begleitstoffe, die uns den Zucker langsamer verstoffwechseln lassen. Wenn man Saft im Supermarkt kauft, sollte er gekühlt und idealerweise in einem dunklen Behältnis gelagert werden. Es ist wichtig, Saft eher als gelegentliche Süßigkeit zu betrachten und nicht als normales Getränk. Eine Option ist auch, den Saft mit Wasser zu verdünnen. Bei Kindern sollte man, wenn möglich, wenig Saft anbieten und stattdessen die unverarbeitete Frucht bevorzugen.

Obwohl die meisten Gemüsesäfte aus dem Supermarkt qualitativ unbedenklich sind, sind sie möglicherweise nicht so gesund, wie es auf den ersten Blick scheint. Durch den Herstellungsprozess, insbesondere durch den Pressvorgang und die anschließende Pasteurisierung zur Haltbarmachung, können viele wertvolle Nährstoffe verloren gehen. Als vollwertige Alternative für den Verzehr von frischem Gemüse, sollten gekaufte Gemüsesäfte daher nicht betrachtet werden.

Für diejenigen, die mehr Nährstoffe mit ihrer Nahrung zu sich nehmen möchten, insbesondere wenn Gemüse nicht zu den Lieblingsspeisen gehört, bieten selbst zubereitete Gemüsesäfte eine optimale Lösung. Sie ermöglichen die Kontrolle über die Qualität der Zutaten und bewahren mehr Nährstoffe, da sie nicht den langen Weg durch die industrielle Produktion gehen. So kann man die gesundheitlichen Vorteile von Gemüsesäften in vollem Umfang nutzen, um die Ernährung zu bereichern.

Supermarkt-Smoothies? Oft mehr Saft als echte Frucht, und an Ballaststoffen eher mager. Vergiss den Hype, betrachte sie als süßen Snack, nicht als Superfood. Diese vermeintlich „gesunden" Gemüse-Smoothies? Tja, oft mehr Obst als Gemüse drin. Selbst mixen ist die Lösung – volle Kontrolle über Zutaten und Nährstoffe. Und nicht vergessen, die Etiketten zu checken, um dem hinterlistigen Zucker auszuweichen. Dein Körper wird es dir danken.

Gekaufte Supermarkt-Smoothies enthalten oft mehr Säfte als ganze Früchte, was den Fasergehalt reduziert. Ähnlich wie bei Fruchtsäften sollten wir sie als gelegentlichen süßen Snack betrachten. Beachtenswert ist auch, dass scheinbar „gemüsereiche" Smoothies oft einen höheren Obstanteil aufweisen. Wegen der Kontrolle über Zutaten und Nährstoffgehalt ist das Selbermachen empfehlenswert. Checke auch die Etiketten, um versteckten Zucker zu vermeiden.

Die volle Frucht, sei es Obst oder Gemüse, bietet nicht nur eine breite Palette von Nährstoffen, sondern auch Ballaststoffe und andere natürliche Verbindungen, die in einem ausgewogenen Verhältnis vorkommen. Das Essen von ganzen Früchten und Gemüsen trägt dazu bei, die Gesundheit zu fördern und sicherzustellen, dass der Körper alle benötigten Nährstoffe auf natürliche Weise erhält.

Zusammenfassend können wir sagen, dass gekaufter Saft nicht immer die optimale Quelle für gesunde Nährstoffe ist. Der Verlust von Frische, die Hitzebehandlung, Langzeitlagerung und hohe Zuckergehalte machen es wichtig, bewusst und in Maßen zu konsumieren. Alternativen wie das Essen von frischem Obst oder das Verdünnen von Saft mit Wasser sind gesündere Optionen. Es ist entscheidend, Saft als gelegentlichen Genuss zu betrachten und nicht als täglichen Ersatz für natürliche Früchte.

Die Softdrink-Verführung im Supermarkt: Eine süße Falle!

Stell dir ein alltägliches Szenario vor: Du schlenderst durch die gut sortierten Gänge deines Supermarkts, bis dich plötzlich - wie aus dem Nichts - der grelle Anblick von blitzenden Softdrink-Flaschen und schillernden Dosen umgibt. Das verlockende Zischen beim Öffnen, die kühle Brise, die prickelnde Versuchung - wer könnte da widerstehen?

Doch halt! Bevor du der Versuchung von Eistee, Limonaden, Spezi und Co nachgibst, lohnt es sich, einen genaueren Blick auf die unscheinbaren Gefahren der Softdrink-Welt zu werfen. Die vermeintliche Erfrischung birgt nicht nur den süßen Geschmack der Verlockung, sondern auch eine Reihe von Zutaten, die deiner Gesundheit schleichend zusetzen können.

In meinem persönlichen Kampf gegen die süße Verführung namens Softdrinks musste ich mich dieser unbequemen Wahrheit stellen. Von klein auf prägten mich zuckerhaltige Getränke. Das klare, unscheinbare Wasser erschien mir einfach zu öde. Also griff ich zur Cola und ihren bunten Geschwistern - und das wurde zur Norm.

Doch eines Tages rüttelte mich der Gedanke auf, was ich da eigentlich literweise in mich reinschütte. Nicht nur Zucker, sondern auch andere, mysteriöse Inhaltsstoffe verstecken sich in unseren geliebten Softdrinks. Diese Erkenntnis traf mich wie ein Schlag, und es war höchste Zeit, die ungeschönte Wahrheit hinter den vermeintlich erfrischenden Getränken aufzudecken.

Diese süße Sünde hat uns im Griff, doch die Wahrheit darüber zu erfahren, ist der erste Schritt zur Befreiung. Es wird Zeit, sich den Fragen zu stellen: Was macht Softdrinks wirklich so ungesund, und wie können wir uns aus dieser süßen Gefangenschaft befreien?

Die unsichtbaren Übeltäter: Zucker, Säuren und künstliche Zusätze!

Hauptverantwortlich für die schädlichen Wirkungen sind die versteckten Übeltäter in den Softdrinks. Ein hoher Zuckergehalt, der über den täglichen Bedarf hinausgeht, setzt nicht nur den Blutzuckerspiegel in Aufruhr, sondern begünstigt auch Übergewicht und Fettleibigkeit. Warum? Der hohe Zuckergehalt in Softdrinks führt zu einem Anstieg des Blutzuckerspiegels und setzt den Körper einem erhöhten Risiko für Insulinresistenz und Entzündungen aus.[169]

Die enthaltenen Säuren z. B. in Cola, insbesondere die gefürchtete Phosphorsäure, spielen eine unschöne Rolle im Zahndrama.

Zutatenliste von Cola

ZUTATEN: Wasser, Zucker, Kohlensäure, Farbstoff E 150d, Säuerungsmittel Phosphorsäure, natürliches Aroma, Aroma Koffein.

Sie führen nicht nur zu einer schleichenden Erosion des Zahnschmelzes, sondern langfristig sogar Knochenschwund begünstigen.[170] Warum? Der niedrige pH-Wert von Softdrinks, etwa 2,0 im Vergleich zu einem neutralen pH-Wert von 7,4 im menschlichen Körper, aktiviert einen Reparaturmechanismus im Körper. Dieser führt zur Zerstörung des Zahnschmelzes, da der Körper Calcium-Ionen aus den Zähnen extrahiert, um die Säure zu neutralisieren.

Zutatenliste Eistee Pfirisch-Geschmack

ZUTATEN: Wasser, Zucker, Glukose-Fructose-Sirup, Pfirsichsaft 1 %, aus Pfirsichsaftkonzentrat, Schwarztee-Extrakt 0,12 %, Säuerungsmittel: Zitronensäure, Säureregulator: E 331, Aroma, Antioxidationsmittel: Ascorbinsäure.

Es ist nun an der Zeit, das wahre Gesicht der Supermarkt-Eistees zu enthüllen. Viele dieser vermeintlich erfrischenden Getränke basieren auf Schwarztee und liefern damit einen Koffeinkick, dem vor allem Kinder nicht ausgesetzt werden sollten. Doch die Versuchung lauert auch hier.

Wenn du im Supermarkt nach einem süßen Getränk greifen willst, halte inne. Die scheinbar harmlosen Eistees – zum Beispiel im praktischen 500-ml-Tetra-Pak mit Strohhalm – sind keine Ausnahme. Hinter der idyllischen Abbildung von aufgeschnittenen Früchten und einem verführerischen Strohhalm verbirgt sich oft ein Cocktail aus Zucker, Glukose, Fruktose und Sirup. Der vermeintlich frische Pfirsichsaftanteil? Lächerliche 1 %.

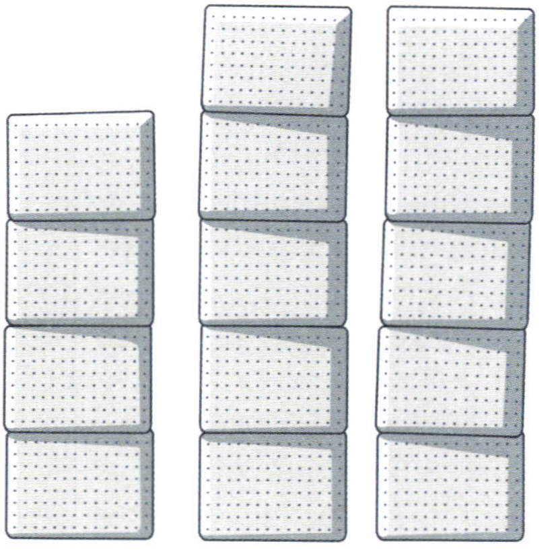

Über 14 Würfelzucker stecken in einem Tetra-Pack Eistee

Und vergiss nicht die kunterbunte Mischung an Lebensmittelfarben, die dem Getränk nicht nur Farbe, sondern auch unerwünschte chemische Stoffe hinzufügen. Die omnipräsente Verfügbarkeit von Softdrinks, nicht nur im Supermarkt, sondern auch in Schulen, öffentlichen Einrichtungen und Restaurants, trägt dazu bei, dass diese unsichtbaren Gefahren zu einem alltäglichen Begleiter werden.

In meinem persönlichen Umfeld gibt es Eltern, die bereits Sechsjährige mit Cola, Eistee und anderen süßen Getränken regelrecht überfluten. Als ob es das Normalste der Welt wäre. Wasser wird verschmäht, denn es kann mit der intensiven Süße der Softdrinks nicht mithalten. Die bedenkliche Angewohnheit, bereits Kleinkinder mit süßen Getränken zu überschütten, ist eine Entwicklung, die ernsthafte gesundheitliche Konsequenzen nach sich ziehen kann. Flüssige Zuckerbomben, sei es mit Zucker oder künstlichen Süßstoffen, sollten keinesfalls als normale Getränke betrachtet werden. Bei Getränken gelangt der Zucker direkt ins Blut, ohne Puffer, die die Wirkung abmildern könnten.

Der Zucker in Getränken unterscheidet sich in seiner schädlichen Wirkung deutlich von Zucker in festen Lebensmitteln, und das liegt vor allem an seiner flüssigen Form. Zucker in Getränken – ohne Ballaststoffe oder sonstigen Schnickschnack – katapultiert sich direkt in deinen Blutkreislauf. Im Gegensatz dazu können Lebensmittel mit Begleitstoffen wie Ballaststoffen den Zuckeraufstieg dämpfen.

Diese Unterschiede haben ernsthafte Auswirkungen auf die Gesundheit, insbesondere wenn es um den steigenden Konsum von zuckerhaltigen Getränken geht. Die schnelle Aufnahme von flüssigem Zucker führt zu einem raschen Anstieg des Blutzuckerspiegels, der wiederum die Insulinausschüttung stimuliert. Langfristig kann der übermäßige Konsum von zuckerhaltigen Getränken zu Insulinresistenz, Gewichtszunahme und einem erhöhten Risiko für Typ-2-Diabetes führen.

Besonders alarmierend ist die steigende Anzahl von Kindern, die an Diabetes Typ 2 leiden, oft ohne es zu wissen. Der übermäßige Konsum von zuckerhaltigen Getränken spielt dabei eine entscheidende Rolle. Die schnelle und intensive Wirkung des flüssigen Zuckers kann zu einer gestörten Insulinreaktion führen, was bei Kindern nicht nur den Blutzuckerspiegel in die Höhe treibt, sondern auch das Risiko für Typ-2-Diabetes erheblich erhöht.

Es wird Zeit, die Verbindung zwischen diesen Zuckerbomben und dem steilen Anstieg[171] von Diabetes Typ 2 zu erkennen. Gesunde Ernährung und Zuckerreduktion - besonders in flüssiger Form - sind nicht nur eine nette Empfehlung, sondern dringende Schritte, um die Gesundheit der nächsten Generation zu schützen und den Anstieg von Diabeteserkrankungen zu verringern. Wasser sollte zu Hause der Hauptakteur sein.

Die süße Falle: Warum auch zuckerfreie Softdrinks nicht die bessere Wahl sind

In der Welt der Softdrinks gibt es nicht nur die süße Verführung durch zuckerhaltige Getränke, sondern auch die scheinbar gesündere Alternative - die zuckerfreien oder diätetischen Softdrinks.

Sie versprechen uns, dass sie ohne Zucker und damit gesünder sind - gut für unser Gewissen. Aber was steckt tatsächlich dahinter?

Ein noch wenig erforschtes, aber potenziell gefährliches Gebiet ist die Wechselwirkung von künstlichen Süßstoffen mit unserem Darmmikrobiom. Ein Ungleichgewicht in der Darmflora kann zu einer Vielzahl von Gesundheitsproblemen führen, von Verdauungsstörungen bis zu Entzündungen. Die Interaktion zwischen künstlichen Süßstoffen und dem Mikrobiom ist ein komplexes Thema, das uns bisher mehr Fragen als Antworten liefert. Doch nicht nur das: Die Vorliebe für den intensiven Geschmack von künstlichen Süßstoffen kann dazu führen, dass natürliche Lebensmittel als geschmacklich minderwertig empfunden werden. Künstliche Süßstoffe wie Aspartam, Saccharin, Sucralose und Acesulfam-K mögen kalorienfrei sein, aber ihre langfristigen Auswirkungen sind noch zu wenig erforscht. Wer weiß, welche Überraschungen zukünftige Forschung birgt.

Die Welt der Softdrinks ist nicht nur süß, sondern auch tückisch. Egal ob wir uns für die volle Zuckerladung oder die vermeintlich leichtere Variante entscheiden - die Risiken bleiben. Durch Marketingstrategien, Schulverträge mit Softdrinkkonzernen und attraktive Platzierungen im Supermarkt werden die kleinen, unscheinbaren Flaschen zu einer allgegenwärtigen Verführung, der viele unwissentlich erliegen.

Umso wichtiger ist es, die versteckten Übeltäter zu erkennen, bewusste Entscheidungen im Supermarkt zu treffen und uns von der verlockenden Fassade der Softdrink-Welt nicht täuschen zu lassen. Bei jedem Schluck Softdrink, sei er mit Zucker oder künstlichen Süßstoffen versetzt, sollten wir uns bewusst sein, dass wir mit unserer Gesundheit spielen. Die süße Illusion kann bittere Konsequenzen haben. Denn am Ende geht es darum, die eigene Gesundheit nicht der süßen Verführung zu opfern.

AUFGEPUTSCHT! ENERGYDRINKS, SPORTGETRÄNKE UND VITAMINWASSER IM BLICK

Energydrinks – verlockende Booster, deren gesundheitlichen Auswirkungen oft übersehen werden. Denn hinter der koffeinhaltigen Wachmacher-Fassade verbirgt sich ein Cocktail von potenziell schädlichen Inhaltsstoffen. Egal ob auf Partys, vor dem Sport oder einfach im Alltag – Energydrinks haben sich als Muntermacher etabliert, besonders bei der jungen Generation. Doch Vorsicht ist geboten, denn der übermäßige Konsum dieser aufputschenden Getränke birgt gesundheitliche Risiken.

Diese Trendgetränke versprechen mit ihrem künstlich-süßen Geschmack und einer ordentlichen Portion Koffein den ultimativen Energieschub. Doch was steckt eigentlich drin? Neben Zucker, Süßungsmitteln und Kohlensäure sind es vor allem Vitamine, Taurin und Pflanzenextrakte wie Guaranasamenextrakt. Die Kombination dieser Inhaltsstoffe verspricht Leistungsfähigkeit – aber zu welchem Preis?

Eine einzige Dose Energydrink kann bis zu 60 Gramm Zucker enthalten, das entspricht rund 20 Würfelzuckern. Ein wahrer Angriff auf die Gesundheit. Der hohe Zuckergehalt begünstigt nicht nur Übergewicht und Diabetes, sondern schadet auch den Zähnen erheblich. Die Zugabe von Säuerungsmitteln wie Zitronensäure verstärkt das Kariesrisiko zusätzlich. Selbst in zuckerfreien Varianten mit Süßstoffen lauern Gefahren, die den Stoffwechsel beeinflussen können.

Ein Energydrink enthält etwa so viel Koffein wie eine Tasse Kaffee. Klingt zunächst harmlos, aber bei übermäßigem Konsum können unerwünschte Effekte auftreten, von Nervosität und Kopfschmerzen bis hin zu Herzrhythmusstörungen und Kreislaufkollaps.[172] Der kurzfristige Energieschub wird durch den hohen Zuckergehalt verstärkt, was zu einem schnellen Anstieg und Abfall des Blutzuckerspiegels führt – ein Rezept für

Zutatenliste des roten Bullen Energydrink

ZUTATEN: Wasser, Saccharose, Glucose, Säuerungsmittel Zitronensäure, Kohlensäure, Taurin 0,4 %, Säureregulator (Natriumcarbonate, Magnesiumcarbonat) Koffein 0,03 %, Vitamine (Niacin, Pantothensäure, B6, B12), Aroma, Farbstoffe (einfacher Zuckerkulör, Riboflavin).

KAPITEL 5

Erschöpfung und schlechte Laune. Besonders heimtückisch: Die süße Tarnung überdeckt den bitteren Geschmack des Koffeins, sodass leicht größere Mengen auf einmal konsumiert werden. Auf Partys werden Energydrinks gern mit Alkohol gemischt - eine gefährliche Liaison. Das Koffein kaschiert die Wirkung des Alkohols, was zu einer höheren Risikobereitschaft führen kann.[173]

Wir sollten die vermeintlichen kurzfristigen Vorteile von Energydrinks gegen die potenziellen langfristigen Gesundheitsrisiken abwägen. Energydrinks können bei maßvollem Konsum durchaus den gewünschten Energieschub bringen. Doch die Risiken bei übermäßigem Genuss sind beträchtlich. Besonders für Kinder und Jugendliche sollten Energydrinks tabu sein. Als Eltern und Vorbilder ist es unsere Pflicht, verantwortungsbewusst mit diesem süßen Verführer umzugehen. Ein bewusster Umgang mit dem eigenen Konsum und eine klare Aufklärung über die möglichen Gefahren sind der Schlüssel zu einem gesunden Verhältnis zu Energydrinks.

Und dann gibt es noch die angeblich gesunden Alternativen, wie Vitaminwasser und Sportgetränke. Lass dich nicht von den schicken Verpackungen blenden. Hinter den Kulissen verbergen sich mysteriöse Mixturen aus Zusatzstoffen, Aromen, Süßungsmitteln und künstlichen Vitaminen und Mineralstoffen. Die Qualität? Unklar.

Zutatenliste eines blauen Sportgetränk

ZUTATEN: Wasser, Traubenzucker, Säuerungsmittel Zitronensäure, Säureregulatoren Natrium- und Kaliumcitrate, Fruktose, Stabilisatoren (E 414, E 445), Süßungsmittel (Aspartam, Acesulfam-K), Aroma, Farbstoff E 133, Vitamin B6.

Softdrinks, sei es zuckerhaltig oder light, sollten als gelegentliche Süßigkeit und keinesfalls als alltägliches Getränk konsumiert werden. Besonders Kinder sollten so lange wie möglich davon ferngehalten werden. Zu Hause sollte Wasser die bevorzugte Wahl sein, um die Gesundheit unserer Zähne, der Organe und des gesamten Körpers zu schützen.

Im Großen und Ganzen bieten Softdrinks, egal ob Cola, Eistee, Limonaden oder Sportgetränke, deinem Körper so gut wie nichts - außer ein gewaltiges Gesundheitsrisiko. Welchen Preis bist du bereit zu zahlen? Wähle klug und durchschaue die süße Illusion dieser vermeintlichen Durstlöscher.

CHEERS - AUF GENUSS UND VERANTWORTUNG! ALKOHOLISCHE GETRÄNKE IM VISIER

In unserer Welt des Überflusses und der Vielfalt steht uns im Supermarktregal eine breite Palette alkoholischer Getränke zur Auswahl. Es geht hier nicht darum, Alkohol zu preisen oder zu verteufeln, sondern vielmehr um einen bewussten und maßvollen Umgang mit diesen Produkten. Wir werfen nun einen genaueren Blick auf die verschiedenen alkoholischen Genüsse wie Wein, Bier und Co, um herauszufinden, welche Zutaten sich hinter den verlockenden Etiketten verbergen. Die Erkenntnis darüber, was wir konsumieren, ist entscheidend für eine kluge Wahl und einen verantwortungsbewussten Genuss.

Weinvielfalt entdecken - Von Weißwein bis Glühwein, trocken bis lieblich

Wein, ein Getränk mit einer beeindruckenden Bandbreite an Sorten - von Weißwein über Apfelwein, Glühwein, Roséwein bis hin zu Rotwein und Weinschorle. Die Auswahl scheint schier grenzenlos, doch beim Weinkauf gibt es mehr zu beachten als nur den persönlichen Geschmack. Ein Blick auf die Etiketten offenbart, dass nicht jeder Wein vegan ist, da einige Sorten mit Tierhäuten geklärt werden.

In der Welt des Weingenusses begegnen uns neben Aromen und Nuancen auch Inhaltsstoffe, die besonders für empfindliche Menschen gesundheitliche Auswirkungen haben können. Sulfite, auch als Schwefeldioxid bekannt, sind eine solche Komponente, die in vielen Weinen vorkommt. Diese zugefügten oder natürlicherweise entstehenden Schwefelverbindungen spielen eine Rolle bei der Haltbarkeit und Frische des Weins.

Für manche Menschen können Sulfite jedoch unangenehme Reaktionen hervorrufen. Diese reichen von Kopfschmerzen über Atemprobleme bis hin zu allergischen Reaktionen. Aus diesem Grund schreibt seit 2005 eine Verordnung vor, dass Weine einen Hinweis auf der Verpackung tragen müssen, wenn sie Sulfite oder Schwefeldioxid enthalten. Diese Kennzeichnung soll Verbrauchern die Möglichkeit geben, bewusst zu wählen und auf ihren individuellen Gesundheitszustand zu achten.

Warum enthält Wein Schwefeldioxid? Dieser natürliche Bestandteil entsteht als Stoffwechselprodukt der Hefe während der alkoholischen Gärung und wird durch künstliche Zugabe, meist in Form von E 220, erhöht. Schwefeldioxid verhindert unerwünschte

Veränderungen von Farbe und Geschmack und trägt dazu bei, die Frische und Fruchtigkeit des Weins zu bewahren. Großteils wird der im Wein enthaltene Schwefel an weineigene Substanzen gebunden und ist für die menschliche Verdauung unbedenklich.

Zutatenliste eines Rotwein mit E 220

ZUTATEN: Trauben, rektifiziertes Traubenmostkonzentrat, Antioxidationsmittel (L-Ascorbinsäure, Sulfite), Stabilisator (Metaweinsäure, Gummi arabikum), Konservierungsstoff (Kaliumsorbat). Allergenhinweis: Schwefeldioxid und Sulfite in einer Konzentration von mehr als 10 mg/kg oder 10 mg/l, als SO2 angegeben

Im Supermarktregal finden wir deshalb Weine mit und ohne zusätzlichen Einsatz von E 220. Andere Zusatzstoffe konnte ich bei meinem Check von Weißweinen nicht finden. Taucht man in die Welt des Rotweins ein, zeigt sich, dass hier nicht alle Tropfen gleich sind. In vielen Fällen greifen Winzer zu weiteren Antioxidationsmitteln, Stabilisatoren, Konservierungsstoffen und gelegentlich sogar Zuckerzusatz. In vielen herkömmlichen Rotweinen finden sich neben dem edlen Rebensaft auch diverse Zusatzstoffe. Doch es gibt auch eine erfreuliche Alternative: Bioweine bieten eine Auswahl an Tropfen ohne weitere Zutaten, wodurch sie zu einer reinen und natürlichen Genussquelle werden.

Roséwein, ein vielseitiger Begleiter mit einer Palette von Farben und Geschmacksrichtungen. Doch bei der Vielfalt von Rosé offenbart sich auch eine Bandbreite an Inhaltsstoffen. Ob bio oder konventionell, es gibt Roséweine, die sich auf nur eine einzige Zutat beschränken. Doch genau hier ist der Teufel im Detail versteckt.

Einige Roséweine enthalten Zitronensäure, Stabilisatoren wie Kaliumpolyaspartat und Antioxidationsmittel. Für Kaliumpolyaspartat sind keine schädlichen Auswirkungen bekannt, aber für jene, die bewusst Zusatzstoffe vermeiden wollen, lohnt sich ein genaueres Studium der Inhaltsliste.

Die winterliche Tradition des Glühweintrinkens birgt mehr, als man auf den ersten Schluck vermuten würde. Die Realität ist, dass Glühwein oft einen extrem hohen Zuckergehalt aufweist, wobei verschiedene Zuckerarten und Aromen zum Einsatz kommen. Doch es gibt auch positive Ausnahmen – Glühweine ohne künstliche Aromen sind definitiv die empfehlenswerteren.

Die Zutatenlisten für Glühwein variieren je nach Marke erheblich. Während einige mit klaren und reinen Zutatenlisten punkten, besitzen andere Varianten zusätzlich zugesetzten Zucker, verschiedene Aromen, Zitronensäure und sogar Farbstoffe wie Karmin, der aus Blattläusen gewonnen wird. Ein genauer Blick auf die Etiketten ist hier unabdingbar, wenn man einen Glühwein ohne überflüssige Zusatzstoffe genießen möchte.

Bier – Dem Reinheitsgebot verpflichtet, doch Biermischgetränke werfen Fragen auf

Bier, das Lieblingsgetränk der Deutschen, ist nicht nur ein Kulturgut, sondern unterliegt auch dem deutschen Reinheitsgebot. Rein bedeutet hier wirklich rein – Bier darf nur aus Wasser, Hopfen und Malz bestehen. Dieses traditionelle Gesetz garantiert die Qualität und Reinheit der Biere, die wir in den Supermarktregalen vorfinden.

Doch wenn wir einen Blick auf die Biermischgetränke werfen, wird die klare Linie plötzlich unscharf. Hier überwiegt oft der Limonadengehalt gegenüber dem Biergehalt, und mit dieser steigenden Limonadenkonzentration kommen auch eine hohe Dosis Zucker, Zusatzstoffe und Aromen ins Spiel.

Die gesundheitlichen Überlegungen bei Biermischgetränken ähneln somit erschreckend denjenigen bei Softdrinks. Ein kritischer Blick auf die Etiketten ist auch hier

Zutatenliste eines Biermischgetränk

ZUTATEN: Mango-Maracuja-Limonade (Wasser, Fruktosesirup, Maracujasaft aus Maracujasaftkonzentrat 2,5 %, Mangosaft aus Mangosaftkonzentrat 2,2 %, Orangensaft aus Orangensaftkonzentrat, Zitronensaft aus Zitronensaftkonzentrat, Kohlensäure, Mangomark 0,3 %, natürliches Aroma, Antioxidationsmittel Ascorbinsäure, Stabilisator Johannisbrotkernmehl, Farbstoff Beta-Carotin), Pils (Wasser, Gerstenmalz, Hopfen, Hopfenextrakt).

entscheidend, um zwischen einem erfrischenden Biergenuss und potenziell gesundheitsbelastenden Mischgetränken zu unterscheiden.

Zusatz: Es ist wichtig zu beachten, dass bei einigen Malzbieren Zucker zugesetzt wird, was nicht dem Reinheitsprinzip des Bieres entspricht. Beim Bierkauf lohnt es sich daher, nicht nur die Sorte, sondern auch die Zutatenliste genauestens zu prüfen.

Das Geheimnis hinter dem Vorhang: Was uns alkoholische Getränke verschweigen

In der Welt der alkoholischen Getränke scheinen die Zutatenlisten im Verborgenen wie im Dunkeln eines Tresors zu ruhen. Der Schlüssel scheint verloren gegangen zu sein. Warum ist das so?

Es erscheint paradox, dass in einer Zeit, in der Verbraucherinformation und Transparenz immer höher geschätzt werden, die Lebensmittel-Informationsverordnung alkoholischen Getränken mit einem Alkoholvolumen von über 1,2 Volumenprozent das Recht zugesteht, uns im Dunkeln zu lassen, was sie tatsächlich enthalten - mit der Ausnahme von Bier. Die Hersteller sind von der Pflicht befreit, Zutatenlisten und Nährstofftabellen anzugeben.

Die Suche nach den Zutaten alkoholischer Getränke wie Spirituosen gleicht einer Schnitzeljagd im Dunkeln für neugierige Verbraucher. Sind sie ein Spielplatz der Aromen, Süßungsmittel und Zusatzstoffe? Die aktuelle Gesetzgebung lässt uns im Dunkeln darüber, was genau in diesen Getränken enthalten ist. Das Fehlen von Zutatenlisten und Nährwertinformationen stellt eine Herausforderung für die Verbraucher dar, die sich bewusst ernähren und wissen möchten, was sie konsumieren. Diese undurchsichtige Praxis widerspricht dem zeitgemäßen Anspruch an Transparenz und sollte dringend überdacht werden.

Die Lebensmittel-Informationsverordnung in diesem Punkt zu ändern, wäre nicht nur ein Schritt in Richtung Verbraucherschutz, sondern würde es auch interessierten Konsumenten erleichtern, individuelle Ernährungsentscheidungen zu treffen.

Die Zukunft der Kennzeichnung alkoholischer Getränke dürfte vor allem in den Informationen zu Kalorien und Zucker Überraschungen bereithalten. Cheers!

SPECIAL: VITAMINE, MINERALSTOFFE UND CO: EINKAUFSGUIDE FÜR SUPPLEMENTS

Willkommen, Freunde der Vitamine und Abenteurer im Land der Nahrungsergänzungsmittel! Jetzt erzähle ich euch eine Geschichte, die tiefer geht als der Vitamin-D-Spiegel im tiefsten Winter. Früher, als Nahrungsergänzungsmittel noch nicht der letzte Schrei waren, war ich damit schon am Start.

Es war eine Zeit, da Nahrungsergänzungsmittel noch nicht in aller Munde waren, sondern eher in den dunklen Ecken der Apothekenschränke verweilten. Damals dachte ich noch: Je mehr und je billiger, desto besser! Also stürzte ich mich in den wilden Online-Dschungel, bestellte wahllos, nur darauf bedacht, dass die Zahlen auf der Packung beeindruckend hoch waren. Die Qualität? Keine Ahnung.

Das war wie eine Achterbahnfahrt durch den Dschungel der Nährstoffe - ohne Sicherheitsgurt und ohne Plan. Das Angebot hat mich komplett überrollt. Doch mit der Zeit und einigen bitteren Erfahrungen wurde mir klar: Da muss es einen Haken geben! Ist mehr wirklich mehr? Los! Stürzen wir uns in das Nahrungsergänzungsmittel-Abenteuer. Von wilden Anfängerfehlern bis zu den klugen Entscheidungen - ich verrate euch alles. Also schnallt euch an, wir steuern gemeinsam durch den Supplements-Wirrwarr!

Seien wir mal ehrlich, in der heutigen hektischen Zeit halten viele von uns eine wirklich gesunde Ernährung mit allen wichtigen Nährstoffen für eine echte Herausforderung. Deshalb greifen viele Menschen, wie auch ich, zu Nahrungsergänzungsmitteln, um sicherzustellen, dass ihr Körper alle notwendigen Vitamine und Mineralstoffe erhält. Doch die Vielfalt an Supplements auf dem Markt kann überwältigend sein - und birgt die Gefahr, minderwertige Produkte zu kaufen. Trotzdem glaube ich fest daran, dass für die meisten Menschen eine sinnvolle Ergänzung mit qualitativ hochwertigen Produkten sinnvoll ist.

Die Entscheidung, Nahrungsergänzungsmittel in den eigenen Ernährungsplan aufzunehmen, sollte wohlüberlegt sein. Zwar können Supplements helfen, etwaige Nährstoffmängel auszugleichen, aber die Qualität der Produkte spielt hierbei eine entscheidende Rolle. Nahrungsergänzungsmittel sollten niemals als Ersatz für eine ausgewogene und nährstoffreiche Ernährung dienen, sondern lediglich als Ergänzung. Bevor du dich für ein Nahrungsergänzungsmittel entscheidest, ist es wichtig, deinen persönlichen Nährstoffbedarf zu kennen. Ein Mangel an bestimmten Vitaminen, Mineralstoffen oder anderen Nährstoffen kann zu gesundheitlichen Problemen führen. Konsultiere gegebenenfalls einen Arzt oder Heilpraktiker, um deine individuellen Bedürfnisse zu klären.

Achtung, liebe Leute! Es wird Zeit, diese verlockenden Pillen und Gummibärchen, die in Drogerien und Online-Shops wie Pilze aus dem Boden schießen, genauer unter die Lupe zu nehmen. Im Klartext: Viele sind regelrechte Chemiecocktails!

Jetzt werfen wir einen Blick darauf, worauf beim Kauf besonders zu achten ist.

Qualität über Quantität:
Es ist verlockend, zu den günstigen Angeboten zu greifen, doch bei Nahrungsergänzungsmitteln gilt: Qualität über Quantität. Hier am Beispiel von Vitamin-C-Kapseln:

Zutatenliste des billigen Drogerieprodukts. Synthetisch hergestelltes Vitamin C, gehärtes Fett und eine Menge Zusatzstoffe

ZUTATEN: L-Ascorbinsäure (Vitamin C), Füllstoffe (Cellulose, Calciumphosphate), Geliermittel Hydroxypropylmethylcellulose, Trennmittel (Fettsäuren, Megnesiumsalze der Speisefettsäuren, Siliciumdioxid), Rapsöl ganz gehärtet.

Im Vergleich dazu die Zutatenliste eines hochwertigeren Produktes mit natürlichem Vitamin C aus der Acerolakirsche

ZUTATEN: Bio-Acerola-Extrakt, Überzugsmittel: Hydroxypropylmethylcellulose (pflanzlich).

Hochwertige Nahrungsergänzungsmittel enthalten reine und bioverfügbare Formen von Vitaminen und Mineralstoffen. Begriffe wie „natürliche Formen" und „bioverfügbar" sind Hinweise darauf, dass dein Körper die Nährstoffe effizient aufnehmen kann. Sie sind oft etwas teurer, bieten jedoch nicht nur die bessere Bioverfügbarkeit, sondern sind oft auch frei von schädlichen Zusatzstoffen.

Vermeide unnötige Zusatzstoffe: Beim Kauf von Supplements sollte besonders auf die Zusatzstoffe geachtet werden. Viele Produkte enthalten künstliche Farbstoffe, Aromen, Konservierungsmittel und andere Chemikalien, die dem eigentlichen Nutzen des Supplements entgegenwirken können.

Sie bieten ernährungsphysiologischen keine Vorteile. Lies die Produktetiketten sorgfältig durch und wähle Produkte mit minimalen, gut verträglichen Zusatzstoffen.

Typische Zusatzstoffe in Nahrungsergänzungsmitteln können sein:

Zusatzstoff	Funktion	Potenzielle Auswirkungen
E 551 Aluminium, z. B. Siliciumdioxid-Silicate	Trennmittel	Verdacht auf Anreicherung im Körper, mögliche Schäden an Blut, Nerven und Knochen. Eventuelle Verbindung mit Alzheimer (nicht sicher nachgewiesen).
E 553b Talkum, Magnesiumsilikat	Trennmittel	Früher mit Asbest kontaminiert (heute umstritten). Feine Partikel könnten Lungen- und möglicherweise Darmentzündungen verursachen.
E 171 Titandioxid	Farbpigmente oder Trennmittel	Kleine Partikel könnten Zellen schädigen, Titandioxid wird mit Darmproblemen verbunden. Genauere Auswirkungen auf Menschen noch unklar.

Zudem sollten künstliche Süßstoffe (Saccharin, Sucralose, Stevia, Aspartam und Co), Zitronensäure sowie Aromen vermieden werden:

Zutatenliste von Multi-Vitamin Bärchen

ZUTATEN: Süßungsmittel Maltit, modifizierte Stärke, Vitamin C, Säuerungsmittel Zitronensäure, Niacin, färbende Lebensmittelkonzentrate (Karotte, Apfel, schwarze Johannisbeere, Kirsche), Vitamin E, natürliches Orangenaroma, natürliche Aromen, pflanzliche Öle (Kokosnuss, Raps), Vitamin B6, Süßungsmittel Sucralose, Überzugmittel Carnaubawachs, Vitamin A, Folsäure, Biotin, Vitamin D, Vitamin B12.

Diese Produkte haben oft mehr bedenkliche Zusatzstoffe als dein liebster Gruselfilm. Klar, wir alle wollen das Beste für unsere Gesundheit, aber der Kauf von solchen Pillen und Bärchen aus dem Selbstbedienungsladen ist definitiv keine gute Idee.

Besonders im Visier sind die Nahrungsergänzungsmittel für Kids - Gummibärchen, die wie Spaß aussehen, aber im Grunde kleine Zuckerbomben sind. Fruchtkonzentrate, Aromen, Zitronensäure und noch mehr Süßungsmittel - ein Mix, den du lieber meidest. Deshalb: Je kürzer die Zutatenliste, desto besser ist es, denn Zusatzstoffe sind kaum notwendig.

Hier kommt ein kleiner Tipp für alle Fans der beliebten heißen Zitrone: Dieses verlockende Getränk hat tatsächlich nur einen winzigen Vitamin-C-Anteil, während die Hauptzutaten eher Zucker und diverse Zusatzstoffe sind.

Zutatenliste: Heiße Zitrone Sticks

ZUTATEN: Säuerungsmittel Zitronensäure, Maltodextrin, L-Ascorbinsäure, Aroma Zitrone, Saftpulver Zitrone 1 %, Zitronenpulver 0,56 %, Stärke, Zinkcitrat, Süßungsmittel Natriumsaccharin, Trennmittel Magnesiumsalze der Speisefettsäuren.

Nicht gerade das, was wir von einem Gesundheitsgetränk erwarten, oder?

Warum das Ganze? Nun, Vitamin C ist relativ hitzeinstabil - es mag keine übermäßige Wärme. Das bedeutet leider, dass die heiße Zitrone nicht so effektiv ist wie sie scheint. Der Vitamingehalt schmilzt dahin wie Schnee in der Sonne.

Was also tun? Hier ist die bessere Idee: Nimm frischen Zitronensaft und mische ihn mit Wasser - aber nicht zu heiß! Zimmertemperatur reicht völlig aus. So bleibt das Vitamin C in Topform und du bekommst den frischen Zitruskick, den dein Körper verdient. Cheers!

Allergene und Unverträglichkeiten: Wenn du Allergien oder Unverträglichkeiten hast, sei besonders aufmerksam. Überprüfe die Produktetiketten auf potenzielle Allergene wie Gluten, Laktose, Nüsse oder andere häufige Auslöser von Unverträglichkeitsreaktionen.

Transparenz des Herstellers: Ein seriöser Hersteller bietet klare und umfassende Informationen über seine Produkte. Dazu gehören Angaben zur Herkunft der Inhaltsstoffe, zu Herstellungsprozessen, Qualitätskontrollen und Zertifizierungen. Vertrauenswürdige Hersteller sind oft bereit, diese Informationen auf ihren Websites oder auf Anfrage zur Verfügung zu stellen.

Ergänzen, nicht ersetzen: Nahrungsergänzungsmittel sollten stets als Ergänzung zu einer gesunden Ernährung betrachtet werden. Sie sind kein Ersatz für frisches Obst, Gemüse und ausgewogene Mahlzeiten. Die Grundlage für eine optimale Gesundheit bleibt eine vielfältige und nährstoffreiche Ernährung.

Ich persönlich lasse ein- bis zweimal im Jahr ein umfassendes Blutbild erstellen, wobei ich leider den größten Teil privat tragen muss, da die Krankenkasse das nicht übernimmt. Hier checke ich alle gängigen Mineralstoffe und Vitamine im Blut und gleiche bewusst Mängel aus. Wichtig ist, sich immer mal durchchecken zu lassen, denn viel hilft nicht immer viel. Ein einfaches Beispiel: Wenn du keinen Eisenmangel hast und dennoch jeden Tag hochdosiert Eisen nimmst, kann das sogar entzündungsfördernd wirken.[174] Nicht gerade das, was wir wollen, oder?

Deshalb: Viel hilft nicht immer viel. Der Körper braucht Gleichgewicht. Blind alles zu supplementieren, was uns auf Social Media oder von Freunden empfohlen wird, ist keine gute Idee. Supplementierung ist individuell. Aber es gibt ein paar Basics, die fast jedem helfen können. Zum Beispiel Vitamin D – fast alle Deutschen haben hier einen Mangel. Eine Supplementierung ist daher empfehlenswert. Den Vitamin-D-Spiegel kann man einfach im Blut checken lassen.

Ebenso sinnvoll ist die Ergänzung von Omega-3-Fettsäuren, die entzündungshemmend wirken. Durch unsere moderne Ernährung nehmen wir zu viele Omega-6-Säuren auf, deshalb brauchen wir diesen Gegenspieler. Achtung: Qualität ist hier wichtig, denn Hitze, Licht und Sauerstoff können die Fettsäuren beeinträchtigen.

Ein weiteres wichtiges Mineral ist Magnesium, das an zahlreichen Prozessen im Körper beteiligt ist. In den meisten Fällen dürfte eine Supplementierung sinnvoll sein. Es gibt noch viele andere Nahrungsergänzungsmittel, aber die meisten sollten individuell dosiert werden. Hier lohnt es sich, spezieller auf die eigenen Bedürfnisse zu schauen.

Aber, ich lasse dich nicht allein im Regen stehen! In meiner Produktempfehlungsliste verlinke ich wie immer die besten Produkte für Erwachsene und die Kleinen. Hier gibt's keine Chemierätsel, sondern nur die reinsten Produkte.

TEIL 3

An den Einkaufswagen, fertig, los!

Dein Food-Check ist durch! Jetzt wird es Zeit, die Theorie in die Praxis umzusetzen.

Du hast den Food-Check gemeistert und weißt nun, welche Lebensmittel die wahren Helden in deinem Einkaufswagen sind. Doch der entscheidende Schritt steht noch bevor: Wie bringst du dieses Wissen erfolgreich in die Praxis? Stell dir vor, du stehst im Supermarkt vor einem Regal voller Versuchungen – hier setzen wir an.

In diesem Abschnitt gehen wir über die Theorie hinaus und ich zeige dir, wie du bewusste und gesunde Entscheidungen beim Einkaufen triffst. Schluss mit dem Rätselraten im Supermarkt! Wir durchbrechen die Muster, die dich von deinen Ernährungszielen abhalten, und legen den Fokus darauf, wie du deinen Einkaufswagen mit Nahrung füllen kannst, die nicht nur deinem Geschmackssinn, sondern auch deiner Gesundheit schmeichelt.

Bereit für eine Revolution in deinem Einkaufsverhalten? Lass uns den Supermarkt erobern und sicherstellen, dass dein Einkaufswagen voller Nährstoffe und guter Produkte ist. Erfahre, wie du in der Praxis den Unterschied und deinen Einkauf zum Erfolgserlebnis für deine Gesundheit machst. Los geht's!

KAPITEL 6

SUPERMARKT-STRATEGIEN
DEINE GEHEIMWAFFEN FÜR SMARTES EINKAUFEN

WIE DU DEIN GELD KLUG EINSETZT,
DEN EINKAUF STRESSFREI ROCKST UND DEN REGAL-VERSUCHUNGEN DEN STINKEFINGER ZEIGST

Okay, mal ehrlich, wer von uns hat nicht schon mal genervt vor dem Supermarktregal gestanden, nicht wissend, ob man mehr Klopapier oder doch lieber Schokolade kaufen sollte? Ich kenne das Spiel, das sich zwischen den Gängen abspielt – Stress, Überforderung und die Frage, warum man überhaupt hier ist. Ohne genaue Planung, im Kampf mit der Zeit und den Versuchungen um einen herum. Und genervten Kindern. Entweder habe ich viel zu viel eingekauft oder das Wesentliche vergessen. Aber das muss nicht so sein! Ich habe gelernt, dass Einkaufen nicht nur effizient, sondern auch stressfrei und sogar richtig entspannt sein kann.

Stressfreies Einkaufen ist nicht nur für Yoga-Gurus und Zen-Meister reserviert. In diesem Kapitel lüfte ich die Geheimnisse eines entspannten und effizienten Einkaufs. Kein Gestresse, kein Rumirren zwischen den Regalen – nur du, dein Einkaufswagen und die perfekte Strategie, um den Supermarkt zu deinem persönlichen Spielfeld zu machen. Bist du bereit, dem Supermarkt-Dschungel zu trotzen und deine Einkaufstour in ein Abenteuer zu verwandeln? Dann lass uns gemeinsam die Regale erobern und den Einkaufswahnsinn weglächeln!

Vor dem Einkauf:

1. **Vorbereitung ist alles:** Setz dich kurz hin und plane deine Mahlzeiten für die kommende Woche. Das verhindert Spontankäufe und reduziert Stress. Ordne deine Einkaufsliste nach Kategorien wie Obst, Gemüse, Milchprodukte etc., um einem unnötigen Hin und Her im Supermarkt vorzubeugen. Und verwende wiederverwendbare Taschen – das spart Geld und schützt die Umwelt.

2. **Check deinen Vorrat:** Schau in deinen Vorrats- und Kühlschrank, um herauszufinden, was du bereits hast. Notiere nur, was wirklich benötigt wird. Und vor allem: Gehe nicht hungrig einkaufen, das verführt zu unüberlegten Käufen von oft ungesunden Produkten und es vermeidet, dass du mehr kaufst als eigentlich benötigt.

3. **Budget setzen:** Leg ein realistisches Budget für Lebensmittel fest. Denk dabei auch an frische Produkte – dein Körper wird es dir danken. Nutze Apps oder Online-Plattformen, um aktuelle Rabatte zu checken. Plane deine Einkaufsliste um saisonale Angebote herum. Halte Ausschau nach Gutscheinen oder Treuepunkten. Manchmal gibt es kleine Extras, die dein Budget schonen.

4. **Check die Uhrzeit:** Plane deinen Einkauf außerhalb der Stoßzeiten. Die besten Tage für deinen Einkauf sind Dienstag und Mittwoch! Warum? Montags füllen viele Menschen ihren Kühlschrank auf, und ab Donnerstag planen die meisten bereits ihren Wochenendeinkauf. Wenn du also deinen Wocheneinkauf auf einen dieser Tage legst, kannst du Zeit und Nerven sparen! Gleich nach Ladenöffnung sind oft viele Schnäppchenjäger unterwegs, die die neuesten Angebote aus dem Prospekt ergattern wollen. Zwischen 9 und 11 Uhr kannst du entspannt einkaufen, dann gibt es ein kleines Mittagshoch, und zwischen 13 und 16 Uhr wird es wieder ruhiger, bevor es am Abend wieder voll wird.

5. **Mach dir eine Liste der Versuchungen:** Identifiziere die Produkte, denen du oft nicht widerstehen kannst. Das schärft dein Bewusstsein für die Gefahr, diesen Verlockungen zu erliegen. Und definiere vor dem Einkauf auch klare Regeln für Ausnahmen. Das verhindert spontane, ungesunde Entscheidungen. Vielleicht steckst du dir gesunde Snacks in deine Tasche, einige Nüsse – das hilft, Heißhungerattacken auf Ungesundes zu verhindern.

Beim Einkaufen im Supermarkt:

6 Fokus auf das Wesentliche: Lass dich nicht von zusätzlichen Angeboten und Verkaufsaktionen verleiten. Halte Ausschau nach gezielten Werbetricks. Ignoriere verführerische Aufsteller und fokussiere dich auf deine Liste und dein Budget.

7 Gesundheitsaspekt im Blick: Konzentriere dich auf frische, unverarbeitete Lebensmittel. Vermeide den Gang durch die verlockenden Snack-Gänge. Sei offen für Neues und entdecke gesunde Alternativen zu deinen Lieblingsspeisen. Du könntest angenehm überrascht werden.

8 Effektiv einpacken: Sortiere deine Einkäufe direkt beim Einpacken nach Kategorien zum Beispiel Obst und Gemüse, Tiefkühlprodukte usw. Das vereinfacht das Auspacken zu Hause.

Nach dem Einkauf:

9 Meal Prepping: Meal Prep ist eine Methode, Mahlzeiten für mehrere Tage im Voraus zu planen und zuzubereiten. Plane einen festen Tag fürs Meal Prepping ein. Du sparst Zeit und vermeidest unnötige Fertigprodukte. Bereite größere Mengen vor und friere sie portioniert ein. Das rettet dich, wenn die Zeit mal knapp ist.

10 Kreative Resteverwertung: Sei einfallsreich mit Resten. Kombiniere sie zu neuen Gerichten und minimiere Lebensmittelverschwendung.

11 Reflektiere deinen Einkauf: Nimm dir Zeit, um deinen Einkauf zu überprüfen. Welche Versuchungen hast du erfolgreich vermieden? Lerne daraus für zukünftige Einkäufe.

Mit diesen Tipps wird dein nächster Supermarktbesuch nicht nur stressfreier, sondern auch effektiver.

Ein klug geplantes Einkaufsverhalten spart nicht nur Geld, sondern legt den Grundstein für eine gesunde Ernährung. Mit klaren Strategien und einem Fokus auf gesunde Alternativen wird dein nächster Supermarktbesuch weniger von Versuchungen geprägt sein und dich deinen Ernährungszielen näherbringen.

KAPITEL 7

SO KLAPPT'S
MIT EINER BESSEREN ERNÄHRUNG

Herzlich willkommen zu deiner kulinarischen Transformation! In diesem Kapitel geht es darum, wie du dich für eine bessere Ernährung begeistern kannst. Wir werfen einen Blick auf deine Mission, klären, wie Stress, Emotionen und Essgewohnheiten dein Mindset beeinflussen, und entdecken einfache Tricks, um deine Gerichte zu pimpen. Außerdem rocken wir gemeinsam gesunde Snack-Alternativen und lernen die Kunst, gesunde Gewohnheiten langfristig beizubehalten.

KEIN ONE-HIT-WONDER: DIE KUNST, GESUNDE GEWOHNHEITEN BEIZUBEHALTEN

Bevor wir in die Welt der gesunden Leckereien eintauchen, lass uns über deine Mission sprechen. Warum zur Hölle sollte dich gesunde Ernährung interessieren? Nun, das ist eine Reise zu einem besseren Du, und hier ist der Fahrplan:

Mehr Power für dich: Gute Ernährung ist wie der Treibstoff für deinen Körper. Mit den richtigen Nährstoffen fühlst du dich energiegeladener und kannst den Tag viel besser bewältigen. Hol dir deine Energie aus frischem Obst, Gemüse, Vollkornprodukten und Proteinen. Versuche, jeden Tag eine bunte Mischung davon zu snacken. Wenn du deinem Körper die richtigen Nährstoffe gibst, wird er es dir mit Energie und Wohlbefinden danken. Bye-bye, Müdigkeit – hallo, Power!

Gesundheit geht vor: Schmeiß Junkfood aus deinem Leben! Setze stattdessen auf frische, unverarbeitete Lebensmittel. Mach das Ganze spannender, indem du neue Rezepte ausprobierst. Es gibt echt viele Apps und Websites mit leckeren und gesunden Kochideen.

Eine gesunde Ernährung kann helfen, Krankheiten fernzuhalten. Herzprobleme, Diabetes - mit der richtigen Kost kannst du das Risiko dafür senken.

Schluss mit dem Hüftgold-Drama: Wenn du nach einer Möglichkeit suchst, dein Gewicht zu managen, ist gesunde Ernährung der Game-Changer. Sie hilft dir, deine Kalorien im Griff zu behalten und trotzdem genussvoll zu essen. Iss mehr Gemüse und sei kreativ damit - probiere es mal mit gegrilltem Gemüse, Gemüsesuppen oder bunten Salaten.

Happy Food, Happy Mood: Stimmungstief? Essen hat auch Einfluss auf deine Stimmung. Die richtigen Lebensmittel können dabei helfen, gute Laune zu verbreiten und Stress zu minimieren. Integriere Lebensmittel in deinen Speiseplan, die deine Laune boosten. Bananen, Nüsse, dunkle Schokolade haben einen stimmungsaufhellenden Effekt. Und gönne dir auch mal etwas Süßes, ohne dich schlecht zu fühlen. Balance ist der Schlüssel.

Langfristig fit bleiben: Niemand will im Alter mit tausend Zipperlein kämpfen. Mach jetzt schon was für später. Setz auf Lebensmittel, die deine Knochen und Muskeln stärken. Joghurt, Hülsenfrüchte, mageres Fleisch - sie sind deine Verbündeten für eine Zukunft voller Fitness. Gesunde Ernährung kann dazu beitragen, dass du auch in der Rente noch die Hüften schwingen kannst.

Mach es dir nicht zu kompliziert. Es geht darum, kleine, nachhaltige Veränderungen einzubauen. Keine Sorge, du musst nicht auf alles verzichten. Gönn dir ab und zu auch mal deine Lieblingssnacks. Aber insgesamt: keep it real, keep it healthy! Eine bessere Ernährung macht nicht nur deinen Körper happy, sondern bringt auch jede Menge positive Vibes für deine Zukunft.

Bist du bereit für deine Mission? Dann: Auf geht's!

Stress, Emotionen und Essgewohnheiten: Wie du dein Mindset auf Spur bringst

Stress, Emotionen und Essgewohnheiten – eine Dreiecksbeziehung, die oft mehr Ärger als Glück verspricht. Doch hier geht es nicht darum, den erhobenen Zeigefinger zu schwingen. Vielmehr möchte ich dir Werkzeuge an die Hand geben, um dein Mindset zu stärken, damit du souverän mit den Verlockungen von Schokolade, Komfortessen und stressigen Situationen umzugehen lernst.

Stress, Langeweile oder Frust – emotionales Essen schleicht sich oft heimlich in unseren Alltag. Bevor wir nach gesünderen Alternativen suchen, werfen wir einen Blick darauf, wie wir Emotionen und Essverhalten in Harmonie bringen können. Hier sind nicht nur Einsichten, sondern auch praktische Tipps, die du sofort umsetzen kannst.

1 Emotionen verstehen und akzeptieren: Gesündere Alternative: Versuche, deine Emotionen zu benennen und zu akzeptieren, ohne dich dafür zu verurteilen. Schreibe ein Emotionstagebuch, um deine Gefühle zu verarbeiten.
Praxistipp: Nimm dir jeden Tag einige Minuten Zeit, um über deine Emotionen nachzudenken. Notiere, wie du dich fühlst, und finde Worte dafür.

2 Alternative Bewältigungsstrategien: Gesündere Alternative: Statt zur Schokolade zu greifen, probiere, Stress durch Bewegung abzubauen. Ein kurzer Spaziergang, ein paar Dehnübungen oder Atemübungen können Wunder wirken.
Praxistipp: Erstelle eine Liste mit stressabbauenden Aktivitäten, die du ohne großen Aufwand in deinen Alltag integrieren kannst. Wähle eine davon, wenn der Drang nach emotionalem Essen aufkommt.

3 Essen ohne Ablenkung: Gesündere Alternative: Vermeide es, vor dem Fernseher oder Computer zu essen. Konzentriere dich stattdessen darauf, bewusst zu schmecken und zu kauen. Das unterstützt ein besseres Sättigungsgefühl.
Praxistipp: Setze dir vor jeder Mahlzeit das Ziel, ohne Ablenkung zu essen. Schalte alle Bildschirme aus und genieße bewusst jeden Bissen.

4 Essgewohnheiten im Einklang mit Emotionen: Gesündere Alternative: Finde gesunde Alternativen zu deinen üblichen „Trostnahrungsmitteln". Obst, Gemüsesticks mit Hummus oder ein Joghurt mit Früchten können befriedigende Alternativen sein.

Praxistipp: Erstelle eine Liste mit gesunden Snacks, die du in stressigen Momenten genießen kannst. Halte diese Alternativen in Griffnähe, um sie bei Bedarf schnell zu erreichen.

5 Selbstreflexion und Achtsamkeit: Gesündere Alternative: Achte bewusst auf deine Hunger- und Sättigungsgefühle. Lerne, auf deinen Körper zu hören und nicht nur aus emotionalen Gründen zu essen.

Praxistipp: Bevor du isst, frage dich, ob du wirklich hungrig bist oder ob es sich um ein emotionales Verlangen handelt. Diese kurze Selbstreflexion kann einen großen Unterschied machen.

Emotionales Essen kannst du durch bewusstere Entscheidungen und gesündere Alternativen in den Griff bekommen. Nutze diese Tipps als Werkzeugkasten, um deine Beziehung zum Essen zu stärken und gesündere Gewohnheiten zu entwickeln. Es geht darum, Kontrolle zu behalten und deine Gesundheit zu fördern. Bist du bereit, den ersten Schritt zu tun? Let's make it happen!

Mindful Eating: Das Gegenteil von Futterrausch

Stell dir vor, jede Mahlzeit könnte ein Fest für deine Sinne sein. Schluss mit dem hastigen Hinunterschlingen von Speisen vor dem Fernseher! Ich führe dich in die Kunst des bewussten Essens ein. Erlebe, wie Essen wieder zu einem sinnlichen Genuss wird, der nicht nur deinem Körper, sondern auch deiner Seele guttut.

Hier sind ein paar Tipps, wie du mit voller Aufmerksamkeit schlemmst:

1 Abschalten und Fokussieren: Sag dem Fernseher, dem Smartphone und anderen Ablenkungen Tschüss. Konzentriere dich ganz auf dein Essen. Das gibt dir die Möglichkeit, die Aromen und Texturen richtig zu schätzen.

2 Bewusstes Kauen: Denk daran, dass unser Magen keine Zähne hat. Kauen ist der erste Schritt der Verdauung, und je besser du es machst, desto leichter hat es dein Magen. Das hilft nicht nur der Verdauung, sondern macht das Essen auch intensiver.

Hier kommt ein kleiner Trick für dein Kau-Ritual: Versuche, jeden Bissen mindestens 20 – 30 Mal zu kauen. Das mag anfangs übertrieben wirken, aber es hilft wirklich, das Essen besser zu zerkleinern und die Verdauung zu unterstützen. Also, zähl mit oder fühl einfach, wenn sich das Essen richtig gut zerkaut anfühlt. Dein Magen wird es dir danken!

3 **Sitzend genießen:** Setz dich zum Essen hin. Im Stehen oder Gehen zu essen, beeinträchtigt die Verdauung und lässt dich oft mehr essen als notwendig, da du weniger bewusst bist.

4 **Zeit nehmen:** Gönn dir Zeit für deine Mahlzeit! Schlinge nicht alles runter, sondern nimm kleine Bissen und genieße bewusst. Das sorgt nicht nur für eine bessere Verdauung, sondern auch für eine tiefere Verbindung mit dem Essen.

Stressmanagement ohne Schokolade:
Schokolade ist großartig, zweifelsohne. Keine Sorge, ich liebe Schokolade genauso sehr wie du, aber es gibt auch andere Wege, um mit Stress umzugehen, die unsere Taille weniger belasten. Hier sind ein paar Alternativen zum süßen Trost:

1 **Kurzer Spaziergang:** Ein schneller Spaziergang an der frischen Luft kann wahre Wunder wirken. Die Bewegung hilft, Stress abzubauen, und du kommst gleichzeitig auf andere Gedanken. Schnapp dir deine Lieblingsschuhe und mach einen kurzen, vielleicht 10-minütigen Spaziergang um den Block. Frische Luft und Bewegung sind unschlagbare Stresskiller.

2 **Atemübungen:** Ein paar Minuten tiefes Atmen kann Wunder wirken. Konzentriere dich auf ruhige, tiefe Atemzüge, um deine Nerven zu beruhigen und den Stresspegel zu senken. Setz dich bequem hin, schließe die Augen und atme tief ein und aus. Zähle dabei bewusst bis 4 beim Ein- und Ausatmen. Wiederhole dies für 3 - 5 Minuten, wann immer du dich gestresst fühlst.

3 **Meditation:** Eine kurze Meditation kann dir helfen, den Stress auszublenden und deinen Geist zu beruhigen. Wenn du keine Erfahrungen im Meditieren hast, kannst du geführte Meditationen nutzen. Finde einen ruhigen Ort, setz dich bequem hin und fokussiere dich auf deine Atmung. Lass störende Gedanken einfach vorbeiziehen. Es muss nicht lang sein, starte mit 5 Minuten und steigere die Zeit nach Bedarf.

4 **Yoga:** Sanfte Yoga-Übungen können Körper und Geist beleben. Es ist eine großartige Möglichkeit, Spannungen zu lösen – und die Flexibilität zu verbessern. Probiere eine einfache Yoga-Sequenz wie den herabschauenden Hund oder die Katze-Kuh-Dehnung. Online-Videos oder Apps können dir dabei helfen, die richtigen Übungen zu finden.

5 **Musik hören:** Schalte deine Lieblingsmusik ein und lass dich von den Klängen mitreißen. Musik hat die Kraft, Stimmungen zu

beeinflussen und Stress abzubauen. Erstelle eine Playlist mit deinen Lieblingssongs für verschiedene Stimmungen. Wenn der Stress ansteigt, setz dir Kopfhörer auf und lass dich von der Musik berauschen. Sing einfach laut mit, tanze oder schrei einfach mal aus voller Kehle - das bewirkt Wunder!

6 **Kreativät:** Malen, schreiben, basteln - finde ein kreatives Ventil, um deine Emotionen auszudrücken. Das lenkt nicht nur ab, sondern kann auch sehr befriedigend sein. Schnapp dir Papier und Stifte und lass deiner Kreativität freien Lauf. Male, schreibe oder bastle einfach drauflos. Es geht nicht um Perfektion, sondern um den Ausdruck.

7 **Psychologische Hilfe:** Wenn emotionales Essen tiefer sitzende Gründe hat, kann ein professioneller Therapeut helfen. Psychologische Unterstützung ermöglicht es, alte Muster zu durchbrechen und die wahren Gründe hinter dem Verlangen nach Essen zu erkunden. Ein wertvoller Schritt zu einer gesünderen Beziehung zu Nahrung.

Meal Prepping:
Die geheime Waffe für stressfreie und gesunde Mahlzeiten

Stressige Tage verleiten oft zu ungesunden Entscheidungen. Aber was wäre, wenn du stets eine Palette gesunder Optionen parat hättest? Schauen wir, wie einfache Meal-Prep-Routinen nicht nur Zeit sparen, sondern auch dafür sorgen, dass du selbst in stressigen Momenten auf gesunde Alternativen zurückgreifen kannst.

Stehst du auch manchmal abends hungrig in der Küche, überlegst, was du essen könntest - und landest am Ende doch wieder bei einer schnellen, aber nicht immer gesunden Mahlzeit? Hier kommt Meal Prepping ins Spiel: die ultimative Strategie, um gesunde Mahlzeiten zu genießen, ohne den Stress, sie zubereiten zu müssen.

Tipp 1:
Planung ist der Schlüssel
Starte deine Meal-Prepping-Reise mit einem soliden Plan. Überlege dir, welche Mahlzeiten du vorbereiten möchtest, erstelle eine Einkaufsliste und wähle Gerichte, die sich gut aufbewahren lassen.

Tipp 2:
Die richtigen Behälter wählen
Investiere in praktische und auslaufsichere Behälter, am besten aus Glas. Portioniere deine Mahlzeiten vorab, sodass du sie leicht

mitnehmen oder im Kühlschrank aufbewahren kannst. Transparente Behälter helfen, den Überblick zu behalten.

Tipp 3:
Vielseitige Zutaten verwenden
Wähle Zutaten, die sich vielseitig kombinieren lassen. Gemüse, Proteinquellen und gesunde Kohlenhydrate können in verschiedenen Kombinationen zu unterschiedlichen Gerichten zusammengestellt werden.

Tipp 4:
Zeit sparen mit Batch Cooking
Nutze die Vorteile des Batch Cooking. Koche größere Mengen von Grundzutaten wie Reis, Quinoa oder Hähnchenbrust im Voraus und kombiniere sie zu verschiedenen Gerichten.

Tipp 5:
Freezer Friendly Meals vorbereiten
Einige Gerichte eignen sich besonders gut zum Einfrieren. Bereite größere Mengen zu und friere sie in portionierten Behältern ein. So hast du immer eine schnelle Option zur Hand.

Tipp 6:
Würzen nicht vergessen
Würzen ist der Schlüssel zu abwechslungsreichen und schmackhaften Mahlzeiten. Bereite Gewürzmischungen im Voraus vor oder probiere verschiedene Soßen und Dressings aus.

Tipp 7:
Zeit fürs Meal Prepping einplanen
Plane eine konkrete Zeit in der Woche fürs Meal Prepping ein. Das kann am Wochenende oder an einem ruhigen Abend sein. Die investierte Zeit zahlt sich durch Stressreduktion und gesunde Ernährung aus.

Meal Prepping ist nicht nur für Fitness-Gurus oder Kochprofis. Mit der richtigen Planung und ein paar Tricks wird es zu deiner geheimen Waffe für stressfreie und gesunde Mahlzeiten im Alltag. Nichts wie ran an die Töpfe – dein zukünftiges Ich wird es dir danken!

Gemeinsam Stark:
Unterstützung für deine Essgewohnheiten

Teile deine Ziele, koche gemeinsam, tausche Tipps aus – alles ist einfacher, wenn du nicht allein bist. Freunde und Familie können nicht nur unterstützen, sondern auch inspirieren. Zusammen könnt ihr nicht nur gesund kochen, sondern auch eine positive Esskultur fördern.

Der Weg zu einer gesünderen Ernährung beginnt im Kopf. Stress und Emotionen sind Herausforderungen, aber mit den richtigen Strategien und einer positiven Einstellung kannst du sie meistern und auf dem Weg zu einem gesünderen Lifestyle punkten. Bist du bereit, dein Mindset zu stärken? Let's rock it!

PIMPMYMEAL: EINFACHE TRICKS FÜR GESCHMACKSEXPLOSIONEN UND EXTRA NÄHRSTOFFPOWER

Langeweile in der Küche? Kein Problem! Mit ein paar einfachen Helfern kannst du deine Gerichte im Handumdrehen aufpeppen und ihnen nicht nur mehr Geschmack, sondern auch eine Extraportion Gesundheit verleihen.

1. Gekeimte Sprossen – Frische Powerpakete
Sprossen sind nicht nur hübsch anzusehen, sondern auch echte Nährstoffbomben. Ob im Bioladen gekauft oder zu Hause selbst gekeimt, sie verleihen deinen Gerichten nicht nur einen knackigen Biss, sondern auch eine Extraportion Vitamine und Mineralstoffe.

2. Saaten und Nüsse – Knackig und nährstoffreich
Statt langweiliger Beilagen kannst du deine Gerichte mit Saaten und Nüssen aufwerten. Besonders Hanfsamen sind eine Omega-3-reiche Ergänzung, die nicht nur für einen interessanten Crunch sorgt, sondern auch gut für dein Herz ist.

3. Frische Kräuter – Der grüne Kick
Kräuter verleihen nicht nur einen aromatischen Geschmack, sondern sind auch reich an antioxidativen Verbindungen. Schnapp frische Kräuter – sei es Basilikum, Koriander oder Petersilie – und streue sie großzügig über deine Gerichte.

4. Frische Gewürze – Vielfalt im Geschmack
Weg mit den abgestandenen Gewürzdosen! Frische Gewürze – sei es Kurkuma, Ingwer oder Knoblauch – machen einen riesigen Unterschied. Ihre Aromen sind intensiver, und sie bringen nicht nur Geschmack, sondern auch gesundheitliche Vorteile auf den Teller.

5. Gesunde Fettquellen – Leinöl mit Algenöl
Setze auf gesunde Fettquellen, die deine Gerichte nicht nur

geschmacklich verbessern, sondern auch deinen Bestand an Omega-3-Fettsäuren aufstocken. Ein Mix aus Leinöl und Algenöl ist hierbei eine fantastische Option.

Mit diesen einfachen Tricks wird dein Essen nicht nur leckerer, sondern auch nährstoffreicher. PimpMyMeal – für den Extra-Kick in deiner Küche!

SNACKS, DIE ROCKEN: GESUNDE ALTERNATIVEN FÜR DEINE SNACK ATTACK

Snack Attack hat dich im Griff, aber das bedeutet nicht, dass du auf leckere Knabbereien verzichten musst. Mit ein paar cleveren Alternativen kannst du deinen Snack-Momenten nicht nur Geschmack, sondern auch Gesundheit verleihen.

1. Knackiges Gemüse mit Hummus-Dip
Schnapp dir Karotten-, Paprika- oder Gurkenscheiben und tauche sie in Hummus – ein perfekter Snack, der nicht nur sättigt, sondern auch mit Ballaststoffen und Proteinen punktet.

2. Griechischer Joghurt mit Früchten und Nüssen
Ein einfacher und leckerer Snack: griechischer Joghurt mit frischen Früchten und einer Handvoll Nüsse. Hier bekommst du nicht nur Proteine, sondern auch gesunde Fette und Vitamine.

3. Linsenwaffeln mit Avocado und Tomaten
Verabschiede dich von fettigen Chips! Linsenwaffeln mit dünnen Avocadoscheiben und Tomatenstücken sind leicht, knusprig und voller gesunder Fette.

4. Popcorn mit Kokosöl und Gewürzen
Selbstgemachtes Popcorn ist eine fantastische Alternative zu Mikrowellen-Popcorn. Poppe die Körner mit Kokosöl und würze nach Belieben mit Paprika, Knoblauch oder Zimt.

5. Datteln mit Mandelmus
Eine süße und proteinreiche Option: entkernte Datteln mit Mandelmus füllen. Dieser Snack liefert Energie und befriedigt gleichzeitig deine Naschlust.

6. Quinoa-Salat in der To-go-Box
Bereite einen Quinoa-Salat mit Gemüse, Kräutern und einem leichten Dressing vor. Fülle ihn in kleine To-go-Boxen und du hast einen gesunden Snack für unterwegs.

7. Selbstgemachte Proteinriegel
Mixe Haferflocken, Proteinpulver, Nüsse, Honig und etwas Wasser. Forme die Mischung zu Riegeln und lasse sie im Kühlschrank fest werden – voilà, deine eigenen Proteinriegel!

Mit diesen gesunden Alternativen wird deine Snack Attack zu einem echten Rockstar-Moment! Gönn dir das Knabbern, ohne auf Geschmack und Wohlbefinden zu verzichten.

SPECIAL: ANLEITUNG – GANZ EINFACH PESTIZIDE VON OBST UND GEMÜSE REDUZIEREN!

Natron: Dein natürlicher Verbündeter gegen Pestizide

In einer Welt, in der frisches Obst und Gemüse zu unserem täglichen Leben gehören, ist es wichtig, sich bewusst zu machen, dass viele dieser Lebensmittel mit Pestiziden belastet sind. Pestizide werden verwendet, um Pflanzen vor Schädlingen zu schützen, aber ihre Rückstände können auf unseren Tellern landen und langfristig gesundheitliche Risiken bergen. Zum Glück gibt es eine einfache und natürliche Methode, um den Pestizidgehalt zu reduzieren: Natron.

In den USA wurde erforscht, wie lange es dauert, einen Apfel zu waschen, bis die Pestizide von der Schale verschwinden. Überraschendes Ergebnis: Normales Wasser bringt fast nichts. Mit Natron hingegen schafft man es, 99 % der Pestizide zu eliminieren. Klingt nach Zauberei? Nein, das ist pure Wissenschaft! Es dauert zwar 12 Minuten, aber das Resultat ist beeindruckend.[175]

Was sind Pestizide und warum sollte man sie reduzieren?

Pestizide sind Chemikalien, die in der Landwirtschaft eingesetzt werden, um Pflanzen vor Schädlingen, Unkraut und Krankheiten zu schützen. Obwohl sie dazu beitragen, die Ernteerträge zu steigern, bleiben oft Rückstände auf den Früchten und Gemüsen zurück, die wir essen. Langfristig kann die Aufnahme von Pestiziden zu gesundheitlichen Problemen führen.

Warum Natron verwenden?

Natron, auch als Backsoda bekannt, ist ein vielseitiges Haushaltsmittel. Es hat die Fähigkeit, Pestizidrückstände zu reduzieren, da es leicht alkalisch ist. Durch das Einweichen von Obst und Gemüse in einer Natronlösung können Pestizide effektiv reduziert werden. Natron reinigt und entgiftet.

Anleitung zur Reduzierung von Pestiziden mit Natron:

1. **Vorbereitung:** 2 EL Natron pro 1 Liter Wasser in einer Schüssel oder in einem sauberen Waschbecken auflösen.
2. **Einweichen:** Das frische Obst oder Gemüse in die Natronlösung geben und für 10 - 15 Minuten einweichen lassen. Achte darauf, dass weiches Obst wie Himbeeren kürzer eingeweicht werden sollte, sonst wird es matschig.
3. **Gründlich abspülen und trocknen:** Nach dem Einweichen das Obst oder Gemüse gründlich unter fließendem Wasser abspülen. Die gereinigten Lebensmittel trocknen oder mit einem sauberen Tuch abtupfen.

Kleiner Tipp für längere Frische:

Neben dem Pestizid-Abwehrzauber hat Natron einen weiteren Vorteil: Obst und Gemüse bleiben bei mir dadurch länger knackig und frisch. Ein positiver Nebeneffekt, den es zu nutzen gilt!

Bereit, die Chemiebomben zu vertreiben und deine Lebensmittel zu pimpen? Natron - stark, effektiv und dein unsichtbarer Verbündeter gegen Pestizide!

MEINE PRODUKTEMPFEHLUNGEN
MIT EINER ZUTATENLISTE OHNE BEDENKLICHE STOFFE

Erinnerst du dich daran, wie ich zu Beginn dieses Buches versprochen habe, eine ganz besondere Liste mit all meinen persönlichen Empfehlungen für Lebensmittel und andere Produkte mit dir zu teilen? Hier ist sie!

Auf der Suche nach den besten Lebensmitteln? Die Welt der Produkte verändert sich ständig. Warum? Weil Hersteller Rezepturen ändern und ständig neue Produkte auf den Markt kommen. Ich möchte sicherstellen, dass du stets die besten Empfehlungen erhältst. Daher findest du hier meinen praktischen QR-Code. Scanne ihn ein und gelange direkt zu meiner immer aktuellen Liste mit Produktempfehlungen!

nataliegrahl.de/downloads

Diese Liste ist nicht nur exklusiv für dich als Leser, sondern auch vollgepackt mit sorgfältig ausgewählten Empfehlungen, die deinen Einkauf und deine Ernährung auf ein neues Niveau heben werden. Um darauf zuzugreifen, lade die Liste einfach herunter und gib dieses Passwort ein: NEUSTART

Das ist mehr als nur eine Liste - es ist der Beginn einer Reise zu bewusstem Essen und einem erfrischenden Neustart für deine Ernährung. Also, worauf wartest du noch? Hol dir deine exklusiven Empfehlungen und lass uns gemeinsam den Weg zu einem gesunden und genussvollen Lebensstil einschlagen!

Und hey, wenn du auch Geheimtipps hast, von denen ich noch nichts weiß, lass es mich über meine Social-Media-Kanäle wissen. Gemeinsam machen wir die Welt der gesunden Ernährung ein bisschen leckerer!

JETZT IST SCHLUSS

Herzlichen Glückwunsch! Es ist grandios, dass du es bis zum Ende meines Buchs durchgehalten hast – Applaus für dich! Du bist jetzt bestens gewappnet, um dein Leben mit einem Hauch Rebellion gegen ungesunde Gewohnheiten neu zu gestalten, gesund zu essen und deinen Körper zu lieben.

Nimm dir einen Moment Zeit, um darüber nachzudenken, wie du dein Leben durch bewusste Ernährung und achtsamen Umgang mit deinem Körper verbessern kannst. Jeder kleine Schritt zählt, und du hast das Potenzial, positive Veränderungen herbeizuführen.

Denk daran, du bist ein Rockstar – nicht nur in der Küche, sondern auch im Leben! Du hast nun die Power, bewusste Entscheidungen zu treffen und die Kontrolle über deine Ernährung zurückzugewinnen. Schluss mit dem Food-Drama, jetzt geht's um Genuss, Energie und wirkliches Wohlfühlen in deinem Körper.

Du bist der Held und die Heldin deines eigenen Abenteuers. Nimm die Tipps, Tricks und Geheimwaffen aus diesem Buch mit, um das Beste aus deinem Leben zu machen. Schnapp dir den Einkaufswagen, mach Schluss mit dem Supermarktstress und rock dein neues, gesundes Leben!

In diesem Buch haben wir zusammen rebelliert, gelernt, gelacht und vor allem: Veränderungen eingeläutet! Der Weg zu einem gesunden Lifestyle ist nicht immer leicht, aber mit einer Prise Entschlossenheit, einer Dosis Emotion und einer guten Portion Know-how kommst du locker ans Ziel.

Cheersl! Auf eine gesunde, glückliche Zukunft – du hast sie verdient!

ANHANG

DANKE!

Ich danke dir.
Dass du für Neues offen bist und dich für ein gesundes Leben einsetzt. Du bist der wirkliche Vorreiter einer gesünderen Zukunft.

Ich danke meiner Community.
Ihr seid nicht nur Follower, sondern meine tägliche Inspirationsquelle. Ohne euer Feedback hätte dieses Projekt niemals so gerockt.

Ich danke Jens.
Du bist nicht nur mein Ruhepool, sondern auch die Liebe meines Lebens. Du stärkst mir den Rücken und warst auch der Held in der Not, wenn ich mal wieder in meiner Schreibblase festhing. Deine Geduld und Liebe haben dieses Projekt erst möglich gemacht. Egal was für verrückte Ideen ich auch habe, du bist an meiner Seite.

Ich danke Lennox, Bella und Sunny.
Meine Kinder, ihr seid meine Helden! Ihr habt mich unterstützt und wart geduldig, als ich mal wieder sagte: „Mama hat jetzt keine Zeit. Ich muss schreiben." Und das bedeutet die Welt für mich, dass ihr mich alle so tapfer unterstützt habt.

Ich danke Papa Arno.
Ohne unsere tiefgründigen Gespräche über Gott und die Welt und deine aufbauenden Sprüche hätte ich manchmal wohl aufgegeben. Du bist der Motivator im Hintergrund, wenn meine Energie mal auf Reserve geht.

Ich danke Oma Trudi.
Du hast an mich geglaubt, wenn ich es selbst nicht konnte, und wachst nun als mein Schutzengel über mich. Ich vermisse unsere Gespräche und liebe dich von ganzem Herzen.

Ich danke dem Eulogia Verlag.
Ihr habt mich jederzeit unterstützt und mir völlige Freiheit gelassen. Das hat es mir ermöglicht, meine Gedanken und Emotionen so richtig rauszuhauen.
Dieses Buch ist für die Mutigen, die nicht im Mainstream mitschwimmen, sondern ihre eigene Welle machen. Ihr seid großartig, und die Welt braucht mehr Menschen wie euch. Möge dieses Buch ein Funke sein, der Veränderung und Gesundheit in die Welt bringt.

MEINE ARBEIT AUF SOCIAL MEDIA

Während meiner Ausbildung zur ganzheitlichen Ernährungs- und Darmberaterin hat mein Social-Media-Rummel richtig Fahrt aufgenommen – ziemlich unerwartet. Aber total cool!

Was als entspanntes Teilen von Tipps begann, hat sich zu einer richtig coolen Community entwickelt, für die ich wahnsinnig dankbar bin. Auf meinen Kanälen teile ich regelmäßig Tipps – von Food-Checks bis bis hin zu Einblicken in die faszinierende Welt der Darmgesundheit.

Schau unbedingt vorbei! Verlinkungen von meinem Buch feiere ich sehr und Feedback ist mein täglicher Boost! Danke, dass du auf dieser wilden Reise dabei bist!

https://www.instagram.com/natalie.grahl/

GLOSSAR DER LEBENSMITTELZUSATZSTOFFE

Du möchtest mehr über bestimmte Zusatzstoffe erfahren? Kein Problem! Ich habe für dich eine übersichtliche Liste erstellt. So behältst du im Blick, was sich in deinen Lebensmitteln befindet. Die Beurteilung, ob ein Zusatzstoff potenziell schädlich ist, ist eine echte Herausforderung, weil es immer wieder neue Erkenntnisse darüber gibt. Wichtig ist, immer up to date zu bleiben. Deshalb kann ich dir meinen persönlichen Favoriten *food-detektiv.de* empfehlen! Die Seite erklärt verständlich die Funktionen und liefert wissenschaftlich basierte Beurteilungen. So behältst du im Dschungel der Zusatzstoffe den Überblick und kannst bewusste Entscheidungen treffen.

Jetzt lass uns schauen, was hinter den Codes steckt:

E-Nummer	Bezeichnung	Funktion
E 100	Kurkumin	Farbstoff
E 101	Riboflavine	Farbstoff
E 102	Tartrazin	Farbstoff
E 104	Chinolingelb	Farbstoff
E 110	Gelborange S	Farbstoff
E 120	Echtes Karmin	Farbstoff
E 122	Azorubin (Carmoisin)	Farbstoff
E 123	Amaranth	Farbstoff
E 124	Cochenillerot A (Ponceau 4R)	Farbstoff
E 127	Erythrosin	Farbstoff
E 129	Allurarot AC	Farbstoff
E 131	Patentblau V	Farbstoff
E 132	Indigotin (Indigokarmin)	Farbstoff
E 133	Brillantblau FCF	Farbstoff
E 140	Chlorophylle und Chlorophylline	Farbstoff
E 141	Kupferkomplexe der Chlorophylle und Chlorophylline	Farbstoff
E 142	Grün S	Farbstoff
E 150 a-d	Zuckerkulör	Farbstoff
E 150 b	Sulfitlaugen-Zuckerkulör	Farbstoff
E 150 c	Ammoniak-Zuckerkulör	Farbstoff
E 150 d	Ammonsulfit-Zuckerkulör	Farbstoff

E-Nummer	Bezeichnung	Funktion
E 151	Brillantschwarz PN	Farbstoff
E 153	Pflanzenkohle	Farbstoff
E 155	Braun HT	Farbstoff
E 160a	Carotin	Farbstoff
E 160b	Annatto (Bixin, Norbixin)	Farbstoff
E 160c	Paprikaextrakt (Capsanthin, Capsorubin)	Farbstoff
E 160d	Lycopin	Farbstoff
E 160e	Beta-apo-8'-Carotinal	Farbstoff
E 161b	Lutein	Farbstoff
E 161g	Canthaxantin	Farbstoff
E 162	Betanin (Betenrot)	Farbstoff
E 163	Anthocyane	Farbstoff
E 170	Calciumcarbonate	Farbstoff, Trennmittel
E 171	Titandioxid	Farbstoff
E 172	Eisenoxide und -hydroxide	Farbstoff
E 173	Aluminium	Farbstoff
E 174	Silber	Farbstoff
E 175	Gold	Farbstoff
E 180	Litholrubin BK	Farbstoff
E 200	Sorbinsäure	Konservierungsstoff
E 202	Kaliumsorbat	Konservierungsstoff
E 210 - E 213	Benzoeaäure und Benzoate	Konservierungsstoff
E 214 - E 215; E 218 - E 219	p-Hydroxidibenzoesäureester (PHB-Ester)	Konservierungsstoff
E 220 - E 224; E 226 - E 228	Schwefeldioxid und Sulfite	Konservierungsstoff, Antioxidationsmittel
E 234	Nisin	Konservierungsstoff
E 235	Natamycin	Konservierungsstoff
E 239	Hexamethylentetramin	Konservierungsstoff
E 242	Dimethyldicarbonat	Konservierungsstoff
E 243	Ethyllaurylarginat	Konservierungsstoff
E 249 - E 250	Nitrite	Konservierungsstoff, Antioxidationsmittel
E 251 - E 252	Nitrate	Konservierungsstoff, Antioxidationsmittel
E 260 - E 263	Essigsäure und Acetate	Säuerungsmittel, Säureregulator
E 270	Milchsäure	Säuerungsmittel
E 280 - E 283	Propionsäure und Propionate	Konservierungsstoff
E 284 - E 285	Borsäure und Natriumsalz	Konservierungsstoff

E-Nummer	Bezeichnung	Funktion
E 290	Kohlendioxid	Treibgas
E 296	Äpfelsäure	Säuerungsmittel
E 297	Fumarsäure	Säuerungsmittel
E 300 - E 302	Ascorbinsäure und Ascorbate	Antioxidationsmittel, Mehlbehandlungsmittel
E 304	Fettsäureester der Ascorbinsäure	Antioxidationsmittel
E 306 - E 309	Tocopherole	Antioxidationsmittel
E 310	Propylgallat	Antioxidationsmittel
E 315 - E 316	Isoascorbinsäure und Natriumsalz	Antioxidationsmittel
E 319	Tertiär-Butylhydrochinon (TBHQ)	Antioxidationsmittel
E 320	Butylhydroxianisol (BHA)	Antioxidationsmittel
E 321	Butylhydroxitoluol	Antioxidationsmittel
E 322	Lecithine	Emulgator
E 325 - E 327	Lactate	Säureregulator
E 330 - E 333	Zitronensäure und Citrate	Säuerungsmittel, Säureregulator
E 334 - E 337	Weinsäure (L+) und Tartrate	Säuerungsmittel, Säureregulator
E 338 - E 341, E 343	Phosphorsäure und Phosphate	Säuerungsmittel, Säureregulator Schmelzsalz
E 350- E 352	Malate	Säureregulator
E 353	Metaweinsäure	Stabilisator
E 354	Calciumtartrat	Säureregulator, Festigungsmittel
E 355 - E 357	Adipinsäure und Adipate	Säuerungsmittel, Säureregulator
E 363	Bernsteinsäure	Säuerungsmittel
E 380	Triammoniumcitrat	Säureregulator
E 385	Calciumdinatrium EDTA	Antioxidationsmittel, Stabilisator
E 392	Extrakt aus Rosmarin	Antioxidationsmittel
E 400 - E 405	Alginsäure und Alginate	Verdickungsmittel
E 406	Agar Agar	Geliermittel
E 407	Carrageen	Geliermittel
E 407a	Verarbeitete Euchema-Algen	Geliermittel
E 410	Johannisbrotkernmehl	Verdickungsmittel
E 412	Guarkernmehl	Verdickungsmittel
E 413	Traganth	Geliermittel
E 414	Gummi arabicum	Verdickungsmittel
E 415	Xanthan	Verdickungsmittel
E 416	Karayagummi	Verdickungsmittel

E-Nummer	Bezeichnung	Funktion
E 417	Tarakernmehl	Verdickungsmittel
E 418	Gellan	Geliermittel
E 420	Sorbit	Süßungsmittel, Feuchthaltemittel
E 421	Mannit	Süßungsmittel
E 422	Glycerin	Feuchthaltemittel
E 423	octenylbernsteinsäuremodifiziertes Gummi arabicum	Emulgator
E 425	Konjak	Verdickungsmittel
E 426	Sojabohnen-Polyose	Emulgator, Verdickungsmittel
E 427	Cassia-Gummi	Geliermittel
E 431	Polyoxyethylenstearat	Emulgator
E 432 - E 436	Polysorbate	Emulgator
E 440	Pektine	Geliermittel
E 442	Ammoniumphosphatide	Emulgator
E 444	Saccheroseacetatisobutyrat	Stabilisator
E 445	Glycerinester aus Wurzelharz	Stabilisator
E 450 - E 452	Di-, Tri- und Polyphosphate	Antioxidationsmittel
E 456	Kaliumpolyaspartat	Backtriebmittel, Schmelzsalz
E 459	Beta-Cyclodextrin	Füllstoff
E 460, E 461, E 462, E 463, E 466, E 468, E 469	Cellulose, Cellulosesther	Füllstoff, Verdickungsmittel
E 470 a-b	Salze der Speisefettsäuren	Emulgator, Trennmittel
E 471	Mono- und Diglyceride von Speisefettsäuren	Emulgator, Schaumverhüter
E 472 a-f	Mono- und Diglyceride von Speisefettsäuren verestert mit Genusssäuren	Emulgator
E 473	Zuckerester von Speisefettsäuren	Emulgator
E 474	Zuckerglyceride	Emulgator
E 475	Polyglycerinester von Speisefettsäuren	Emulgator
E 476	Polyglycerin-Polyricinoleat	Emulgator
E 477	Propylenglycolester von Speisefettsäuren	Emulgator
E 479 b	Thermooxydiertes Sojaöl, verestert mit Mono- und Diglyceriden von Speisefettsäuren	Emulgator, Trennmittel

E-Nummer	Bezeichnung	Funktion
E 481 - E 482	Stearoyllactylate	Emulgator
E 483	Stearoyltartrat	Emulgator
E 491 - E 495	Sorbitanfettsäureester	Emulgator
E 499	Stigmasterinreiche Phytosterine	Stabilisator
E 500, E 501, E 503, E 504	Carbonate	Säureregulator, Backtriebmittel
E 507 - E 509, E 511	Salzsäure und Chloride	Säuerungsmittel, Geschmacksverstärker
E 512	Zinnchlorid	Antioxidationsmittel, Stabilisator
E 513 - E 517, E 520 - E 523	Schwefelsäure und Sulfate	Säuerungsmittel, Säureregulator, Festigungsmittel
E 524 - E528	Hydroxide	Säureregulator
E 529 - E 530	Oxide	Säureregulator
E 534	Eisentartrat	
E 535 - E 536, E 538	Ferrocyanide	Stabilisator, Trennmittel
E 541	Saure Natriumaluminiumphosphat	Backtriebmittel
E 570	Speisefettsäuren	Emulgator
E 574	Gluconsäure	Säureregulator
E 575	Glucono-delta-Lacton	Säureregulator
E 576 - E 579	Gluconate	Säureregulator, Stabilisator
E 585	Eisenlactat	Stabilisator
E 586	4-Hexylresorcin	Antioxidationsmittel
E 620 - E 625	Glutaminsäure und Glutamate	Geschmacksverstärker
E 626 - E 629	Guanylsäure und Guanylate	Geschmacksverstärker
E 630 - E 633	Inosinsäure und Inosinate	Geschmacksverstärker
E 634 - E 635	Ribonucleotide	Geschmacksverstärker
E 640	Glycin und Natriumsalz	Geschmacksverstärker
E 641	L-Leucin	Trägerstoff für Süßungsmittel
E 650	Zinkacetat	Geschmacksverstärker
E 900	Dimethylpolysiloxan	Schaumverhüter
E 901	Bienenwachs	Überzugsmittel, Trennmittel
E 902	Candelillawachs	Überzugsmittel, Trennmittel
E 903	Carnaubawachs	Überzugsmittel, Trennmittel
E 904	Schellak	Überzugsmittel, Trennmittel
E 905	Mikrokristallines Wachs	Überzugsmittel, Trennmittel
E 907	Hydriertes Poly-1-decen	Überzugsmittel

E-Nummer	Bezeichnung	Funktion
E 912	Montansäureester	Überzugsmittel, Trennmittel
E 914	Polyethylenwachsoxidate	Überzugsmittel, Trennmittel
E 920	L-Cystein	Mehlbehandlungsmittel
E 927 b	Carbamid	Stabilisator
E 938	Argon	Packgas
E 939	Helium	Packgas
E 941	Stickstoff	Treibgas
E 942	Distickstoffmonoxid (Lachgas)	Treibgas
E 943a	Butan	Treibgas
E 943b	Isobutan	Treibgas
E 944	Propan	Treibgas
E 948	Sauerstoff	Packgas, Treibgas
E 949	Wasserstoff	Packgas, Treibgas
E 950	Acesulfam-K	Süßungsmittel, Geschmacksverstärker
E 951	Aspartam	Süßungsmittel, Geschmacksverstärker
E 952	Cyclamat	Süßungsmittel
E 953	Isomalt	Süßungsmittel
E 954	Saccharin	Süßungsmittel
E 955	Sucralose	Süßungsmittel
E 957	Thaumatin	Süßungsmittel, Geschmacksverstärker
E 959	Neohesperidin DC	Süßungsmittel
E 960	Steviolglycoside	Süßungsmittel
E 961	Neotam	Süßungsmittel
E 962	Aspartam-Acesulfamsalz	Süßungsmittel
E 964	Polyglycitolsirup	Süßungsmittel
E 965	Maltit	Süßungsmittel
E 966	Lactit	Süßungsmittel
E 967	Xylit	Süßungsmittel
E 968	Erythrit	Süßungsmittel
E 969	Advantam	Süßungsmittel
E 999	Quillajaextrakt	Stabilisator
E 1103	Invertase	Feuchthaltemittel
E 1105	Lysozym	Konservierungsstoff
E 1200	Polydextrose	Füllstoff
E 1201	Polyvinylpyrrolidon	Stabilisator, Trägerstoff
E 1202	Polyvinylpolypyrrolidon	Trägerstoff
E 1203	Polyvinylalkohol	Stabilisator

E-Nummer	Bezeichnung	Funktion
E 1204	Pullulan	Überzugsmittel
E 1205	Basisches Methacrylat-Copolymer	Überzugsmittel
E 1206	Neutrales Methacrylat-Copolymer	Überzugsmittel
E 1207	Anionisches Methacrylat-Copolymer	Überzugsmittel
E 1404, E 1410, E 1412-E 1414, E 1420, E 1422, E 1440, E 1442, E 1450, E 1451	Chemisch modifizierte Stärken Modifizierte Stärke	Verdickungsmittel
E 1452	Stärkealumminiumoctenyl-succinat	Trennmittel
E 1505	Triethylcitrat	Trennmittel
E 1517	Glycerindiacetat (Diacetin)	Trägerstoff
E 1518	Glycerintriacetat (Triacetin)	Trägerstoff
E 1519	Benzylakohol	Trägerstoff
E 1520	Propylenglycol (1,2-Propandiol)	Trägerstoff
E 1521	Polyethylenglycol	Trägerstoff

QUELLEN

1 https://www.verbraucherzentrale.de/wissen/lebensmittel/ernaehrung-fuer-senioren/zusatzstoffe-in-der-lebensmittelproduktion-wenn-weniger-mehr-ist-48872
2 Verbraucherzentrale Hamburg.
3 Quantitative Empfehlung zur Zuckerzufuhr in Deutschland. Zugriff am 03.11.2023: https://www.dge.de/wissenschaft/stellungnahmen-und-fachinformationen/stellungnahmen/quantitative-empfehlung-zur-zuckerzufuhr-in-deutschland/
4 Verbraucherzentrale Hamburg.
5 dpa, Lebensmittelverband Deutschland
6 https://www.bmel.de/SharedDocs/Bilder/DE/_Ernaehrung/Lebensmittel-Kennzeichnung/nutri-score-uebersicht-gesamtpunktezahl-stufe.html
7 https://www.bmel.de/DE/themen/ernaehrung/lebensmittel-kennzeichnung/freiwillige-angaben-und-label/nutri-score/nutri-score-erklaert-verbraucherinfo.html https://www.bmel.de/DE/themen/ernaehrung/lebensmittel-kennzeichnung/freiwillige-angaben-und-label/nutri-score/nutri-score-erklaert-verbraucherinfo.html?
8 https://www.original-wagner.de/produkte/wagner-pizza-original-steinofen-spinat-7613034535672
9 https://www.nestle-cereals.com/at/cerealien/nesquik/knusper-fruehstueck
10 https://schnelleinfachgesund.de/nutri-score-kritik/
11 https://www.bmel.de/DE/themen/landwirtschaft/oekologischer-landbau/bio-siegel.html
12 https://www.verbraucherzentrale-hessen.de/feature/wichtige-bio-oeko-siegel-ueberblick
13 https://www.bioland.de/richtlinien
14 https://www.demeter.de/richtlinien-zertifizierung
15 https://www.naturland.de/de/naturland/wofuer-wir-stehen/qualitaet/qs-richtlinien.html
16 https://www.fairtrade-deutschland.de/was-ist-fairtrade/fairtrade-standards
17 https://www.gepa.de/gepa/mission/gepa-kriterien.html
18 https://www.greenpeace.de/biodiversitaet/meere/meeresschutz/greenpeace-position-marine-stewardship-council-msc#:~:text=Der%20wichtigste%20Kritikpunkt%20an%20der,in%20der%20Zukunft%20zu%20verbessern.
19 https://www.msc.org/de/stakeholder-beteiligung/externe-richtlinien
20 Quelle ?
21 https://www.neuland-fleisch.de/richtlinien/
22 https://www.q-s.de/qs-system/das-qs-pruefzeichen.html#:~:text=Das%20QS%2DPrüfzeichen%20darf%20nur,oder%20Rahmenvertrag%20mit%20QS%20verliehen.
23 https://initiative-tierwohl.de/tierhalter/kriterien/
24 https://www.das-oekohuhn.de
25 https://www.dlg.org/de/lebensmittel/qualitaetspruefungen/was-bedeutet-dlg-praemiert#:~:text=Die%20DLG%20zeichnet%20Lebensmittel%20mit,%2C%20Verpackungs%2D%20und%20Kennzeichnungsprüfung%20bestehen.

26 https://www.nature.com/articles/srep37034

27 https://www.foodwatch.org/at/vorsicht-mogelpackung-weniger-inhalt-fuer-mehr-geld

28 https://www.efsa.europa.eu/de/glossary/adi#:~:text=Die%20zulässige%20tägliche%20
Aufnahmemenge%20(Acceptable,Risiko%20für%20die%20Gesundheit%20birgt.

29 https://www.vis.bayern.de/essen_trinken/unerwuenschte_stoffe/adi.htm

30 https://www.lgl.bayern.de/lebensmittel/warengruppen/wc_57_zusatzstoffe/et_glutamat.
htm#:~:text=Glutamat%20steht%20im%20Verdacht%2C%20bei,Mundtrockenheit%2C%20
Jucken%20im%20Hals%20und

31 https://www.ndr.de/ratgeber/gesundheit/Hochverarbeitete-Lebensmittel-So-ungesund-
sind-Zusatzstoffe,lebensmittel720.html

32 Fachgesellschaft für Ernährungstherapie und Prävention (FET) e.V.

33 Lebensmittelkennzeichnung: 4-Stufen-System für Lebensmittel nach dem Verarbeitungs-
grad. Zugriff am 14.11.2023: https://www.ernaehrungs-umschau.de/news/12-02-2020-4-
stufen-system-fuer-lebensmittel-nach-dem-verarbeitungsgrad/

34 https://www.test.de/E-Nummern-Nutzen-und-Risiken-der-Zusatzstoffe-im-
Essen-5204185-0/

35 https://www.zentrum-der-gesundheit.de/ernaehrung/ernaehrungsformen/ungesunde-
ernaehrung/glutamat

36 https://www.mein-allergie-portal.com/darmflora-mikrobiom/1049-kuenstliche-emulga-
toren-in-lebensmitteln-wo-werden-sie-eingesetzt-wie-wirken-sie.html#:~:text=Man%20
geht%20davon%20aus%2C%20dass,des%20metabolischen%20Syndroms%20fördern%20
können.

37 https://academic.oup.com/nutritionreviews/article/75/9/718/4101228?login=false

38 https://food-detektiv.de/zusatzstoffe/?enummer=Zuckerkulör

39 https://labor-augsburg-mvz.de/leistungsverzeichnis/allergiediagnostik/benzoesaeure-
e210#:~:text=Allergenspezifisches%20IgE%20löst%20Reaktionen%20vom,Reaktionen%20
auf%20Insektengifte%20oder%20Nahrungsmittelkomponenten.
https://utopia.de/ratgeber/benzoesaeure-e210-anwendung-wirkung-und-risiken/

40 https://www.zusatzstoffe-online.de/zusatzstoffe/330-citronensaeure/
https://www.bfr.bund.de/cm/343/hohe_gehalte_an_zitronensaeure_erhoehen_das_risiko_
fuer_zahnschaeden.pdf

41 https://dgmim.de/wissenschaft/zusatzstoffe-in-lebensmitteln-emulgatoren-koennen-eine-
colitis-ausloesen/
https://pubmed.ncbi.nlm.nih.gov/25172014/
https://pubmed.ncbi.nlm.nih.gov/25731162/

42 https://www.nature.com/articles/s41467-018-05567-w
https://www.dmkg.de/files/dmkg.de/patienten/Download/ernaehrung.pdf
https://pubmed.ncbi.nlm.nih.gov/15155391/

43 https://www.lgl.bayern.de/lebensmittel/warengruppen/wc_57_zusatzstoffe/et_glutamat.
htm#:~:text=Glutamat%20steht%20im%20Verdacht%2C%20bei,Mundtrockenheit%2C%20
Jucken%20im%20Hals%20und

44 https://www.bzfe.de/lebensmittel/lebensmittelkunde/suessungsmittel/
https://www.sciencedirect.com/science/article/pii/S0092867422009199
https://www.mdpi.com/1422-0067/22/10/5228
https://www.ncbi.nlm.nih.gov/pmc/articles/PMC10611622/pdf/394_2023_Article_3232.pdf

45 https://www.oekotest.de/essen-trinken/Aromen-und-Aromastoffe-Viel-Geschmack-fuer-
viel-Chemie_95710_1.html

46 Facebookpost vom 20. September 2018 von Stiftung Warentest, https://www.facebook.
com/stiftungwarentest/photos/a.10150147181713332/10157722955948332/?type=3

47 https://www.lebensmittelklarheit.de/informationen/wuerze-hat-mit-gewuerzen-nicht-viel-zu-tun#:~:text=Hinter%20„Würze"%20verbirgt%20sich%20gespaltenes%20Eiweiß&text="%20Als%20Ausgangsprodukt%20hierfür%20werden%20eiweißreiche,der%20Eiweiße%2C%20unter%20anderem%20Glutamat.
48 https://www.lebensmittelklarheit.de/eigene-studien/studie-zeigt-angabe-ohne-farbstoff-ist-truegerisch
49 SAUMÄSSIGER KOHLDAMPF. Zugriff am: 01.12.23: https://www.spiegel.de/wissenschaft/saumaessiger-kohldampf-a-e5a721ea-0002-0001-0000-000013693558
50 https://www.mlv.nrw.de/themen/verbraucherschutz/lebensmittelsicherheit/gentechnik-in-lebens-und-futtermitteln/
https://www.ivh-online.de/fileadmin/ivh/user_upload/Branchenleitlinien/FEDIAF_Kennzeichnung_von_Heimtierfuttermitteln_Okt18.pdf
51 Erdbeergeschmack durch Schimmelpilze und Holzspäne. Zugriff am 01.12.23: https://www.nordbayern.de/region/nuernberg/erdbeergeschmack-durch-schimmelpilze-und-holzspane-1.1018164#
52 https://www.oekotest.de/essen-trinken/Aromen-und-Aromastoffe-Viel-Geschmack-fuer-viel-Chemie_95710_1.html
53 Scientific Opinion on Flavouring Group Evaluation 208 Revision 1 (FGE.208Rev1): Consideration of genotoxicity data on representatives for 10 alicyclic aldehydes with the α,β-unsaturation in ring / side-chain and precursors from chemical subgroup 2.2 of FGE.19. Zugriff am 01.12.23: https://www.efsa.europa.eu/de/efsajournal/pub/4173
54 „Clean Label"aus Sicht der Praxis. Zugriff am 01.12.23: https://wissensforum-backwaren.de/app/uploads/backwaren_aktuell_01_11-2.pdf
55 https://www.vzhh.de/themen/lebensmittel-ernaehrung/einkaufsfalle-supermarkt/vielen-lebensmitteln-steckt-aroma
https://www.tagesspiegel.de/gesundheit/achtung-beim-supermarkteinkauf-warum-aromastoffe-schadlicher-sind-als-man-denkt-10050076.html
56 https://www.bzfe.de/lebensmittel/lebensmittelkunde/suessungsmittel/#:~:text=Alle%20übrigen%20Zuckeralkohole%20dürfen%20ohne,wirken%22%20auf%20dem%20Etikett%20stehen
https://journals.plos.org/plosmedicine/article?id=10.1371/journal.pmed.1003950
57 https://www.foodwatch.org/fileadmin/foodwatch.de/news/2016-09-30_foodwatch-marktcheck-mit-gelatine-geklaerte-saefte-nektare-schorlen_02.pdf
58 https://mobil.bfr.bund.de/cm/343/allergien_durch_verbrauchernahe_produkte_und_lebensmittel.pdf
59 https://pubmed.ncbi.nlm.nih.gov/17825405/
60 https://www.kopfschmerzen.de/ursachen/kopfschmerzen-durch-ernaehrung#:~:text=Unverträglichkeiten%20gegen%20bestimmte%20Nahrungsmittel%20oder,ein%20sogenanntes%20Ernährungstagebuch%20hilfreich%20sein.
61 https://www.vzhh.de/themen/lebensmittel-ernaehrung/zusatzstoffe/zusatzstoffe-lebensmitteln-darfs-ein-bisschen-mehr-sein
62 Zusatzstoffe in der Lebensmittelproduktion - wenn weniger mehr ist. Zugriff am 01.12.23: https://www.verbraucherzentrale.de/wissen/lebensmittel/ernaehrung-fuer-senioren/zusatzstoffe-in-der-lebensmittelproduktion-wenn-weniger-mehr-ist-48872
63 Verbraucherzentrale
Was bedeuten die E-Nummern?
https://www.ratgeber-verbraucherzentrale.de/mediabig/1153755A.pdf
64 https://www.sciencedirect.com/science/article/pii/S1550413123000517?via%3Dihub
https://academic.oup.com/eurjpc/article/27/18/2016/6125545
https://www.journal-of-hepatology.eu/article/S0168-8278(21)00161-6/fulltext

https://www.nature.com/articles/s41598-017-05649-7
https://pubmed.ncbi.nlm.nih.gov/34408323/

65 https://www.who.int/news/item/14-07-2023-aspartame-hazard-and-risk-assessment-results-released

66 Zerstören Süssgetränke deine DNA? Forscher finden riskanten Stoff. Zugriff am 05.12.23: https://www.20min.ch/story/zerstoeren-suessgetraenke-deine-dna-forscher-finden-riskanten-stoff-938793644999

67 Artificial Sweeteners Negatively Regulate Pathogenic Characteristics of Two Model Gut Bacteria, E. coli and E. Faecalis. Zugriff am 05.12.23: https://pubmed.ncbi.nlm.nih.gov/34063332/

68 https://www.efsa.europa.eu/de/topics/topic/sweeteners

69 https://mobil.bfr.bund.de/cm/343/suessstoff-sucralose-beim-erhitzen-von-lebensmitteln-koennen-gesundheitsschaedliche-verbindungen-entstehen.pdf

70 https://www.aerzteblatt.de/archiv/203793/Zuckerersatz-und-Insulinresistenz-Suessstoffe-als-Stoffwechselrisiko

71 https://pubmed.ncbi.nlm.nih.gov/29859661/

72 Zuckerersatz und Insulinresistenz: Süßstoffe als Stoffwechselrisiko. Zugriff am 05.12.23: https://www.aerzteblatt.de/archiv/203793/Zuckerersatz-und-Insulinresistenz-Suessstoffe-als-Stoffwechselrisiko

73 Artificial sweeteners and cancer risk: Results from the NutriNet-Santé population-based cohort study. Zugriff am 07.12.23: https://journals.plos.org/plosmedicine/article?id=10.1371/journal.pmed.1003950

74 Study suggests association between consuming artificial sweeteners and increased cancer risk. Zugriff am 07.12.23: https://www.sciencedaily.com/releases/2022/03/220324143800.htm

75 https://epub.ub.uni-greifswald.de/frontdoor/deliver/index/docId/1253/file/Diss_Schmitt_Jan.pdf
https://www.hindawi.com/journals/ijd/2010/981072/
https://www.efsa.europa.eu/en/efsajournal/pub/2076

76 https://reposit.haw-hamburg.de/bitstream/20.500.12738/7245/1/Kristina_Roos_BA.pdf

77 https://www.laves.niedersachsen.de/startseite/lebensmittel/ruckstande_verunreingungen/nitrat-in-lebensmitteln-147641.html

78 Besteht ein gesundheitliches Risiko durch Nitrat und Nitrit in Lebensmitteln? Zugriff am 07.12.23: https://www.bfr.bund.de/de/fragen_und_antworten_zu_nitrat_und_nitrit_in_lebensmitteln-187056.html

79 TRICKS AN DER KÜHLTHEKE. Zugriff am 07.12.23: https://www.bioland.de/bioland-blog/tricks-an-der-kuehltheke

80 https://www.bfr.bund.de/cm/343/fragen-und-antworten-zu-nitrat-und-nitrit-in-lebensmitteln.pdf

81 NITRITE. Zugriff am 07.12.23: https://apps.who.int/food-additives-contaminants-jecfa-database/Home/Chemical/711

82 https://www.efsa.europa.eu/en/efsajournal/pub/1329
https://pubmed.ncbi.nlm.nih.gov/29797408/

83 https://www.efsa.europa.eu/de/press/news/091112

84 https://www.lebensmittelklarheit.de/informationen/azofarbstoffe-warnhinweis-fuer-bunte-lebensmittel

85 https://www.nature.com/articles/s41467-022-35309-y#Abs1
https://theconversation.com/colorful-sweets-may-look-tasty-but-some-researchers-question-whether-synthetic-dyes-may-pose-health-risks-to-your-colon-and-rectum-172211

86 https://www.internisten-im-netz.de/mediathek/blutbild-erklaerung/phosphat.html#:~:text=Zu%20hohe%20Phosphat%2DWerte%20können,können%20die%20Phosphat%2DWerte%20erhöhen.
https://www.aerzteblatt.de/archiv/119315/Gesundheitsrisiko-durch-Phosphatzusaetze-in-Nahrungsmitteln
87 https://www.netdoktor.de/laborwerte/parathormon/#:~:text=Parathormon%20(PTH)%20ist%20ein%20wichtiges,erhöht%20oder%20erniedrigt%20sein%20kann.
88 https://www.unibas.ch/de/Aktuell/News/Uni-Research/Erhoehte-Phosphatzufuhr-steigert-den-Blutdruck-bei-gesunden-Erwachsenen.html#:~:text=Erhöhte%20Phosphatzufuhr%20steigert%20den%20Blutdruck%20bei%20gesunden%20Erwachsenen,-Schmelzkäse%20weist%20einen&text=Wird%20mehr%20Phosphat%20über%20die,bei%20gesunden%20jungen%20Erwachsenen%20an.
https://journals.lww.com/jasn/fulltext/2018/08000/a_controlled_increase_in_dietary_phosphate.12.aspx
89 https://pubmed.ncbi.nlm.nih.gov/20613880/
90 https://www.chemie.de/news/4506/entschluesselung-des-aspergillus-niger-genoms-laesst-produktion-von-zitronensaeure-kostenguenstiger-werden.html#:~:text=In%20der%20Vergangenheit%20wurde%20Zitronensäure,geliert%20stark%20und%20schmeckt%20angenehm.
https://www.codecheck.info/news/Warum-sauer-nicht-lustig-macht-305227
91 https://www.codecheck.info/news/Warum-sauer-nicht-lustig-macht-305227
92 Hohe Gehalte an Zitronensäure in Süßwaren und Getränken erhöhen das Risiko für Zahnschäden. Zugriff am 04.12.23: https://www.bfr.bund.de/cm/343/hohe_gehalte_an_zitronensaeure_erhoehen_das_risiko_fuer_zahnschaeden.pdf
93 Effects of pH and concentration of citric, malic and lactic acids on enamel, in vitro. Zugriff am 04.12.23: https://pubmed.ncbi.nlm.nih.gov/10666974/
94 Effects of aluminum sulphate and citric acid ingestion on lipid peroxidation and on activities of superoxide dismutase and catalase in cerebral hemisphere and liver of developing young chicks. Zugriff am 04.12.23: https://pubmed.ncbi.nlm.nih.gov/9788754/
95 Dietary citric acid enhances absorption of aluminum in antacids. Zugriff am 04.12.23: https://pubmed.ncbi.nlm.nih.gov/3948402/
96 https://www.aerzteblatt.de/archiv/134394/Morbus-Alzheimer-Nach-Jahren-Auftrieb-fuer-die-Aluminiumhypothese
https://pubmed.ncbi.nlm.nih.gov/23103708/
97 https://food-detektiv.de
98 https://pubmed.ncbi.nlm.nih.gov/15637215/
99 Quelle ?
100 https://www.ewg.org/foodnews/dirty-dozen.php
101 https://www.oekotest.de/essen-trinken/33-Feldsalate-im-Test_108918_1.html
102 https://shop.oekotest.de/te11481/
103 https://www.ewg.org/foodnews/clean-fifteen.php
104 https://www.efsa.europa.eu/de/news/nitrosamines-food-raise-health-concern
105 https://mobil.bfr.bund.de/cm/343/nitrosamine-in-lebensmitteln-efsa-veroeffentlicht-neue-stellungnahme-zu-gesundheitlichen-risiken.pdf
106 https://mobil.bfr.bund.de/cm/343/nitrosamine-in-lebensmitteln-efsa-veroeffentlicht-neue-stellungnahme-zu-gesundheitlichen-risiken.pdf
107 https://www.ndr.de/ratgeber/gesundheit/Wurst-ist-ungesund-Je-weniger-desto-besser,wurst296.html#:~:text=In%20Wurst%20stecken%20viele%20gesättigte,Herzinfarkt%2C%20Schlaganfall%20und%20anderen%20Gefäßerkrankungen.

108 Es gibt von 2022 neue Zahlen. 52kg pro Kopf Fleisch in DE. https://www.dge.de/wissenschaft/fachinformationen/die-aussagen-der-nutrirecs-zum-verzehr-von-fleisch/#:~:text=(DGE)%20empfiehlt%20als%20Teil%20der,etwa%2019%20kg%20bei%20Männern.
109 https://www.ardalpha.de/wissen/gesundheit/krankheiten/antibiotika-resistenzen-lebensmittel-tierzucht-fleisch-multiresistente-keime-100.html
110 https://de.statista.com/statistik/daten/studie/1905/umfrage/entwicklung-des-pro-kopf-verbrauchs-an-fisch-in-deutschland/#:~:text=Der%20durchschnittliche%20Konsum%20von%20Fisch,Weichtiere%20wie%20Krabben%20oder%20Garnelen.
111 https://www.wwf.de/themen-projekte/meere-kuesten/fischerei#:~:text=Laut%20der%20Welternährungsorganisation%20(FAO)%20sind,für%20viel%20zu%20wenig%20Fisch.
112 https://taz.de/Neurologische-Schaedigungen/!5109305/#:~:text=Blei%20und%20Zebrafische&text=Bei%20Alzheimer%20werden%20auch%20Schwermetalle,anrichten%20und%20sie%20absterben%20lassen.
113 Deutsche Umwelthilfe e. V.
114 https://www.vzhh.de/sites/default/files/medien/136/dokumente/Verbraucherzentrale-Hamburg_Guter-Fisch-Liste_2023-2024_Web.pdf
115 https://www.ble.de/SharedDocs/Pressemitteilungen/DE/2023/230315_Eierbilanz.html
116 https://www.vier-pfoten.at/kampagnen-themen/themen/nutztiere/eierkennzeichnung
117 https://www.was-steht-auf-dem-ei.de/de/app/index.phpl
118 Broschüre Landwirtschaft verstehen / BMEL
119 https://www.vier-pfoten.de/kampagnen-themen/themen/nutztiere/huehner/haltungsformen-bei-legehennen#:~:text=In%20Deutschland%20lebten%202022%20noch,in%20Kuchen%20oder%20Omelett%20stammen.
120 https://www.welt.de/gesundheit/article117200929/Wie-Milch-auf-unsere-Koerper-wirkt.html
121 https://www.dialog-milch.de/was-steht-auf-der-verpackung-von-trinkmilch/ https://milch-thueringen.de/milchgewinnung/
122 https://dreamteamfitness.de/wieviel-zucker-steckt-drin/
123 https://www.oekotest.de/essen-trinken/Butter-im-Test-Fast-alle-Marken-fallen-durch_13326_1.html
124 https://www.oekotest.de/essen-trinken/Margarine-im-Test-Nur-eine-ist-gut--viele-mit-Mineraloel-belastet_14215_1.html
125 https://www.cornucopia.org/wp-content/uploads/2013/02/Carrageenan-Report1.pdf
https://pubmed.ncbi.nlm.nih.gov/10798224/
https://pubmed.ncbi.nlm.nih.gov/17429723/
https://pubmed.ncbi.nlm.nih.gov/22011715/
https://www.ncbi.nlm.nih.gov/pmc/articles/PMC1242073/
126 Quelle ?
127 https://www.ages.at/mensch/ernaehrung-lebensmittel/rueckstaende-kontaminanten-von-a-bis-z/arsen#:~:text=Das%20aufgenommene%20Arsen%20gelangt%20in,%2D%2C%20Blasen%2D%20und%20Lungenkrebs.
https://www.verbraucherzentrale.de/wissen/lebensmittel/lebensmittelproduktion/arsen-in-reis-was-ist-bei-saeuglingen-und-kleinkindern-zu-beachten-12119#:~:text=Reis%20ist%20häufig%20mit%20anorganischem,Herz-Kreislauf-Erkrankungen%20verursachen
128 https://www.bfr.bund.de/de/fragen_und_antworten_zu_arsengehalten_in_reis_und_reisprodukten-194346.html
129 https://www.oekotest.de/essen-trinken/Reis-im-Test-Nur-4-von-21-Reis-Marken-sind-sehr-gut_14105_1.html
https://www.verbraucherzentrale.de/wissen/lebensmittel/lebensmittelproduktion/arsen-in-reis-was-ist-bei-saeuglingen-und-kleinkindern-zu-beachten-12119

[130] https://www.deutsche-apotheker-zeitung.de/daz-az/2007/daz-47-2007/omega-3-fettsaeuren-epa-dha
[131] https://www.deutsche-apotheker-zeitung.de/daz-az/2007/daz-47-2007/omega-3-fettsaeuren-epa-dha
[132] https://www.deutsche-apotheker-zeitung.de/daz-az/2007/daz-47-2007/omega-3-fettsaeuren-epa-dha
[133] https://www.ndr.de/ratgeber/gesundheit/Lebenswichtige-Omega-3-Fettsaeuren-Richtige-Dosierung-entscheidend,fettsaeuren100.html#:~:text=Heutzutage%20enthält%20unsere%20Nahrung%20im,1%20und%205%20%3A%201%20liegen.
[134] Quelle ?
[135] https://www.dge.de/wissenschaft/fachinformationen/trans-fettsaeuren-und-die-gesundheit/#c4292
[136] https://www.dge.de/wissenschaft/fachinformationen/trans-fettsaeuren-und-die-gesundheit/#c4292
[137] https://www.dge.de/wissenschaft/fachinformationen/trans-fettsaeuren-und-die-gesundheit/#c4292
[138] https://www.dge.de/wissenschaft/fachinformationen/trans-fettsaeuren-und-die-gesundheit/#c4292
[139] https://actascientific.com/ASNH/pdf/ASNH-02-0083.pdf
[140] https://www.ufop.de/presse/aktuelle-pressemitteilungen/rapsoel-behauptet-seinen-spitzenplatz/
[141] https://www.aerzteblatt.de/archiv/231265/Einfluss-der-Ernaehrung-auf-die-Gesundheit-Die-Risiken-durch-Zucker-lassen-sich-fuer-einzelne-Erkrankungen-abschaetzen
https://www.ncbi.nlm.nih.gov/pmc/articles/PMC4529053/
[142] https://www.krebsinformationsdienst.de/aktuelles/2023/suessstoff-aspartam-moeglicherweise-krebserregend-was-bedeutet-das.php
[143] https://www.aerzteblatt.de/nachrichten/60139/Suessstoffe-Studie-belegt-Stoerung-von-Darmflora-und-Glukosestoffwechsel
https://www.merkur.de/verbraucher/gesundheitsrisiken-gefaehrliche-suessstoffe-forscher-warnen-vor-92248904.html
https://www.sciencedirect.com/science/article/pii/S0092867422009199
https://journals.plos.org/plosmedicine/article?id=10.1371%2Fjournal.pmed.1003950
[144] https://www.ncbi.nlm.nih.gov/pmc/articles/PMC1637197/
[145] https://www.vzhh.de/themen/lebensmittel-ernaehrung/zusatzstoffe/suessungsmittel-suesse-ohne-reue
[146] https://pubmed.ncbi.nlm.nih.gov/35324894/
[147] https://www.sciencedirect.com/science/article/abs/pii/S0303720716300533
[148] https://pubmed.ncbi.nlm.nih.gov/35324894/
[149] https://www.mdr.de/wissen/fluorid-gesund-oder-schaedlich-100.html
[150] https://www.thieme-connect.com/products/ejournals/pdf/10.1055/a-0979-0257.pdf
[151] Quelle ?
[152] https://www.oekotest.de/essen-trinken/Tomatenketchup-Darum-ist-Heinz-Ketchup-der-grosse-Testverlierer_13517_1.html
[153] https://www.verbraucherzentrale-bayern.de/wissen/haetten-sies-gewusst/kann-man-reste-in-konservendosen-aufbewahren-46597#:~:text=Dazu%20erklärt%20Susanne%20Moritz%2C%20Ernährungsexpertin,aus%20Glas%20oder%20Kunststoff%20umzufüllen.
[154] https://www.bfr.bund.de/de/bisphenol_a_in_alltagsprodukten__antworten_auf_haeufig_gestellte_fragen-7195.html
[155] https://www.spiegel.de/wirtschaft/service/fischstaebchen-test-oeko-test-bemaengelt-schadstoffe-a-c9c94eea-f8b2-45fa-8602-2a18dff67508

156 https://www.bfr.bund.de/de/fragen_und_antworten_zur_kontamination_von_lebensmitteln_mit_3_mcpd___2_mcpd__und_glycidyl_fettsaeureestern-10538.html#:~:text=Die%20 Europäische%20Behörde%20für%20Lebensmittelsicherheit,Glycidyl%2DFettsäureester%20in%20Lebensmitteln%20bewertet.
157 https://www.lebensmittelverband.de/de/vitamine-tiefgefrorenes-gemuese-schockfrosten
158 Quelle ?
159 Quelle ?
160 https://www.verbraucherzentrale.de/wissen/lebensmittel/gesund-ernaehren/gemuese-chips-oder-chips-aus-huelsenfruechten-gesuender-als-kartoffelchips-50752
161 https://www.bmel.de/DE/themen/ernaehrung/gesunde-ernaehrung/degs-salzstudie.html#:~:text=Eine%20zu%20hohe%20tägliche%20Salzzufuhr,Salz%20zu%20sich%20 zu%20nehmen.
162 Quelle ?
163 https://www.diabetiker-nds.de/news/meldung/news/wie-fruktose-die-leber-verfettet
https://pubmed.ncbi.nlm.nih.gov/36753292/
https://pubmed.ncbi.nlm.nih.gov/36774227/
https://pubmed.ncbi.nlm.nih.gov/32670573/
164 https://www.gesetze-im-internet.de/honigv_2004/BJNR009200004.html
165 https://www.agrarheute.com/land-leben/betrug-gefaelschter-honig-flutet-europa-605031
166 https://www.gesetze-im-internet.de/konfv_2003/BJNR215100003.html
167 https://www.tk.de/techniker/magazin/ernaehrung/trinken/wie-viel-wasser-soll-man-taeglich-trinken-2004796?tkcm=ab
168 https://www.imodium.de/durchfall-behandeln/was-essen-bei-durchfall#:~:text=Wasser%20und%20Kräutertee,Kohlensäure%20sollten%20Sie%20lieber%20verzichten.
169 https://fet-ev.eu/diabetes-mellitus-ernaehrungstherapie/
170 https://zahnarztpraxis-eh.de/blog/coca-cola-schaedlich-fuer-die-zaehne/
https://www.gesundheit.de/krankheiten-symptome/bewegungsapparat/osteoporose/cola-knochen-id214227/
https://www.spiegel.de/wissenschaft/mensch/mediziner-warnung-cola-klaut-dem-koerper-kraft-a-625807.html
171 https://www.diabinfo.de/zahlen-und-fakten.html#:~:text=Laut%20einer%202022%20veröffentlichten%20Prognose,39%2DJährigen%20die%20Neuerkrankungen%20ansteigen.
172 Quelle ?
173 Energy Drinks: Gesundheitsrisiko für Vieltrinker. Zugriff am 17.02.24: https://www.verbraucherzentrale.de/wissen/lebensmittel/gesund-ernaehren/energy-drinks-gesundheitsrisiko-fuer-vieltrinker-11212#:~:text=Energy Drink enthalten in der,zudem schädlich für die Zähne.ä+
174 https://www.sciencedirect.com/science/article/pii/S2211968X13000053
175 https://pubs.acs.org/doi/abs/10.1021/acs.jafc.7b03118
176 https://www.lebensmittel-forum.de/faq/forum-lebensmittel-und-ernaehrung/wie-gefaehrlich-ist-carrageen-54061
https://www.ncbi.nlm.nih.gov/pmc/articles/PMC1445637/
https://food-detektiv.de/zusatzstoffe/?enummer=Carrageen

Liebe Leserin, lieber Leser,

hat Ihnen dieses Buch gefallen?
Ihr Feedback, Ihre Anregungen und Ihre Kritik bedeuten uns viel, denn sie helfen uns, unsere Bücher kontinuierlich zu verbessern.

Die Meinung und Zufriedenheit unserer geschätzten Leserinnen und Leser stehen im Mittelpunkt unseres Schaffens. Ihre Gedanken sind uns wichtig.

Zögern Sie daher nicht, uns zu kontaktieren und Ihre Gedanken mit uns zu teilen. Senden Sie uns einfach eine E-Mail an:
feedback@eulogiaverlag.de

Besuchen Sie auch gern unsere Verlagsseite und entdecken Sie weitere spannende Bücher unter:
www.eulogiaverlag.de

Wir sind gespannt auf Ihre Nachricht und freuen uns darauf, von Ihnen zu hören!

Herzlichst
Ihr **Eulogia Verlag**